厦贤经管

群贤
经管

陈爱贞◎著

中国装备制造业创新发展

基于分工网络视角分析

厦门大学出版社
XIAMEN UNIVERSITY PRESS

国家一级出版社
全国百佳图书出版单位

图书在版编目（CIP）数据

中国装备制造业创新发展：基于分工网络视角分析 /
陈爱贞著. -- 厦门：厦门大学出版社，2023.9
（群贤经管）
ISBN 978-7-5615-9039-3

Ⅰ.①中… Ⅱ.①陈… Ⅲ.①装备制造业-产业发展
-研究-中国 Ⅳ.①F426.4

中国版本图书馆CIP数据核字(2023)第119547号

出 版 人	郑文礼
责任编辑	江珏玙
美术编辑	李夏凌
技术编辑	朱 楷

出版发行 厦门大学出版社

社　　　址　厦门市软件园二期望海路39号
邮政编码　361008
总　　　机　0592-2181111　0592-2181406(传真)
营销中心　0592-2184458　0592-2181365
网　　　址　http://www.xmupress.com
邮　　　箱　xmup@xmupress.com
印　　　刷　厦门集大印刷有限公司

开本　720 mm×1 000 mm　1/16
印张　12.75
字数　230 千字
版次　2023 年 9 月第 1 版
印次　2023 年 9 月第 1 次印刷
定价　78.00 元

厦门大学出版社
微信二维码

厦门大学出版社
微博二维码

序　言

作为陈爱贞教授的博士后联系导师,我很高兴再次应邀为她的新著作序。2006 年她进入南京大学理论经济学博士后流动站,我就建议她着力于从全球价值链视角研究我国重装备工业问题。她坚持在该领域深耕了十几年,其间,主持完成了三项关于装备制造业创新发展的国家社会科学和国家自然科学项目,发表了不少关于我国装备制造业创新发展的较高质量的论文,并于 2012 年独著出版了《全球竞争下中国装备制造业升级制约与突破:基于价值链与产业链双重视角分析》,在该领域形成了较大的影响力。该书在理论上进一步拓展,在实证上用新的数据和案例进行了新的探索,我认为这是立足我国现实问题很有意义的探索。

作为工业化之母和高新技术产业之根,装备制造业是为下游行业提供设备和技术的基础性、战略性行业。发达国家的技术创新主要出现在资本品部门,为劳动力节约型技术进步和产品质量提升提供了必要的设备和技能;我国是制造大国,但还不是制造强国,我认为上游装备制造业的技术创新能力发展相对滞后是最主要的原因之一。为此,党的十六大报告就提出要大力振兴装备制造业,2006 年颁布的《国家中长期科学和技术发展规划纲要(2006—2020 年)》和 2009 年出台的《装备制造业振兴规划内容》都强调,要增强我国装备制造业的自主创新能力建设。2010 年,国务院又把高端装备制造业列为七大战略性新兴行业之一;党的二十大报告在"建设现代化产业体系"中再次强调,要实施产业基础再造工程和重大技术装备攻关工程,构建高端装备等一批新的增长引擎。

近年来,我国在光伏装备、工程机械、新能源汽车、动力电池等领域的创新能力和国际竞争力持续提升，并在一些重大装备上获得了突破。然而，我国装备制造业的核心技术和综合竞争力与发达国家相比还有一定的差距，尤其是先进芯片、操作系统、高端轴承钢和触觉传感器等关键环节和关键设备还面临"卡脖子"问题，可以说，我国装备制造业高速增长与低自主创新能力长期并存的困境还没有得到根本性的改变。对该问题的研究不但直接关系到我国制造业的国际竞争力能否稳定提升，还是我国上游装备能否驱动整个产业链升级的关键所在。需要看到的是，技术日趋复杂和国际分工不断深化，企业之间的竞争已经演化为其所依托的分工网络之间的竞争，装备制造业的装配型特性决定了各环节协同创新、发展的重要性，其分工网络发展水平更是直接决定了装备企业的学习机会和创新资源的获取。也正因此，党的十九届五中全会报告在"提升企业技术创新能力"中强调，要"推动产业链上中下游、大中小企业融通创新"；党的二十大报告在"加快实施创新驱动发展战略"中再次强调，要"推动创新链产业链资金链人才链深度融合"。

当前，世界经济面临更加复杂的形势，逆全球化思潮抬头，单边主义、保护主义明显上升和世界经济复苏乏力等一系列复杂因素的叠加和相互作用，使得占据我国货物贸易进口和出口都约半壁江山的装备制造业，不但国际市场开拓受阻，而且关键投入品、设备和技术等进口和国际合作的难度也增大。装备制造业复杂的技术和繁杂的工序决定了其国际化分工程度必然较高，没有一个国家可以掌握整个供应链的所有环节。因此，在国际竞争日趋激烈的当下，我国需要发展、完善本土分工网络，为企业自主创新提供支撑，更要积极参与、融入国际分工网络，更充分地利用好国内国外两种市场和两种资源。

本书在全球开放竞争的视野下，在典型装备制造业案例分析的基础上，构建数理模型分析我国企业技术创新选择的路径；然后从产业链分工、价值链分工和区域间分工三维视角，深入分析分工网络对装备制造业自主创新的影响机制，研究视角比较新颖。本书利用投入—产出表数据测算分析，发现我国装备制造业存在国内分工网络与国际分工网络分立的二元结构，体现了作者敏锐的洞察力。进一步地，本书探析了二元分工网络造成我国装备制造业创新机制缺损的深层原因,并以我国新能源汽车为例,分析了突破二元分工网络制约以实现自主创新发展的路径。本书不但在理论上探索打破依靠"要素投入支撑"的发展模式,以分工网络(尤其是完善国内分工网络)整合国内外各种创新资源和市场,而且基于省市间投入产出表,行业、企业、贸易等层面数据进行计量检验和实证考察,以及对汽车、动车、新能源汽车、机器人、机床、工程机械等进行多案例分析,有利于深化对我国装备制造业长期困境的理解,进而探索更有效的振兴装备工业的政策。

综上所述,本书基于分工网络视角对我国装备制造业创新发展的探索,丰富了产业创新理论,能为探寻我国装备制造业创新发展突破路径提供新的视角和思路,进而为通过提升上游创新能力以促进产业链升级提供实践支撑。此外,装备制造业是产业关联效应和带动效应很强的行业,通过发展分工网络来加强区域关联和互动,能为我国区域经济协调发展找到新的可能的突破和出路。为此,我郑重向大家推荐陈爱贞教授的这本著作。同时也希望她能在该学术研究领域走得更远,读者能不断地读到她的新论著。特此序。

刘志彪

2023 年 6 月

目　录
CONTENTS

第 1 章

导　论

第 1 节　问题提出

装备制造业作为技术密集型的资本品，其创新能力的提升直接决定了一国工业的创新能力和国际竞争力。作为工业化之母和高新技术产业之根，装备制造业的高端发展是中国"十二五"规划中提出的发展现代产业体系的重要环节，不但能直接提升经济结构，还能为下游行业改变发展模式和升级提供技术和设备支持。因此，在当前加快转变经济发展模式和经济结构调整的背景下，中国装备制造业的高端发展成为中国经济发展的重要基础和引擎。尤其在发达国家提出再工业化的思路和措施，着力发展高端制造业的局面下，中国制造业面临的国际竞争压力更大，产业升级也更加迫切，可以说，中国装备制造业能否提升自主创新能力，为中国制造业产业升级提供技术和设备支持，直接关系到中国经济在开放条件下的国际竞争力。也正因此，党的二十大报告在"建设现代化产业体系"中强调，要"实施产业基础再造工程和重大技术装备攻关工程，支持专精特新企业发展，推动制造业高端化、智能化、绿色化发展"。

改革开放以来，通过设备、技术引进及与跨国公司合资、技术溢出等方式，中国装备制造业获得了较快发展，规模不断扩大，到 2007 年，中国装备制造业的总量规模已经居世界第二位，2009 年总量规模居世界首位；同时，进出口增长迅速，参与国际分工的程度已经比较高。但是，总体来看，行业自主创新能力薄弱、核心技术和关键技术对外依存度较高、自主品牌缺乏、基础配套能力弱等状况还没有得到根本改变。对此，多数学者认为，由于中国装备制造业技术水平比较低，在国际分工中只能居低端位置，造成整个行业自主创新能力的提高面临技术瓶颈和跨国公司的扼制。

为此，党的十六大提出了"大力振兴装备制造业"的战略任务，之后政府加强了对装备制造业尤其是重大技术设备研制和重大设备产业技术开发的扶持。《国家中长期科学和技术发展规划纲要（2006—2020年）》和2009年出台的《装备制造业振兴规划内容》都强调，要增强我国装备制造业的自主创新能力建设，全面提升产业竞争力。 2010年，国务院又把高端装备制造业列为七大战略性新兴行业之一；党的二十大报告再次在"推动战略性新兴产业融合集群发展"中，将构建高端装备列为新的增长引擎之一。 从党中央和国务院、地方政府的各项政策来看，主要有两条主线：一是优化产业技术结构，主要依托重大项目、其他重点行业技术改造带来内需增长、加大科研研发投入力度等，以在关键和核心技术领域取得突破；二是优化企业组织结构，着力推进企业兼并重组，以培育有一定国际竞争力的大型企业集团和工程公司。 依托国家重点建设工程等政府扶持，近年来，中国在一些重大装备上取得了突破，如百万千瓦级核电设备、新能源发电设备、高速动车组、高档数控机床与基础制造装备等自主化水平提高，部分产品技术水平和市场份额跃居世界前列。 目前中国装备制造业的政策思路基本也因循了这种模式：依托技术专项和大型企业集团—关键技术突破—带动整个行业发展。 然而深入分析可以发现，尽管这些重大装备在国家政策扶持下取得了突破，但其核心技术和综合竞争力与跨国公司还有相当差距，中国装备制造业高速增长与低自主创新能力长期并存的困境并没有得到突破。 可见，需要在对政府政策有效性进行反思的同时，寻求深层次的原因。

　　装备制造业作为高度国际竞争性的行业，尤其在与跨国公司技术差距比较大的情况下，融入跨国公司主导的全球生产网络，通过竞争、合作获得学习机会对中国装备制造业发展至关重要。 技术水平低固然是中国装备制造业自主创新能力面临的制约，但进一步深入分析可以发现，其最本质的是，中国设备企业与跨国设备企业间的竞争，是环节对网络的竞争，是局部网络对全球网络的竞争，是单一资源对全球资源的竞争，这种"单兵孤立作战"的竞争模式注定中国装备制造业无法获得更多的学习机会和创新资源。 装备制造业的装配型特性决定了各环节协同创新、发展的重要性。 而且工程技术的进步和生产技术的创新大幅度提高了设备的多样性和复杂程度，这也使得设备的竞争力越来越体现在系统集成创新。 这意味着，装备制造业的创新需要依托于分工网络来集聚、扩散创新资源和创新动力。 而且从设备间技术关联角度来看，无论是高技术装备还是重大技术装备都无法离开一般机械装备的支撑；从中国实际来看，中国设备不单关键技术水平比较低，工艺水平和服务创新能力等也比较低。 因此，如果政府政策只侧重于培育单个企业、单个技术环节，而没有着力于完善分工网络来支持形成"极化效应"以及极化后的"扩散效应",那么中国装备制造业将还只是环节对链条和网络的竞争,还是无法获得足够的创新内源和外源。可见,振兴中国装备制造业需确立发展重点,抢占新一轮装备制造业发展先机,这种思路没有错,但同时需要培育完善的分工网络,这既是发展重点所需要的基础支撑,也是重点突破后带动相关领域发展的传输纽带。更重要的是,通过分工网络整合国内各种创新资源,有利于打破依靠"要素投入支撑"的发展模式,形成有效的产业协同创新机制。

　　然而,在中国装备制造业规模快速扩大的同时,却出现本土设备企业偏好参与国际分工网络而不是国内分工网络,从而形成了二元分工网络的局面。这到底是什么因素造成的,且对企业自主创新会有怎样的影响? 为此,本书将对其背后的因素及其影响机理进行深入分析,并探讨如何通过区域间分工与价值链分工、产业链分工互促共进,完善国内分工网络并升级为学习网络、创新网络,同时与国际分工网络对接、竞争,更好地获取国际资源和学习机会,推动自主创新。

　　这一研究的重要意义在于:第一,引入分工网络视角,同时融合产业经济学与区域经济学、制度经济学,为装备制造业发展提供了一个新的分析框架,对完善发展中国家的产业发展理论和区域经济学都具有重要的理论意义。第二,引入空间经济学指标、投入产出分析等方法,分析中国装备制造业分工网络现状;并从体制和政策层面深入分析影响中国本土设备企业参与分工网络及其对自主创新的影响,有利于将中国特色的装备制造业自主创新问题抽象为理论,进而一般化,具有学术创新价值。第三,从分工网络视角探讨中国装备制造业自主创新制约机制,能为相关部门的战略规划与政策提供理论基础和决策参考,有助于探寻新的突破路径,对中国装备制造业乃至整个经济的高端发展具有重要的实践意义。第四,装备制造业是产业关联效应和带动效应很强的行业,通过发展分工网络来加强区域关联和互动,为中国区域经济的协调发展找到新的可能的突破和出路。

第 2 节　文献综述

一、国外研究现状

(一)分工网络与创新网络演变发展的研究

创新理论经历了从线性范式向网络范式的演进，同时，分工理论也经历了从企业内分工和市场分工向网络分工的演进，为创新理论发展提供了更坚实的理论基础。 而以企业集群为模式的新产业区发展为创新网络理论与分工网络理论的融合提供了实践基础。

熊彼特在其 1912 年所著的《经济发展理论》中开创了"创新理论"。 此后创新理论往两个方向发展。 一是以 Mansfield 和 Schwartz 等为代表的技术创新学派，侧重研究企业的组织行为、市场结构等因素对技术创新与模仿、推广、转移的影响。 二是以 North 等为代表的制度创新学派，研究制度因素与企业技术创新、经济效益之间的关系，认为制度创新会通过创新者获得追加利益或产生导致技术变迁的新知识等而促进技术创新。

技术进步和社会分工的互动发展，导致创新"网络范式"发展，创新研究的视野从单个企业内部转向企业与外部环境的联系和互动。 亚当·斯密在其 1776 年所著的《国富论》中指出，劳动分工的好处之一是促进机械和技术创新。 Yong(1928)、杨小凯等(1999)进一步发展了分工与技术进步之间的互动关系，认为分工导致了企业的专业化，同时，分工导致了技术进步和生产过程的复杂化，导致了企业创新对外部联系的依赖。 Nelson 和 Winter(1982)创立了创新进化论，推动了技术创新和制度创新的融合。 在此基础上，逐渐形成了开放式创新理论。 网络分工理论为开放式创新理论的组织模式提供了理论基础。 Williamson(1975)提出"中间组织"(intermediate organization)概念，把网络分工视为介于企业内部层级分工和市场分工之间的第三种分工模式。 Granovetter(1985)等从社会联系视角拓宽了 Williamson 等新古典经济学基于交易成本的经济效率分析，指出文化、社会联系能产生认同的社会规则，并促使彼此间的信任与合作，降低机会主义威胁。

20 世纪 70 年代末，随着新产业区理论的发展，创新网络理论与分工网络理论在地理区域层面得到进一步融合。 1979 年意大利社会学家 Becattini 在对

Bagnasco 于 1977 年提出的"第三意大利"发展模式进行系统分析后,首次提出了"新产业区"概念,认为这些产业区的发展,得益于本地劳动分工基础上实现的经济外部性,以及当地社会文化背景支持下企业之间的相互协同作用。之后不同学者从柔性专业化(Piore et al., 1984)、区域创新网络(Saxenian, 1991)、产业集群(Poter, 1990)等视角对新产业区现象进行了开创性的解释。这些研究表明,在区域内集聚的企业间的分工提高了企业专业化程度,而且通过信任和非正式或正式制度所形成的网络关系能协调企业间的竞争与合作。同时,这些产业合作网络、社会关系网络与人际关系网络有助于通过企业间相互学习和竞争,形成学习机制和创新机制。 Baptista 和 Swann(1998)进一步从聚集过程的内在动力、技术运行的机制、现代创新活动的特征以及新经济增长理论四个层面,分析了产业集群与创新之间的正反馈关系。 但一些学者的研究表明,随着地方产业集群的发展,地方产业集群会因为自我强化机制而更加专业化,排斥其他不相匹配的资源,越倾向于发展成一个封闭的系统,进而逐步丧失应对市场变化的能力,从而带来整个区域经济的没落(Tihcy, 1998; Markusen, 1996)。

(二)分工网络对企业和产业创新影响的研究

随着市场和技术条件的不断变化,企业的生产方式也在持续革新,使得企业间的竞争越来越体现为其所依托的分工网络间的竞争,理论界从更多视角研究了分工网络对企业和产业创新的作用。

1.分工网络对企业创新的作用以及影响分工网络形成因素的研究

随着市场竞争加剧和技术变化加快,分工网络的重要性进一步得到强化。多数学者强调分工网络是企业通过合作或市场方式获得外部技术(与服务)支持的重要渠道(Quinn, 1992)。 Watanabe 和 Asgari(2003)强调,这种技术溢出效应对高科技行业中的小企业尤其重要。 有学者认为,分工网络基础上的各种联系推动了大量知识转移和知识、技术累积,这种正式和非正式的学习机制有利于企业创新(Westphal et al., 1985; Kim, 1991; Johson et al., 1987)。Harryson(2004)研究发现,日本企业在技术创新上保持领先的原因在于,注重建立战略合作的全球网络。 因此,他认为创新的过程已经不再局限于"寻求技术诀窍"(know-how),而是要"寻求合作者"(know-who)。 一个企业要想保持竞争力和对市场的变化反应敏捷,就应该把注意力从只管内部专业转向通过协作关系进行学习。 Ernst 和 Kim(2002)指出,随着竞争复杂化,企业竞争成功主要取决于获得企业外部专业资源的能力,这要求企业的组织模式从单体

(individual)转向集体模式，如网络化的全球旗舰模式（networked global flagship model）。

但 Podolny 和 Page(1998)提出了一些尖锐的问题：既然网络组织具有如此众多的优势，那么市场与层级组织为什么依然存在？ 经济行为人为什么没有完全依赖网络组织？ 学者们主要从以下几个层面分析影响创新网络形成的原因：

(1)成本因素。 新兴古典经济学认为，一种分工模式是否向另一种分工模式跃进，主要取决于交易费用和分工收益的比较。 而交易费用往往与交通运输、通信和各种政策制度以及非正规制度相关。 社会网络学认为，建立网络关系的信任、认同需要较长的时间和成本。 Chen Tain-Jy 等(2004)把建立当地联系视为一种建立当地关系的投资，联系成本越高，企业建立当地联系的动力就越小。 联系成本包括信息收集、组织学习和适应于资源交换过程的新位置等成本。

(2)企业能力和预期收益因素。 Kitching 和 Blackbum(1999)发现，那些具有高技术水平和竞争力的企业从与其他企业建立网络关系中难以寻找到自身所需的价值。 而希望建立网络联系的企业往往又缺乏技术和商业竞争力(Ahuaja，2000；Erickson et al.，2003)。 Staber(2001)研究发现，一些产业集群的地方网络不存在或没有起到应有的作用，创新很少发生且很少成功，导致集群商业失败率提高，从而影响了集群网络的发展。

(3)网络特性因素。 Ahuja(2000)指出，网络内部的关系模式会制约企业加入网络的机会。 Kinch(1992)分析发现，相对于一个松散结构的网络，在一个紧密结构化的(tightly structured)网络中企业建立自己地位的难度更大。 Johanson 和 Mattson(1987)认为在一个高度国际性的网络中，小企业由于比大企业适应能力更强，更容易建立自己的地位。 但 Chen 和 Chen(1998)认为，在刚建立、还未制度化的网络中，大企业由于规模大而更容易建立自己的地位。 Harrison(1994)发现，20 世纪 70 年代早期美国行业为大型企业所支配，这些大型企业更关注于降低经营成本和短期利润而不是发展基于信任基础的长期关系，导致美国企业以原子式为主。

(4)制度因素。 Nooteboom(2000)发现，法律体系、银行和金融体系以及劳动力市场结构、教育体系和政治体系等社会制度，会影响网络形成所需的基础环境。 还有研究强调，一国的外商直接投资法定限制(FDI statutory restrictions)和离岸税收法规会影响 FDI 的中心地位，进而影响该国在分工网络中的中心性(Adarov，2021)。

2.分工网络对装备制造业创新影响的实证研究

McMillan(1990)对比美国和日本汽车产业发现,日本汽车产业所拥有的成本优势,四分之一得益于供应商所形成的产业分工网络,这种外包结构制度提高了生产效率,使得日本的小企业比美国的小企业发展更蓬勃,这种网络效应所带来的成本优势使得美国汽车市场逐渐被日本汽车品牌所占据。 Larsson和 Malmberg(1999)对瑞典机械设备企业的分析表明,设备企业发展得益于与国内需求保持紧密的联系。 设备企业产出的 80％用来出口,但投入的 56％来自国内的供应商。 刘仁杰(1999)对中国台湾地区工具机行业研究发现,台湾工具机企业虽然规模小、人工成本不具优势,但由于形成了具有较低交易成本和高度合理物流特性的台湾型分工网络,使得台湾工具机行业具有较强的竞争力。 其中台湾着力培育桥梁机构,有效地促进了(大型)企业技术发展和技术在行业内的扩散(Ching-Chiang Yeh et al.,2003)。 Lee 和 Park(2006)研究了韩国电子和机械行业的中间供应商创新成功与失败的影响因素,表明与同行业竞争者、上下游企业、高校和科研机构、政府、国外部门、金融部门等合作,不但为其提供了互补的研发能力,还有创新所需要的资金等资源。 Liang-Chih(2008)对中国台湾地区工具机行业的实地访谈发现,该行业的发展得益于较为完善的当地分工网络及其与外部分工网络的紧密联系。 这些分工网络为企业建立了非正式的学习机制。 如当用户引入国外先进设备时,通过用户—供应商关系网络,设备企业可以方便、经济地获得先进的技术知识。 尽管竞争者间合作比较困难,但分工网络或集群有助于相互学习,其中供应商担当了知识传播者的角色。

3.对以跨国公司为主导的全球分工网络的研究

随着经济全球化,推动了企业间的分工和外包跨出国界,出现了全球联系增多而区域联系减少的趋势(Hendry et al.,2000),甚至出现了企业具有的全球联系往往会多于本地联系的趋势(Larsson,1999)。 理论界对产品内分工和跨国公司主导的全球分工网络展开了深入分析。

Gereffi(1999)、Humphrey 和 Schmitz(2002)等在 Porter 基于公司内价值链概念的基础上,提出全球价值链理论,集中探讨包括不同价值增值部分的全球价值链在全球的重组及其内部结构关系,并研究发达国家的主导企业如何形成和控制价值链发展的问题。 Humphrey 和 Schmitz(2004)认为,不同类型的价值链治理模式,决定了低端企业升级机会的不同。 俘获型的治理模式(captive governance)主要提供的是工艺和产品升级,但阻碍功能升级和链的升级;关系型治理模式(relational governance)有助于功能升级;市场型治理模式

(market based governance)对产业升级的影响是中立的。 Messner(2004)指出，那种依附型(quasi-hierarchical)的全球价值链治理结构和其中的非对称性力量，会导致发展中国家地方产业集群在升级过程中被锁定(lock-in)。 Dallas等(2019)将价值链治理中的权力进一步区分为议价权力(bargaining)、示范性权力(institutional)、制度化权力(demonstrative)和构成性权力(constitutive)。

随着国际分工的进一步演化，国际分工关系更趋复杂，有些学者认为全球价值链强调产业关联的线性关系和企业间的交易往来、治理等框架的局限性已经越来越明显，认为要用全球生产网络框架来分析。 Ernst(2001)指出，全球生产网络是一种跨越企业和国家边界的价值链的集中扩散，伴随着一个平行的网络参与者的层级一体化进程。 Henderson 等(2002)认为，网络结构是由错综复杂的水平的、倾斜的，以及垂直的价值链条构成的多空间、多层级的经济活动。 全球生产网络并不仅是企业间的功能性和地域性的联系，还有其他社会性和空间性分布方面的联系。 Sturgeon(2002)认为，价值链可以被看作是一种次级生产网络，是更加复杂的、动态化网络所包含的一系列生产活动中的简化形态。 研究表明，多数国家的企业以产业集群方式参与全球分工，这意味着多数企业往往同时参与国内分工和国际分工(Giuliani et al.，2005；Gereff，2009)。 这些都使得全球生产网络的分析框架在更多行业得到应用，如 Bridge(2008)对不可再生资源行业的分析，Parthasarathy 和 Aoyama(2006)对软件业的分析，Lanz 和 Maurer(2015)对服务业的分析。

(三)参与全球分工网络与发展中国家创新发展

全球分工网络的发展，为发展中国家参与国际分工获得发展和学习机会提供了条件，但在国际分工中的地位对发展中国家产业自主创新和升级的制约问题也开始显现，众多学者围绕这些问题展开了深入研究。 同时，一些学者探讨了在全球竞争中突破对产业创新和升级制约的战略。 目前发展中国家产业发展仍是一个重要且还需要深入研究的问题。

1.参与国际分工对发展中国家产业升级影响的研究

以 Gereffi(1999)等为代表的研究全球价值链学者强调，国际联系对发展中国家获得技术知识、增强学习和创新具有重要的作用，发展中国家参与全球价值链是产业升级的必要步骤。 根据技术溢出理论，在与 FDI 的各种竞争、合作过程中，FDI 往往能直接或间接地向本土企业转移、溢出技术，从而促进本土企业技术能力的提高(Elkan，1996)。 Hakura 和 Jaumotte(1999)划分了引发技术扩散的产业内和产业间贸易，认为产业内贸易比产业间贸易产生了更大的国际技术转移，原因是国内生产和出口部门更容易吸收同行业的国际转移技术。 Javorcik（2004）则进一步认为，由于 FDI 能从其中间产品供应商改进的绩效中获益，因此其一般会愿意把知识转移给本土供应商，则 FDI 溢出效应更可能通过后向关联方式发生。 Lemoine 和 Ünal-Kesenci（2004）的研究则发现，加工贸易的垂直专业化虽然对有赖于国内投入的中国传统出口部门没有产生太大作用，但通过进口零部件的技术转移促进了中国外贸的技术升级，促使中国建立了高度国际化和竞争力的电子机械等产业部门。

随着越来越多的发展中国家参与国际分工，专业化程度越来越高，企业面临的竞争越来越激烈，只能通过降低员工工资和价格竞争来获得优势，由此出现出口或产出水平增加但收入却持续下降的低端路径发展现象（Kaplinsky，2000）。 Schmitz（2004）分析认为，发展中国家的企业参与的是俘获型的价值链，发达国家的领导型企业能凭借其市场势力阻止其获得功能升级与链的升级所需要的新能力，以避免发展中国家企业与其共享核心能力，对其垄断势力与既得利益构成威胁。 这从 Giuliani 等（2005）对拉丁美洲复杂产品如汽车等产业的升级研究得到了验证，他们发现，全球价值链中的领导型企业对当地供应商应用技术标准等方面所提供的帮助非常有限。 Pack 和 Saggi（2001）研究认为，通过非核心环节外包，跨国公司的技术的确会外溢到发展中国家的接包方中，而且这些技术还会在发展中国家的其他企业中进一步扩散。 但技术在发展中国家更多企业间发生扩散，更多企业获得了这些技术后，会涌到该代工环节，代工企业数量增多，会加剧竞争，这样发达国家的跨国公司可以以更低的价格进行外包，而发展中国家企业只能分配到更低的收益。 一些案例研究表明，这种竞争格局使得发展中国家的产业无法实现更高层次的升级，被"锁定"在低附加值的制造、加工环节（Schmitz，1999；Bazan et al.，2004）。 面临较高的质量和标准要求以及市场竞争，发展中国家出口企业更需要努力创新，因此可能获得较高的质量提升（Lugovskyy et al.，2015）。 但随着质量差距的缩小，发展中国家的出口企业从发达目的地所能获得的学习效应一般会趋降。

一些学者认为随着经济全球化发展，发展中国家的产业发展机会更小。Nolan 等（2008）分析表明，随着经济全球化，许多行业的全球价值链变得越来越复杂，发达国家的跨国公司通过与大量供应商形成分工协作的系统集成，集中了大量的知识和资源；同时，核心企业的整合过程向整个价值链扩展，其资源和压力通过分工网络向各级供应商传递，从而形成瀑布效应（cascade effect），不仅仅全球价值链的核心企业成为市场主导者，其各级供应商也成为各自子价值链的主导者。 这种基于分工网络所形成的集成创新增强了跨国公司的国际竞争力，同时也使得发展中国家的企业赶超面临更大困难。 Dicken (2003)的分析也表明，多数产业都显现出向发达国家跨国公司集中的趋势，这使得发展中国家的产业处于一个不平等竞争的环境中。 Autor 等(2020)研究发现，来自中国的贸易冲击会抑制美国制造业企业创新；来自中国、印度等低收入国家的低质量产品竞争，提升了智利(Fernandes et al.，2013)、韩国(Ahn et al.，2018)等国制造业企业的产品复杂度和质量。 因此，发展中国家本土企业在全球竞争中取得立足点之前，很可能已经被外来的、更高效的竞争对手摧毁了。

2.全球竞争背景下突破产业创新和升级制约的研究

发展中国家在国际分工中的产业升级受限，迫使一些学者开始转向寻找影响产业竞争力的自身内部因素和路径。 UNCTAD(1999)的研究报告强调，发展中国家的本土化技术能力水平才是其参与国际分工中获得及时有效的技术转让的关键因素。 Lee 和 Lim(2001)分析了韩国作为后来者的技术追赶路径，认为企业和行业的技术创新、技术能力取决于技术努力(technological effort)和现有的知识基础(existing knowledge base)，这并不仅仅局限于单个企业内部，而是需要政府公共 R&D、国内企业间联盟以及与国际联盟。 而且特定行业的技术范式(technological regimes)也会影响追赶者的创新活动，因此，内部 R&D、政府、技术转移模式、市场条件、吸收能力和技术知识本身特性等相互作用共同推动技术创新。 Giuliani 等(2005)也从行业技术特性强调，复杂产品的技术复杂性要求发展中国家的企业自身需要有一定的技术能力才能获得代工机会。 Bathelt 等(2004)则强调，尽管经济全球化的发展对地方产业集群形成了巨大的冲击和影响，但是单纯就集群企业间的知识溢出问题来说，集群内部本地化的溢出效应仍然不能忽视。

很多学者强调，在经济全球化越来越深化的今天，本土产业环境却变得越发重要，产业竞争优势越来越依赖于本地化的知识、关系以及内在动力(Dichen et al.，1994；Porter，1998；Maskell et al.，1999)。 Rosenfeld(1997)认为集群网络和企业之间的互相依赖的作用在大多数地区的经济发展政策中都被低估了。 Rutten 和 Boekema(2007)强调区域创新网把技术转换成企业竞争力的重要性，认为企业或产业在与国际伙伴联接前，应该先形成区域网络。

尽管目前专门针对经济全球化下发展中国家产业创新问题的研究还不算多，但对全球化竞争下本地化分工网络对产业创新和竞争力的影响的分析，可以为发展中国家提供很好的理论和经验支持。 同时，很多研究也强调区域分工网络应该是开放性的。 如 Sturgeon(2002)强调，一个国家的企业和产业系统是根植于各自国家的经济内的，但在全球规模生产网络下，各国企业和产业系统是交互联系的，开放网络获取外部资源很重要。 Nadvi 和 Halder（2005）对巴基斯坦外科器械行业进行分析后也强调，政府政策不能把集群当成一个独立的个体，需要涉及与其他集群间的联系，需要政府通过政策促使原本处于竞争关系的集群变成战略伙伴。 Giuliani 等（2005）也指出，现有的集群文献主要集中于通过获得竞争的当地资源来获得集体效率的集群内的垂直和水平关系的分析，而忽略了越来越重要的外部联系。 Fieler 等（2018）研究表明，国内分工网络能增强国际贸易的技术提升效应。

二、国内研究现状

（一）中国装备制造业自主创新制约与突破路径的研究

国内不少学者分析了装备制造业技术进步对我国经济发展和产业结构升级的重要作用（王延中，2001；史丹，2000；唐晓华 等，2010）。 更多学者围绕影响装备制造业技术创新的各个因素展开了深入研究。

一些学者从市场需求和市场竞争角度展开分析。 杨永福等（1999）在对中国机械制造业的技术结构进行国际比较后认为，关键要建立一种引发机制或诱导机制，使装备制造业技术需求与供给形成对应关系。 孙晓华等（2010）对中国三大装备制造业 11 个细分行业进行了实证分析，表明加入全球价值链低端，使得中国装备制造业产业创新缺乏有效的需求规模和结构。 陈爱贞等（2008）以中国纺织缝制装备制造业为例，分析了在全球竞争背景下，纺织服装行业大量引进国外设备对上游纺织缝制装备制造业的市场挤压和自主创新制约。 为此他们提出需要实现产业链上下游联动发展。 唐晓华等（2005）对辽宁装备制造业调研发现，传统的竞争观念束缚和缺乏信任机制，阻碍了装备制造业的企业间合作，在一定程度上制约了装备制造业的整体技术创新，因此，要树立协作性竞争的新观念。 田丹（2008）认为装备产品是典型的复杂产品系统，技术构成复杂，因此强调，中国装备制造业企业要在利用外部技术源的同时保持技术创新主动权。 范德成等（2018）通过构建两阶段模型测算中国高端装备制造业技术创新资源配置的整体和阶段效率，发现目前我国高端装备制造业发展仍处于初级阶段，技术创新资源配置还存在一定空间，市场垄断利于整体和技术转化阶段效率的提升，因此产业内外部应努力营造良性和充满活力的竞争环境。 陈爱贞等（2022）认为发达目的地的市场竞争会带来高质量产品占比和出口份额下降，而欠发达目的地的市场竞争主要引致产品种类和出口份额扩张，抑制了资本品质量升级。

还有学者从产业集聚角度展开分析。 张威（2002）实证分析表明，中国装备制造业已经形成了各具特色的长江三角洲、东北地区、珠江三角洲、中部地区、西南地区五个集群雏形。 从影响集聚因素来看，他认为吸引和利用外资是中国装备制造业发展的强大推动力，资本结构多元化是活性因子。 李凯等（2004，2005）把装备制造业集群诸要素内部的经济联系和内在产业关联抽象为：产业网络层和区域社会网络层，并在分类分析产业层内部要素间的链接模式的基础上，对沈阳装备制造业进行考察，发现核心大企业之间存在明显的跨产业技术共享现象和内在动力，但关键技术的共享程度却远远不够，核心企业与卫星企业之间的链接停留在单纯的产品配套上，以价值链为主导的企业间链接模式没有真正实现。 他们还进一步把装备制造业集群要素间的经济联系和内在产业关联抽象为制造企业耦合、集群产业耦合以及区域社会网络耦合三层结构。 赵丰义（2010）认为装备制造业系统的演化动力来自系统内部的竞争和协同作用。 他考察发现，改革开放以来中国装备制造业市场集中度一直处于低位徘徊且出现了总体下降趋势，省际装备制造业出现了向少数省份集中的趋势。 他指出，技术创新路径优化的本质在于产业组织优化。 吕国庆等（2014）的实证分析指出，装备制造业早期阶段地理邻近作用显著，有利于强化创新网络的地方化特征形成专业的产业集群，装备制造业后期逐渐发展成熟时地理邻近影响减弱，社会邻近更加有利于远距离合作，考虑到合作对象的资源比较优势，产业将向更远地方转移。

还有学者从产业链、价值链、技术链等相关环节互动视角分析。 张米尔等（2004）认为，装备制造业结构升级需要得到技术、组织、制度等多方面的支持，中国装备制造业不但技术水平低，还存在集中度低、大而全、小而全的组织问题，以及核心企业是国有企业的制度问题，因此需要通过技术创新、组织创新、制度创新的有效互动来推动装备制造业升级。 张保胜（2009）指出，装备制造业中重大技术装备的主导设计往往在长时期内不会发生改变，这种主导设计的连续性决定了厂商之间在共同创造过程中必须以某一核心技术为主体，形成一个有机的创造系统。 为此要通过产业链和技术链上的共同创造来提升创新能力。 洪勇等（2007）认为发展中国家产业追赶，应依靠产业和技术的协同发展，尤其是核心产业链和核心技术链的协同发展，并指出发展中国家技术与产业协同发展的起步模式是"产业发展拉动技术进步"，而非"技术进步推动产业发展"。 王群（2009）认为，全球价值链下地方装备制造业集群发展模式选择的关键问题是，如何突破跨国公司的预占和"锁定"。 根据全球价值链下装备制造业集群的四个特点：产业特征决定的市场势力强大、寡占组织模式下的高研发强度、支柱产业地位强化、跨国公司对价值链的高端占领，以及辽宁装备制造业集群在全球价值链中被"低端锁定"的现实，提出辽宁装备制造业集群发展可以采用蔓延式发展和突破式发展。 林桂军等(2015)认为中国制造业企业的全球价值链地位指数在近年发展中不断提升，但相比于美、日、德等装备制造业强国在全球价值链中仍处于偏低地位，中国企业仍然保持出口相对低价的装备制造业零部件而进口相对高价的零部件的趋势，中间品贸易以被动进口为主，生产组织模式化国际化程度较低。

更多学者主要从组织结构、体制和制度等层面展开分析。 胡春力(2002)指出，中国装备制造业的核心问题，一是由于没有承担技术开发职能的核心龙头企业，造成缺乏技术开发能力；二是由于没有形成高度专业化、对用户反应灵敏的配套加工企业群，造成制造加工质量不高。 为此，要通过产权制度改革等方式，集中各方技术要素和资源，形成一批具有技术开发能力的核心企业；同时，核心企业通过扩散产品、委托加工等，完善专业化配套体系。 同时他强调需要扩大对外开放。 刘平(2006)认为目前影响中国装备制造业国际竞争力的深层次原因是技术创新和制度环境两个方面。 为此，他从结构升级、产业集群、技术创新和制度变迁四个层面分析了提升中国装备制造业国际竞争力的对策。 崔万田(2004)通过实证数据分析表明，中国装备制造业发展落后的原因是多方面的，包括产权不合理、进口过度、产业结构和技术落后，为此需要通过制度创新、市场与产业结构优化、技术创新等多方面综合作用来促进中国装备制造业发展。 何禹霆(2006)通过构建 CCOP(characteristics、organization form、conduct、performance，即产业特征—产业组织模式—企业行为—产业绩效)分析范式，从理论深度分析了建立合理的产业组织模式对中国装备制造业发展的重要性。 牛泽东等(2012)基于产出距离函数测算装备制造业的技术创新效率，分析其影响因素提出改善产权结构和提高企业规模有利于改进装备制造业的技术创新效率，为此需优化高科技产业的资源配置并且对于技术创新较高的产业，进一步加大技术创新投入。

(二)参与国际分工与本土分工对中国产业创新发展影响的研究

中国企业一般是依托地方产业集群参与国际分工。 国内不少学者的研究肯定了参与国际分工对中国产业升级的积极作用。 童昕等(2003)以东莞为例，分析了"生产者主导"和"订户主导"两种全球价值链在地方产业集群升级中的作用。 卢洋等（2007）指出，地方产业集群发展到一定阶段后容易出现集群锁定、集群升级能力缺失、企业转移等现象，嵌入全球价值链中，对克服集群负效应，推动集群向附加值更高的环节升级或是跃迁起到积极的作用，对单独的企业更是如此。

但中国企业参与国际分工中受到的制约问题也引起了国内学者的关注。对此，有学者认为，中国企业主要以低端模式参与俘获型全球价值链，这弱化了中国产业发展的主动性，企业被纵向压榨（刘志彪 等，2009；张晔，2006）。有些学者认为，外资主导的分工网络具有封闭性，为强化自己主导的全球生产网络优势，跨国公司会对加盟企业构筑门槛，实施战略隔绝机制以避免关键知识向生产网络外的企业扩散，使得核心企业的升级，并不一定带来当地集群这一地理空间经济单元的整体升级（王益民 等，2007；于明超 等，2006）。 有些学者发现，中国产业集群内部存在扎堆、集而不群的现象，而且大量产业区因其非创新性的大批量制造而难以走出"低端道路"，沿海外向型集群发展到一定阶段后"逐底竞争"和"集群转移"特征明显（王缉慈 等，2008，2009；郑江淮 等，2008），产业集群自身的低水平分工和低水平发展，也是限制其在国际分工中地位的主要原因。 针对国际生产分割程度较高的一些行业，受外资企业的主导，中国企业以加工贸易的方式参与全球价值链，"锁定"效应使得产业处于加工装配等下游环节（王岚，2014）。

面临全球竞争以及在全球价值链中的升级制约，有些学者持乐观态度，如文嫣（2006）以集成电路产业为例分析表明，伴随经济发展、技术进步，企业的价值创造活动会发生剧烈的变化，价值链在空间角度会发生形变，其治理模式也呈现高度的动态性。 这使得弱势主体完全可能通过获取新的能力、开辟新的市场而快速成长，从而通过在价值链中的升级，改变与强势主体之间的关系。 但多数学者还是主张要积极寻求战略转变。 为此主要有两种战略导向：

一是强调构建国内价值链。 刘志彪等（2008，2009）指出，要从被俘获的全球价值链中突围，以及在动态的竞争中实现价值链的攀升和区域经济良性互动，需要在东部沿海地区已有的全球价值链基础上，着力延伸和大力发展国内价值链，通过产业内迁和产业链的延伸，构建以本土企业为主体、本土市场需求为基础的国内价值链，重新整合中国企业的商业网络以及产业循环体系，重新塑造国家价值链的治理结构，重新调整区域间的产业关系结构。 戴翔（2015）认为中国应保持劳动密集型制造业的比较优势，基于此发展中等技术层面制造业，进一步强化比较优势和提升自主创新能力。

二是强调全球价值链与国内分工结合。 黎继子等（2005）指出要通过全球价值链与中国地方产业集群进行耦合实现产业升级。 他们根据中国国内地方集群发展程度和条件差异，探讨了三种耦合模式。 卓越(2009)对中国制造企业实证分析发现，全球价值链中，俘获型与层级型治理模式下企业高端升级的空间较小，均衡网络型治理模式下企业高端升级空间较大；国内价值链中，均衡网络型治理对企业升级没有明显作用，俘获型和层级型治理有利于企业升级。 他认为，单纯基于全球价值链的代工体系或国内价值链的集群的工业化都不是中西部地区的最优选择，两者的结合可能更现实。 王岚等(2015)指出，建立与跨国公司的供需关联进一步融入全球生产网络，优化中国本土制造业企业与跨国公司的关联模式，有利于本国供应商融入价值链。

三、简要分析

通过国内外研究的回顾和梳理，可以发现，随着技术进步和社会分工发展，社会分工与技术创新不断相互推动、交融，分工网络已不仅仅是企业间分工合作的关系网，还是企业间共享资源和传递创新压力的学习网和创新网。国外已把分工网络视角引入产业创新和发展的研究中，在经济全球化背景下，分工网络已经延伸为全球价值链或全球生产网络视角的研究。 从现有文献可以看出：

(1)现有文献把全球价值链或全球生产网络视为以主导企业为核心而发起并逐渐在世界各地形成集聚的一种市场演进进程，则在链条内或网络内的治理，以及在链条外或网络外的治理，主要体现的是主导企业与供应商之间的关系，对各级供应商在这种关系中的市场行为分析得不够。 实际上，企业可能会因为一些影响因素而被动或更偏好参与某个分工网络，也就是说，不仅仅主导企业，配套小企业的市场行为也会影响到分工网络的发展。

(2)现有文献主要侧重于分析价值链各环节企业间的关系，这种价值链分工虽然也涉及设计研发和市场营销环节，但设计研发环节的技术和服务往往并不仅仅依托该行业的价值链，而是依托于多行业的公共平台，或一个行业的技术和服务是另一个行业技术的基础或衍生；同样，基于价值链分工的市场营销环节分析了企业的营销、品牌战略以及用户的反馈、合作等，但用户的需求还受自身行业各种因素影响。 因此，分析一个国家行业的发展，需要进入产业链分工层面。

(3)全球价值链和全球生产网络的分析虽然引入了区域经济学，是一种跨国界的分析，但这些研究把不同国家或地区纳入链条或网络分工体系中，即不同国家或地区之间被既定为垂直分工或水平分工的关系。 但实际上，为了在国际分工中提升自身地位或获得更多机会，区域间可能会进行竞争、市场分割，这使得区域间的分工可能是低水平的，从而使得企业间的价值链分工和产业链分工被区域分割所截断。尽管区域分工网络理论分析特定区域内集聚企业间的分工协作时也强调，要加强区域外联系，但对区域间分工的研究并不够。因此，像中国这样地方政府间竞争比较激烈的国家，对产业问题的分析不能不进入区域间分工层面。

国内学者对中国装备制造业自主创新的影响因素进行了多方位、深层次的研究，也意识到分工组织结构的制约。但对造成分工组织结构不合理的背后深层因素和机理分析不够。在国外文献中，由于是立足发达的市场经济，影响分工网络更主要的是企业之间分工联系的成本、能力等因素，其中制度因素主要为基础环境、法律体系、中间组织等。也因此，国外文献中政府对产业发展和分工网络的作用主要被界定为提供 R&D 和服务公共平台、为企业间分工协作提供更完善的中间组织、法律保障、金融体系等。现实中，西方发达国家政府为促进产业创新和分工网络发展，也实施了一系列的产业政策，但主要为间接干预。相比较而言，中国政府尤其是地方政府对装备制造业干预的力度比较大，而且中国装备制造业的龙头企业多为国有企业，因此，虽然企业间分工联系的市场因素也对中国装备制造业分工网络和创新有重要影响，但在现有的体制下，政府政策等制度、体制因素的影响是最根本的。所以，需要从体制和政府政策层面对中国装备制造业分工网络形成和自主创新机制进行深入分析，需要立足中国装备制造业发展现状对政府政策进行反思。

基于以上这些，本书将引入分工网络视角，从区域间分工和价值链分工、产业链分工互动视角来分析分工网络对装备制造业自主创新的影响，同时从体制和政府政策层面分析影响中国装备制造业分工网络发展和自主创新的机理。

第 3 节　装备制造业的界定与产业特性

国际上对装备制造业没有统一的定义，多数文献研究具体的机械行业，更常见的是研究资本品。根据维基百科和投资百科，资本品是企业在生产过程中用于生产产品或服务的实物资产(physical assets)，其中机械装备是最主要的可贸易性资本品。根据联合国商品贸易统计数据库的 BEC 分类法，世界经济论坛发布的《2019 全球竞争力报告》将 BEC41(运输设备除外的资本品)、BEC42(运输设备除外的资本品附件)和 BEC521(工业运输设备)视为资本品；多数文献计量分析主要采用的是 BEC41 和 BEC521 样本。 前一种分类可更好地从行业层面体现资本品贸易,后一种分类从产品层面体现资本品贸易。

中国的产业分类标准与国际产业分类标准(ICIS)和国际贸易分类标准(SITC)以及其他国家的产业分类标准也不统一,但一般意义上装备制造业所包含的主要产业门类是差不多的。 中国对装备制造业的产业分类和称谓也未统一。 按照中国国民经济行业分类和代码,装备制造业包括 8 大类、46 个中类、178 个小类的投资类产品。 8 大类产业包括金属制造业、普通机械制造业、专用设备制造业、交通运输设备制造业、武器弹药制造业、电气机械及器材制造业、电子及通信设备制造业、仪器仪表制造业等投资品,也称为 8 分类法。 另外还有 6 分类法,即只包括通用设备制造业、专用设备制造业、交通运输设备制造业、电气机械及器材制造业、通信设备、计算机及其他电子设备制造业、仪器仪表及文化办公用机械制造业。 本研究选用 6 分类法,其产品包括系统、主机、零部件、元器件和技术服务。

装备制造业处在国民经济产业链的中游,为普通制造业生产“工作母机”,且能通过资本存量积累和生产率提升影响一国经济长期发展。 装备制造业是为产业发展提供物质装备的生产制造部门的总称,属于投资品制造业。装备制造业的这一特性决定了其具有自身的产业特点:一是技术密集型;二是资本密集型;三是产业关联度高、产品链条长、带动能力强和技术含量高;四是由于是耐用品,该行业属于周期性行业;五是装备制造业虽为技术密集和资本密集工业,但它具有劳动密集性质,有较大的就业容量,可以提供大量就业机会。

装备制造业的技术特性主要有,其一,技术的集成性和复杂性。 装备工业的产品特点是每一单台套产品都是由成百上千,甚至上万的零件组成的,每个零件要求的材质、加工工艺、质量标准都不尽相同。 其二,主导技术的高度连续性。 装备制造业中重大技术装备的主导设计往往在长时期内不会发生改变,这种主导设计的连续性决定了厂商之间共同创造过程中必须以某一核心技术为主体,形成一个有机的创造系统(张保胜,2009)。 其三,供应链服务化延伸发展空间大。 一方面,随着消费品个性化定制发展,下游生产企业对装备的个性化服务需求也在增加;另一方面,装备技术的专业性和复杂性趋升,外延增值服务成为装备制造业企业提升竞争力的重要途径,也是其提高获利能力的重要支撑。[①] 其四，新技术嵌入可能从技术端延伸出新的产品供应链。典型的如，动力电池发展，为电动汽车发展奠定了基石，其目前正与依托于发动机的传统汽车展开激烈竞争；人工智能和物联网等新技术发展，催生了无人驾驶汽车，其可能会完全颠覆传统汽车市场。

根据装备制造业在国民经济中的作用，可以分为五种类型：(1)通用类装备，即一般性装备；(2)基础类装备，是装备制造业的核心，以被称为"工业母机"的机床工具装备为代表；(3)成套类装备，是评价一个国家装备工业总体实力的最重要依据；(4)安全保障类装备；(5)高技术关键装备，即前沿性的核心装备。 魏江等(2007)根据职能将装备制造业分为重大技术装备、高新技术产业装备、基础装备、一般机械装备。 他们认为，这四种主要的技术装备之间有明显的协作与支撑关系。 首先，各类机床等是其他各类装备的基础，对所有的其他装备行业具有直接的支撑作用。 其次，一般机械装备虽然在技术上没有高新技术装备深入，在规模上不比重大技术装备宏大，战略地位上逊色于基础装备，其数量可能是最大的。 因为无论是高技术装备还是重大技术装备都无法离开一般机械装备的支撑。 再次，高新技术装备是重大技术装备的重要、关键、不可或缺的构成部分，在某种程度上代表了后者的技术水平。最后，重大技术装备是对前面三种装备的综合与集成，最终形成对国民经济发展有重大影响的、复杂的、高技术的、高造价的产品。

---

① 如科学仪器、工业机械和机床，需要个性定制或大量修改以满足特定客户需求；在汽车行业，发动机的维修而不是发动机销售已成为劳斯莱斯的重要收入来源；越来越多电动工具、工程机械等生产商开始为家庭用户和小型承包商提供工具租赁服务。

第 2 章

中国企业自主创新路径选择

第 1 节　典型装备制造业的技术引进发展

一、交通运输设备制造业的技术引进发展

中国交通运输装备制造业最初是通过引进国外技术而发展起来的，依托庞大的国内市场得到迅速发展。 国产大飞机的自主研发与商业运营、高铁里程的不断增加和"复兴号"的投入运营，以及连续八年成为全球最大汽车生产国，这些都是中国交通运输设备制造业技术创新的成果。 随着中国经济进入新常态，交通运输装备制造业以低端要素加入全球价值链的红利已经透支，同时欧美发达经济体提出的再工业化和制造业回归也加剧了中国交通运输装备制造业的竞争，使中国更加注重技术进步对交通运输装备制造业发展的作用。

在这一背景下，中国交通运输设备制造业的创新投入和创新产出都大幅增加。 如表 2-1 所示，从创新投入来看，2006 年至 2020 年，中国交通运输设备制造业的 R&D 人员全时当量 15 年间增加 288.47％。 从创新产出来看，2006 年至 2020 年，中国交通运输设备制造业拥有发明专利数在 15 年间增长近 111 倍，到 2020 年达 114 716 项；同时，该行业新产品销售收入增长 434.45％，到 2020 年达 36 218.2 亿元人民币。 此外，从技术进步的主要来源之一——技术引进来看，中国交通运输设备制造业是技术引进金额最高的行业，2020 年引进额达 2 118 123 万元，占所有行业比重达 51.29％。 2006 至 2020 年，中国交通运输设备制造业的技术引进经费、技术改造经费与技术消化吸收经费分别增长 285.97％、46.68％和 523.11％。

表 2-1 2006 年和 2020 年交通运输装备制造业技术引进情况

指标	2006 年	2020 年	涨幅/%
新产品销售收入/万元	67 767 214	362 182 340	434.45
主营业务收入中新产品占比/%	41.86	37.26	−10.99
新产品开发项目数/项	12 434	68 825	453.52
专利申请数/项	5 729	109 559	1 812.36
发明专利数/项	972	37 834	3 792.39
拥有发明专利数/项	1 029	114 716	11 048.30
有研发机构的企业占比/%	37.05	28.22	−23.83
有 R&D 活动的企业占比/%	56.68	46.63	−17.73
R&D 项目经费支出/万元	1 952 050	——	——
R&D 人员全时当量/人年	92 907	360 912	288.47
技术改造经费/万元	2 871 512	4 212 008	46.68
技术引进经费/万元	548 781	2 118 123	285.97
消化吸收经费/万元	88 834	553 530	523.11
消化吸收占技术引进之比/%	16.19	26.13	70.01

注：(1)《2021 中国科技统计年鉴》中把交通运输设备制造业拆分为汽车制造业、铁路、船舶、航空航天和其他运输设备制造业。 (2)统计口径是主营业务收入超过 2 000 万元人民币的大中型工业企业。 (3)截止到最新的《2021 中国科技统计年鉴》未公布 R&D 项目经费支出。

数据来源：《2006 中国科技统计年鉴》和《2020 中国科技统计年鉴》。

　　然而，中国交通运输装备制造业依旧面临技术创新难题。 第一，技术水平低导致中国交通运输装备制造业在全球价值链中的地位低，反过来抑制行业的创新动力。 2006—2020 年拥有科研机构与拥有科研活动的企业数占比分别下降 23.83％和 17.73％，这从侧面反映中国在这 15 年内承接了大量技术含量低的劳动密集型产业，而发达国家主要从事高附加值的高新技术研发环节。一些技术实力较弱的企业选择以代工的方式参与跨国公司主导的全球价值链，放弃自主技术研发而按照跨国公司的技术标准进行生产。 第二，技术创新量高质次。 中国交通运输装备制造业的拥有发明专利数和新产品销售收入在这 15 年间都大幅增加，但是主营业务收入中新产品占比却下降 10.99％，这说明行业的创新可能并没有涉及核心技术而只是对细节或外观上的改动，因此无法创造更高的收益。 第三，重引进轻消化。 中国的交通运输装备制造业的技术引进金额和 R&D 投入在这 15 年间都增长数倍，但是消化吸收占技术引进之比仅增长不到 1 倍。 2020 年中国交通运输装备制造业消化吸收占技术引进之比仅为26.13%，远低于发达国家的水平，极低的消化吸收投入使中国仅仅进行技术应用，其附加值和长远价值都难以开发。

二、高新技术产业技术引进发展

在国家统计局 2002 年公布的高技术产业名录中，中国高新技术产业共包括 8 个部类、74 个行业，但是相关统计数据中只有医药制造业、航空航天器及设备制造业、电子及通信设备制造业、计算机及办公设备制造业、医疗仪器设备及仪器仪表制造业这五个部类，《2016 中国科技统计年鉴》新增信息化学品制造业这一部类。

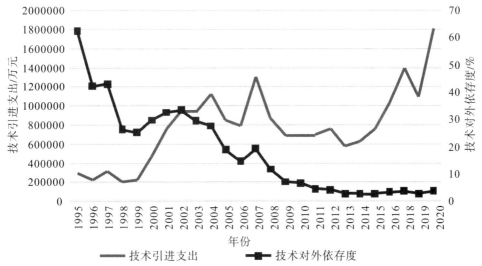

图 2-1　1995—2020 年高新技术产业技术引进与技术对外依存度[①]图

数据来源：历年《中国高技术产业统计年鉴》。

从图 2-1 可以发现，中国高新技术产业的技术引进支出从 1995 年开始呈现整体上升趋势，在 2007 年达到第一次高峰，至 2018 年达到第二次高峰后不断增长。 中国高新技术产业的技术引进支出，2000—2004 年，受到加入世界贸易组织带来的推动作用，增长 2.38 倍，年均增长 33.5%；2007—2009 年，受到国际金融危机的影响，大幅下降 47.70%，之后几年无较大波动；2013 年开始稳步增长。 此外，中国高新技术产业的技术对外依存度持续大幅下降，

---

① 技术对外依存度＝技术引进支出/（技术引进支出＋R&D 内部支出）。

由 1995 年的 62.38%，下降至 2020 年的 3.74%，尤其是在国际金融危机后，技术引进支出大幅下降，而 R&D 内部支出则稳定上升，致使技术对外依存度下降至个位数。 R&D 经费的增加以及技术对外依存度的下降，说明中国高新技术产业自主创新意识在不断增强。

从消化吸收再创新角度来看，根据图 2-2 可以发现中国高新技术产业的消化吸收支出呈现缓慢的上升趋势，但是总额依旧不足，与技术引进支出相距甚远。 消化吸收率①波动较大，但是处于很低的水平，最高年份仅 32.42%，2015 年以来该值都低于 10%。

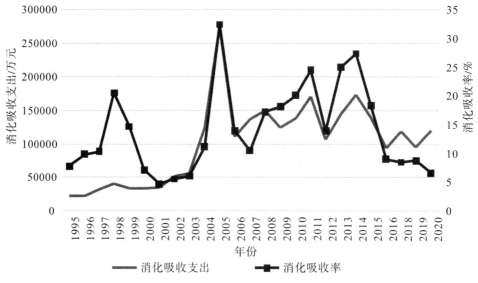

图 2-2 1995—2020 年高新技术产业技术引进后消化吸收图

数据来源：历年《中国高技术产业统计年鉴》。

中国高新技术产业一方面自主创新意识增强，另一方面对引进技术的消化吸收率极低。 一个可能的原因是发达经济体及其跨国公司在高新技术领域对中国实行一定程度的技术封锁，中国能引进到的只是一些低端且缺乏附加价值和长远价值的技术，因此不需要对此进行太多的消化吸收，反而需要加强内部研发实现技术突破。

从行业分布来看(见表 2-2)，电子及通信设备制造业一直是中国高新技术产业技术引进的主导行业，所占比重几乎都在 65% 以上，2020 年达到91.83%。 医药制造业是高新技术产业技术引进支出的第二大行业，这是因为

_____

① 消化吸收率＝消化吸收支出/技术引进支出。

在国际金融危机后，许多医药类跨国公司放宽了部分技术的出口以提高公司收入度过危机，另外中国医药制造业的市场广阔，许多跨国公司来华建立合资或独资子公司，也增加了技术引进。

表 2-2　2009—2020 年高新技术产业各行业技术引进支出

单位：亿元

行业	年份										
	2009	2010	2011	2012	2013	2014	2015	2016	2018	2019	2020
医药制造业	5.64	4.84	6.16	5.60	5.81	4.36	5.92	4.66	4.35	4.31	6.66
航空航天器及设备制造业	2.78	6.49	2.11	0.97	1.63	2.90	1.38	2.97	—	—	—
电子及通信设备制造业	49.84	47.47	54.03	58.09	39.17	45.44	61.44	88.57	116.02	84.68	162.45
计算机及办公设备制造业	5.83	3.66	1.00	2.63	2.09	0.62	0.46	0.30	1.19	0.90	1.10
医疗仪器设备及仪器仪表制造业	4.38	6.32	6.35	8.92	9.52	9.78	5.96	6.68	6.11	5.11	6.93
信息化学品制造业	—	—	—	—	—	—	—	0.03	0.06	0.04	0.03

注：（1）《2016 中国高技术产业统计年鉴》中在高技术产业下新增信息化学品制造业这一项；（2）《2019 中国高技术产业统计年鉴》在高技术产业下删除航空、航天器及设备制造业这一项；（3）2018 年未公布年鉴。

数据来源：历年《中国高技术产业统计年鉴》。

观察各行业的消化吸收率，从表 2-3 可以看出，医药制造业的消化吸收率最高，达到 39.35%，接近发达国家水平；其次为计算机及办公设备制造业和电子及通信设备制造业。这两类行业相对来说技术要素更加重要，需要加大消化吸收率以实现再创新。而信息化学品制造业、医疗仪器设备及仪器仪表制造业以及之前公布的航空航天器及设备制造业的消化吸收率较低，原因在于这三个行业的技术密集程度相对较低。

表 2-3　2020 年按行业划分高新技术产业技术引进情况

行业	技术引进支出/万元	消化吸收支出/万元	消化吸收率/%
医药制造业	66 611	26 209	39.35
电子及通信设备制造业	1 624 540	92 526	5.70
计算机及办公设备制造业	11 024	1 747	15.85
医疗仪器设备及仪器仪表制造业	69 282	311	0.45
信息化学品制造业	324	1	0.31
合　计	1 807 298	120 794	6.68

数据来源：《2020 中国高技术产业统计年鉴》。

第 2 节　开放条件下企业技术创新选择

尽管产品服务化和智能化发展需要商业模式创新，但技术创新是基础（Sendler，2015）。经济增长由粗放型向集约型转变，实质上就是提高技术进步对经济增长的贡献份额。改革开放以来，通过技术和设备引进、与外资合作等方式，中国企业走上了引进模仿的道路，产业获得了快速发展。但核心技术和关键零部件对国外的依赖度高，一些行业陷入了"引进—落后—再引进—再落后"的恶性循环，产业低端化问题严峻。而且随着中国企业与世界先进国家的技术差距缩小，同时与外资企业之间的技术竞争日益加剧，引进技术的难度越来越大，引进技术的成本逐渐上升。因此，中国企业发展需要从引进模仿型向自主创新开发型技术发展战略转变，以提升在国际分工中的地位。然而，中国企业与发达国家企业之间的技术差距还比较悬殊，而且随着全球制造业服务化和智能化的快速发展，企业完全依靠内部研发的难度和风险加大，可以说，依靠自我积累进行自主创新来促进经济增长方式转变存在诸多劣势(唐未兵 等，2014)，自主创新并不意味着企业不需要利用国外技术和资源。 但技术引进与合作模式会影响企业技术发展的自主性。 同样是在引进国外技术基础上发展起来，且同样都立足中国庞大的市场，中国高铁行业和汽车行业的自主创新发展却是迥然不同的。 而企业选择什么样的技术创新模式，除了自身技术水平，还受到市场竞争格局、政府政策和技术特性等的影响。本部分试图先构建模型分析在面临外资企业新技术引进情况下本土企业的技术创新模式选择，然后探讨促进中国企业从技术引进模仿向自主研发的战略转变。

在开放条件下，国际 R&D 溢出是一国技术发展的重要途径(Coe et al.，1995；Keller，1998；Krammer，2010)。 在过去的 100 多年里，OECD 国家全要素生产率增长的 93％来自知识进口(Madsen，2007)。 不少观点认为，发展中国家与发达国家的主要差距之一是技术差距。 技术追赶理论认为在开放经济条件下，在技术扩散过程中通过模仿与干中学，落后国家产业的技术和人力资本的积累将提高其创新能力，进而实现技术跨越式追赶(Javorcik，2004)。随着发展中国家在国际分工中的产业创新受约束问题逐渐凸显，越来越多学者开始强调发展中国家自身技术能力和学习能力对其获得学习和发展机会的重要性，强调技术溢出的条件性，特别是本土企业吸收能力的影响，认为吸收能力显著影响国外研发的技术溢出，本土企业吸收能力越强，获得的技术与 TFP溢出效应越大(Morrison et al.，2008；Fracasso et al.，2014)。

由于多数发展中国家走的是技术引进发展路径，因此，很多学者也开始探讨发展中国家技术引进模式问题。 Park 和 Lee(2014)研究发现，对不同的行业技术范式，后来者可以选择不同的学习和追赶战略。 随着发展中国家后发企业接近技术前沿，发达国家企业不愿意分享其技术，加之技术本身也愈加复杂，因而借用发达国家企业的技术将更加困难。 为了实现进一步追赶，后发企业需要成为创新者而非模仿者(Chang et al.，2006)。 可以说，发展自身创新能力，同时利用国际资源，已经成为发展中国家获得技术和市场、推动企业创新发展的重要路径。 但关于发展中国家的本土企业如何从引进模仿走向自主创新，迄今研究还很不够。 本书认为，企业选择什么样的技术创新模式，其实是企业的一种投资模式，需要从市场竞争层面来分析。

第3节　企业技术创新模式选择机理：
　　自主学习还是合作

根据《2022 世界投资报告》，2021 年全球外国直接投资流量为 1.58 万亿美元，流入亚洲发展中国家的外国直接投资增长 19％，创 6 190 亿美元的历史新高，占当年全球外国投资流入的 40％。中国作为主要外资流入目的地，吸收的 FDI 额已达 1 810 亿美元，位居全球第二位。在国内市场竞争国际化的背景下，与发达国家的技术差距决定了来自发达国家的外资企业是中国企业的竞争对手，更是技术创新重要的合作与学习对象。

一、模型的基本假设及设定

为分析方便，本模型作如下假设：

(1)一个外资企业进入发展中国家的某个行业，该行业内有 n 个本土企业，这些企业都是对称的，即各企业的需求曲线与成本函数完全一致(尽管它们生产和销售不太一样的产品)。

(2)外资企业进入带来新的技术，意味着在发展中国家一项新技术的生命周期开始。由于创新带来正的外部效应和信息泄露效应，以及技术会随着使用而日趋成熟，技术研发与市场化成本随着时间的推移而减小，为此，假设在 τ 时刻对新技术进行研发、商业化的成本为 $K(\tau)$，它随时间的增加而缓慢下降，但下降幅度逐渐减慢，即：$K'(\tau) < 0$，$K''(\tau) > 0$，$\lim\limits_{\tau \to 1} K(\tau) = 0$，$\lim\limits_{\tau \to 1} K(\tau) = 0$。

(3)拥有技术优势的外资企业进入发展中国家，将在 $\tau = 0$ 时刻实现新技术的市场化，成为技术领先者。如果外资企业选择独资模式进入，将成为唯一的领导者；若选择合资模式进入，则与其合作伙伴一起成为领导者。其他本土企业成为追随者，在 τ 时刻对该新技术实现市场化($0 \leqslant \tau \leqslant 1$)，追随者通过自主学习、技术溢出效应而成功商业化新技术的概率为 p，技术的生命周期在 $\tau = 1$ 时刻结束。

(4)在 $\tau = 0$ 领导者还未实现新技术市场化时，假设市场上所有企业由于所使用的技术差距不大而初始收益相同，都为 R_0。在 0 至 τ 区间，领导者已经将新技术实现市场化而获得较高的收益 R_H，而追随者在这一时间区间内不但没有新技术，还会受到来自领导者的冲击，因此会有较低的收益 R_L。当追随者在 τ 时刻通过学习完成新技术的市场化，这时市场上所有企业的收益为 R_1。则有：$R_L < R_0 < R_1 < R_H$。

（5）先进技术能为领导者带来的一个未来现金流的期望收益，由利息率 r 贴现后为：$V = \dfrac{1}{r}\{\tau R_H + (1-\tau)[pR_1 + (1-p)R_H]\} - K(0)$。其中 τR_H 表示领导者在 $0 \sim \tau$ 时间段内由于独享这一新技术而获得的高收益，p 表示进行自主学习的本土企业在 τ 时刻对新技术实现商业化的概率，因此在 τ 至 1 时间段内，领导者继续维持高收益 R_H 的概率为 $(1-p)$，由于丧失技术领先优势而获得 R_1 收益的概率为 p。$K(0)$ 表示领导者在 $\tau = 0$ 时刻实现新技术市场化的成本。如果外资企业以独资方式进入，可以独立经营并独享经营收益，但投入成本比较高，且会由于文化、市场需求等差异而面临较高的市场风险，也会因制度距离而带来较高的制度风险，假定这些风险将造成外资企业的预期损失 S，则独资时外资企业的预期收益：$V_{11} = V - S$。如果与本土企业合作，假定外资企业占有 α 的股权，本土企业占有 $1-\alpha$ 的股权，双方各自投入自己的专有性资产（外资企业的专有性资产主要是技术）。由于股权与实际控制权的不匹配带来了合资企业的收益在双方之间的转移，假定外资企业利用其实际控制权从合资企业转移的收益 $T > 0$，①则合作时外资企业的预期收益：$V_{12} = \alpha V + T$。

（6）本土企业如果选择自主学习并在 τ 时刻进行新技术商业化，作为追随者在 0 至 τ 时段内的收益为 τR_L，在 τ 至 1 时段内，继续维持低收益 R_L 的概率为 $(1-p)$，由于新技术商业化成功而获得 R_1 收益的概率为 p，因此预期收益：$V_{21} = \dfrac{1}{r}\{\tau R_L + (1-\tau)[pR_1 + (1-p)R_L]\} - K(\tau)$。本土企业如果与外资企业合作，则其预期收益为：$V_{22} = (1-\alpha)V - T$。

二、模型分析

外资企业将根据两种进入模式的收益来做选择，根据前文分析，当 $V_{12} >$

① 在发展中国家，合资企业中的权力分配往往并不完全按照双方股权划分，还会基于双方的信息优势、资产专有程度等因素来划分实际控制权，由于外资企业占有核心技术等优势，其实际控制权往往会大于股权，这体现在双方签订合资合约时将对技术管理权限、财务管理权限等作出明确安排，即使外资企业股权不大也通常拥有技术管理权限，锁定了合资企业的核心技术。

V_{11} 时，外资企业倾向于选择与本土企业合作；当 $V_{11} > V_{12}$ 时，外资企业倾向于选择独资模式。 同样，本土企业也将根据两种应对新技术模式的收益来做选择，当 $V_{22} > V_{21}$ 时，本土企业倾向于选择与外资企业合作；当 $V_{21} > V_{22}$ 时，本土企业倾向于选择自主学习。 只有双方都倾向于选择合作，合作才将达成；否则，只要有一方倾向于不合作，双方合作将不会达成。

从预期收益函数可知，在影响双方策略选择的因素中，技术特性是个很重要的变量。 越复杂、尖端的技术，发展中国家的本土企业需要花越多的时间学习、消化，才能掌握、商业化。 在 $K(\tau)$ 既定的情况下，技术越复杂、尖端，企业实现新技术商业化的收益提升越多，但本土企业越早进行技术商业化，成本往往越高，因此，综合收益与成本提升，追随者选择新技术商业化的时间越往后，往往说明技术越难，因此，τ 体现了技术的难易，它也是本土企业对新技术研发、商业化所需要的时间。 把本土企业的期望收益函数对 τ 求导：$dV_{21}/d\tau = \dfrac{1}{r}\left[p(R_L - R_1)\right] - K'(\tau)$，$dV_{22}/d\tau = \dfrac{1}{r}(1-\alpha)p(R_H - R_1)$。 根据前文假设得到的 $R_L < R_0 < R_1 < R_H$，有 $dV_{22}/d\tau = \dfrac{1}{r}(1-\alpha)p(R_H - R_1) > 0$；根据 $K'(\tau) < 0$，且 $K''(\tau) > 0$，当 τ 接近 0 时，$K(\tau)$ 值很大且下降空间也大，$K'(\tau)$ 应该是个比较大的负值；随着 τ 逐渐增大，$K'(\tau)$ 逐渐接近 0，因此，$dV_{21}/d\tau$ 应该是先增后减。 因为选择自主学习的本土企业掌握新技术所需要的时间越短，其当期收益越快从 R_L 上升到 R_1，因此其期望收益随着掌握新技术所需要时间的缩短而增加。 考虑两个极端值的情况，如果 $\tau = 0$，意味着外资企业一进入，自主学习的本土企业可以马上掌握新技术并进行商业化，则在技术研发成功率不低的情况下，自主学习的收益应该比只能获得部分收益的合作企业的高，即有 $V_{21} > V_{22}$；如果 $\tau = 1$，表明在新技术生命周期结束时，自主学习的本土企业才能掌握新技术，则与外资企业合作分享新技术整个生命周期的垄断利润应该比自主学习的收益高，即有 $V_{21} < V_{22}$。 根据这些情况可以判定，一定存在 $\tau = \tau^*$，使得 $V_{21}(\tau^*) = V_{22}(\tau^*)$，当 $0 < \tau < \tau^*$ 时，$V_{21}(\tau) > V_{22}(\tau)$；当 $\tau^* < \tau < 1$ 时，$V_{21}(\tau) < V_{22}(\tau)$。 据此可以画出本土企业的两种期望收益，如图 2-3 所示。

从图 2-3 可见，若 $\tau < \tau^*$，即当技术复杂度与尖端性越低，也就是说 τ 越小，本土企业通过学习开发并商业化新技术的耗时越短，本土企业越倾向于学习而不是合作方式来进行技术创新。 $R_1 - R_L$ 是本土企业在学习的时间段内的成本，若 $\tau > \tau^*$，意味着学习新技术的难度越大，这一成本持续的时间

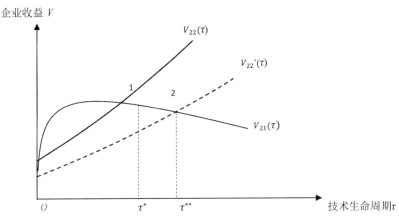

图 2-3　技术特性对本土企业技术创新模式选择的影响

越长，则本土企业选择自主学习的收益会越低，企业会更倾向于选择与外资合作。而学习新技术的难度越大，外资企业在合作谈判中越处于主动优势，本土企业往往让出的股权 α 越高，付出的转移支付 T 越多。因此，实际上 α 和 T 都是 τ 的增函数，这意味着 V_{22} 的斜率更小，如图 2-3 所示，往下旋转至 V_{22}'，可见，当技术越复杂、尖端，本土企业选择合作的收益虽然高于选择自主学习，但选择合作的收益被压低。由此可得：

命题 2-3-1：其他条件相同时，新技术越难，本土企业越偏向于选择合作，虽然选择合作的收益高于选择自主学习的，但合作收益越被压低。

同时，本土企业自身的研发能力也是影响决策的一个重要变量。本土企业自身的研发能力越强，意味着其成功研发并商业化新技术的概率越高，即本土企业收益从 R_L 升至 R_1 的概率 p 越高。[①] 根据本土企业的预期收益函数，$\mathrm{d}V_{22}/\mathrm{d}p = \dfrac{1}{r}(1-\alpha)(1-\tau)(R_1 - R_H) - \alpha'(p)V - T'(p)$，由于 $p = 0$ 意味着本土企业研发能力太低而无法研发成功，则本土企业与外资企业在合作谈判中所处的地位越不利，因此，当 p 从 0 开始增大时，$\alpha'(p)$ 与 $T'(p)$ 都为比较大的负值，使得 $\mathrm{d}V_{22}/\mathrm{d}p > 0$；当 p 增大到较大值时，α 和 T 已经趋近于外资企业所能接受的极限，使得 $\alpha'(p)$ 与 $T'(p)$ 趋近于 0，则有 $\mathrm{d}V_{22}/\mathrm{d}p < 0$，如图 2-4 所示，在其他条件不变的情况下，随着本土企业自身的研发能力提

---

① 技术特性也会影响研发并商业化成功的概率 p；同样，企业自身研发能力也会影响企业技术研发并商业化所需要的耗时，其分析与本研究的道理一样，因此，本研究不再重复分析。

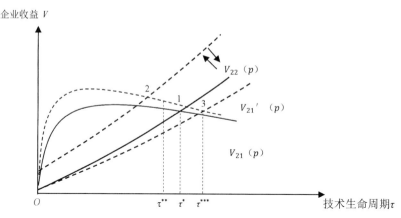

图 2-4　本土企业研发能力对其技术创新模式选择的影响

高，其选择与外资企业合作的期望收益曲线先向上移动然后再向下移；同样可知，本土企业选择自主学习的期望收益曲线向上移动。这将使得两条曲线相交点从 τ^* 移到 τ^{**}，但 τ^{**} 可能在 τ^* 的左边，也可能在右边。如果如图 2-4 所示，则在区间 $[\tau^{**}, \tau^*]$ 内的本土企业选择自主学习的期望收益将从大于与外资企业合作的期望收益，变为小于与外资企业合作的期望收益，即本土企业越倾向于选择与外资企业合作。当 p 增大使得 V_{22} 曲线下移，如果两线交点从 1 移动到 3，则意味着在区间 $[\tau^{**}, \tau^{***}]$ 内的本土企业选择自主学习的期望收益将从小于与外资合作的期望收益，变为大于与外资合作的期望收益，即本土企业越倾向于选择自主学习。Grosssman 和 Shapiro(1987)的模型分析也表明，研发竞赛中处于领先地位的企业由于赢得竞赛的可能性较大，因此一般会愿意增加研发投入。这里赢得竞赛的可能性其实就是增加研发投入保持垄断地位的概率，很显然，这个概率直接影响企业研发成功的预期，进而影响其增加研发投入的意愿。同样道理，本土企业自身的研发能力直接影响企业技术开发进而商业化成功的预期，从而影响其选择自主学习的意愿。由此，当本土企业自身研发能力比较低时，随着企业研发能力的增强，其选择自主学习的意愿往往也增强；但也有可能因其合作的谈判能力增强而更愿意选择与外资企业合作。然而，当其研发能力进一步增强时，其选择自主学习的意愿增大。基于此，可以有：

命题 2-3-2：其他条件相同时，随着本土企业的研发能力由较低水平开始增强，其可能越倾向于自主学习，也可能越倾向于与外资合作，但随着其研发能力进一步增强，选择自主学习的意愿增大。

　　此外，市场竞争格局也是影响企业决策的一个重要变量。当拥有先进技术且准备进入的外资企业数量越多，本土企业由于有更多的选择机会而在合作谈判中占据更有利地位，从而在股权和实际控制权的谈判上越有优势，由此，本土企业越倾向于与外资企业合作。当外资企业数量既定时，本土企业数量 n 越大，市场上每个企业的市场份额也就相对越小，但由于外资企业掌握核心技术等方面的优势，其市场份额随着 n 增大而下降的幅度比本土企业小。对于选择合资的外资企业来说，本土企业数量 n 越大，其选择合作伙伴的范围越广，则在谈判中的优势也越大，能收获更多的股权 α 和转移收入 T，因此其收益曲线随 n 的增加而上升，但上升趋势逐渐趋缓；同理，选择合资的本土企业的收益往往随 n 增大而下降。如图 2-5 所示，外资企业选择合作的期望收益曲线与选择独资的期望收益曲线相交点对应于 n_2，如果本土企业选择合作的期望收益曲线与选择自主学习的期望收益曲线相交点对应于 n_1，由于外资企业选择合作的期望收益大于选择独资的期望收益的本土企业数量区间在 $n>n_2$，而本土企业选择合作的期望收益大于选择自主学习的期望收益的本土企业数量区间在 $n<n_1$，$n_1<n_2$，双方没有交集，意味着双方合作不会达成。如果本土企业自主学习的期望收益相对于合作降低，即 $V_{21}(n)$ 下降到 $V_{21}{}'(n)$，使得本土企业选择合作的期望收益曲线与选择自主学习的期望收益曲线相交点对应于 n_3，则当本土企业数量在 $n_2<n<n_3$ 区间时，存在双方达成合作的可能性。而在 $n_2<n$ 区间内，本土企业数量越多，在谈判上越有优势的外资企业收益往往越高，即 $V_{22}(n)$ 上升到 $V_{22}{}'(n)$，相交点对应于 n_4，处于谈判劣势越明显的本土合作企业的收益越低。为此，可以推出：

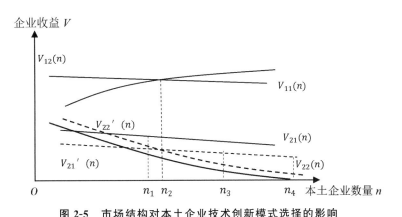

图 2-5　市场结构对本土企业技术创新模式选择的影响

命题 2-3-3：其他条件相同时，市场结构过于分散或过于集中，往往不利于本土企业与外资企业合作；市场结构适中有利于本土企业与外资企业合作，但本土企业数量越多，本土合作企业的收益越低。

本土企业的技术研发能力除了与自身学习、消化能力相关外，还受益于外资企业进入带来的技术溢出与扩散效应。大量文献表明，外资进入带来的技术溢出效应与学习效应促进了中国经济的增长（沈坤荣 等，2001；葛顺奇 等，2015）。当发展中国家知识产权保护逐渐增强，本土企业获得来自外资企业的技术溢出效应将下降，本土企业的研发能力的提升会受到一定影响，即其成功研发并商业化新技术的概率 p 下降，使得本土企业自主学习的预期收益下降。根据上文所分析，dV_{22}/dp 随着 p 上升而先增后降，则当本土企业的自身研发能力还比较低，随着其成功研发并商业化新技术的概率 p 下降，其与外资合作的预期收益往往下降，如图 2-6 所示，V_{21} 曲线向下移动，V_{22} 曲线也向下移动，两条曲线的相交点从 1 移动到 3，本土企业的自身研发能力越小，相交点 3 在 1 右边的概率越大，即 $\tau^* < \tau < \tau^{***}$ 区间所对应的预期收益从 $V_{21} < V_{22}$ 变为 $V_{21} > V_{22}$，说明技术越难，本土企业与外资合作的意愿下降。当本土企业的自身研发能力已经比较高，其与外资合作的预期收益往往上升，V_{22} 曲线向上移动，两条曲线的相交点从 1 移动到 2，其对应的本土企业技术商业化所需要的时间从 τ^* 缩短到 τ^{**}。也就是说，只有本土企业越早进行技术研发并实现技术商业化，其自主学习的收益才能大于与外资企业合作的收益。由此可得：

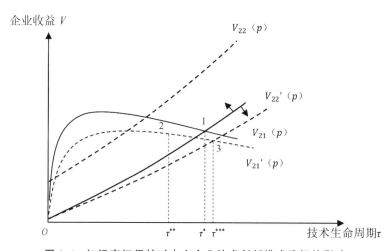

图 2-6　知识产权保护对本土企业技术创新模式选择的影响

命题 2-3-4：其他条件相同时，当本土企业的自身研发能力比较高时，知识产权保护增强会促进自主学习企业更早进行技术研发，但也会使得技术难度比较高的行业企业更偏向于与外资企业合作；当本土企业的自身研发能力比较低时，知识产权保护增强可能会增大也可能会降低本土企业与外资企业合作的倾向。

不同的技术由于其特性不同，其研发与市场化的成本随时间推移而下降的速度不同，这一成本随时间的下降在不同程度上可以抵消由于自主学习企业缺乏新技术而产生的时间成本 $\tau(R_H - R_L)$。$K'(\tau) < 0$ 与 $K(\tau \mid \tau > 0) < K(0)$ 是本土企业作为跟随者获得后动优势（second-mover-advantage）的根源所在。如果 $K(\tau)$ 随着时间的增加而快速下降，由 $dV_{21}/d\tau = p(R_L - R_1) - K'(\tau)$ 可知，V_{21} 曲线将向上移动到 V_{21}'，致使 V_{21} 与 V_{22} 相交点从 τ^* 移到 τ^{**}（见图 2-7），即本土企业选择自主学习的可能性增大，且选择自主学习的预期收益增大。而由于 V_{21} 是 τ 的增函数，意味着选择自主学习的本土企业为利润最大化，会推迟进行新技术的研发与商业化。据此，可以推出如下命题：

命题 2-3-5：其他条件相同时，本土企业对一项新技术的后动优势越强，越偏向于选择自主学习且自主学习的预期收益越大，但过强的后动优势容易诱使本土企业推迟新技术的研发与使用。

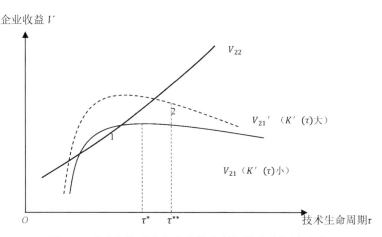

图 2-7 后动优势对本土企业技术创新模式选择的影响

第4节 技术发展战略转变：中国汽车
行业和高铁行业对比分析

根据数理模型可以发现，无论是与外资合作这一基于股权的技术引进还是在技术进口的基础上加以模仿创新，都是后发国家实现技术创新的一种途径。在近100多年来，OECD国家全要素生产率增长的90％以上来自技术引进（Madsen，2007）。不过，技术引进需要与本土技术能力相匹配适应，最后转化为本土企业的技术研发能力才能最终实现产业化，提高经济增长效率。受到本土企业研发能力、创新动力、市场竞争和技术匹配等因素的影响，技术引进不一定就能促进本土企业创新能力的增长，技术引进支出的增加也不一定对引进方的投入产出率有正面效应。如中国交通运输设备制造业2015年技术引进支出增长13.68％，行业外资占比增加0.64％，而整个行业的主营业务收入仅增长5.15％，利润总额仅增加1.21％。医药制造业2014年技术引进支出下降24.94％，行业外资占比下降6.26％，但是整个行业的主营业务收入却增长13.78％。[①] 因此，技术引进的强度并不能决定投入产出率的变动。

股权和非股权式技术引进，这两种模式对引进方的影响，受到市场结构、技术特性和本土企业研发能力多重因素的影响。为了深入研究特定模式的影响，本研究先分别讨论两种技术引进模式对装备制造业技术创新的影响机理。

一、不同模式技术引进对装备制造业企业创新的影响

（一）非股权式技术引进对自主创新的影响机理

技术进口能够促进企业自主创新能力的提升。如命题2-3-1所示，当技术贸易双方技术差距较小，并且进口企业自身学习能力和模仿动力很强时，本土厂商能够通过"逆向工程"，从产品到原理一步步破解出物化在成套设备中的先进技术，实现技术突破。目前，中国技术进口的主要方式已经由成套设备的进口转变为技术的许可和转让，这也是国际技术转移与扩散的最直接方式。

---

① 数据来源：《2015中国科技统计年鉴》。

后发国家的企业为了提高生产能力，会购买价值链中一个或几个环节中的技术，如果这几个环节恰好是生产中的核心环节又与其他环节相匹配，产品质量、生产效率和投入产出率都将提高。

但是技术进口也可能造成企业投入产出率的降低而抑制其创新动力。 如命题 2-3-1 和 2-3-2 所示，进口品的技术含量太高，必然导致进口成本的增加，可见，若企业进口高价值高技术含量的技术增加投入从而降低投入产出率。进口的技术含量越高，也越难被进口方破解掌握，短期内无法提高产出，进一步降低投入产出率。 微观企业是技术进口的主体，出于利益最大化的考量，企业将根据投入产出率来做出生产经营决策，因此，企业出于生存压力和短期经营策略将进口简单实用的技术或成套设备直接用于生产，而放弃对隐性技术的进口和模仿创新。 技术的生命周期也会影响技术进口企业的投入产出率。对于周期较短的技术来说，其价值在短期内会大幅下降，如果进口企业对这类技术的模仿创新时间过长，其创新收益不足以抵消由于技术价值的下降而造成投入产出率的下降。

一方面，中国装备制造业企业进口的技术一般是显性技术，缺乏大量的隐性技术和缄默知识，这导致进口的技术难以实现本土化，造成生产链上其他环节与进口技术的不匹配。 另一方面，随着技术发展的突飞猛进和全球竞争的日益激烈有可能对技术进口方造成不利影响，进口方不一定能购买最先进的技术，即使能够进口最先进的技术也不一定与自身技术能力相适应，而如果无法获得最先进技术，对其模仿创新后，进口方还是难以获得竞争力，只得购买更先进的技术。 如此循环往复，技术进口方为了保持竞争力只能不断放弃已经掌握的技术而购买更先进的技术，容易陷入"引进—落后—再引进—再落后"的循环，形成巨大的沉没成本。

（二）股权式技术引进对自主创新的影响机理

随着全球化的推进，为生产服务的研发活动也在日益全球化，因此为实现高效率配置全球资源的外商直接投资也蕴含了更高的科技含量。 外资进入东道国通常有设立独资子公司和与东道国厂商建立合资子公司两种方式，导致跨国公司既是本土厂商的竞争对手又是本土厂商的技术创新合作和学习的对象。通常来说，跨国公司的进入对后发国家企业自主创新活动主要产生模仿效应、竞争效应、人力效应、价值链效应和合作研发效应。 跨国企业以独资或合资的方式进入东道国后，其新产品的设计、营销和推广都成为东道国企业模仿的对象。 与此同时，跨国公司的进入导致竞争加剧，从而使东道国企业产生了研发新技术的动力。 人力效应通常是由于跨国公司采取本土化战略，本土员工通过参加技术培训，向高级管理、科技人才学习，能够很大程度地降低先进技术造成的信息不对称，在得到显性知识的过程中获得大量的隐性知识和缄默知识。 价值链效应是由于跨国公司需要在东道国采购自身所需的原材料，东道国企业在争取成为原材料供应商的过程中会根据跨国企业的高要求和技术指导提高生产能力，从而生产出符合跨国企业要求的产品。 而合资企业中，双方共同设立的研发中心会在一定程度上提高东道国整个行业的技术水平，产生合作研发效应。

后发国家的本土厂商将与跨国公司建立合资企业视为保持竞争优势、获得技术溢出效应的一种重要手段。 通过建立合资企业，双方国内共同设立的研发中心以及双方技术和管理人员的高频率交流，能够使本土厂商轻松地接触先进技术，同时，合资企业结合了跨国厂商的先进技术和管理优势以及本土厂商的市场和政策优势，更容易占领东道国市场，提高本土厂商的竞争优势。 鉴于此，本土厂商有意愿与跨国厂商进行合资，但是跨国公司与本土厂商在有关合资合作的"一对多"谈判中往往处于绝对优势地位，正如命题 2-3-3 所示，东道国过度分散的市场结构使得本土厂商为了获得合作权而激烈竞争，从而让渡部分利益，而最终获得合作资格的往往是拥有较强实力的本土厂商中的龙头企业。 中国的汽车行业中，北京汽车、上海汽车、广州汽车这样的行业龙头企业纷纷凭借自身的资源与外资建立合资子公司，进而巩固其行业龙头地位。

但是另一方面，如命题 2-3-1 所示，如果参与合资的本土厂商技术差距较大或者没有足够的学习能力，反而会妨碍本土厂商的技术发展。 合资企业中的权力分配往往并不完全按照双方股权划分，还会基于双方的信息优势、资产专有程度等因素来划分实际控制权，外资凭借核心技术等优势获得远大于股权的实际控制权，这体现在双方签订合资合约时将对技术管理权限、财务管理权限等做出明确安排，即使外资企业股权不大也通常拥有技术管理权限，锁定了合资企业的核心技术。 同时，合资企业成为本土厂商的主要盈利来源，本土厂商向合资企业投入大量的人力和资本要素，培育合资企业的品牌，最终导致本土厂商原有产品品牌削弱甚至消失。 例如中国的汽车行业在股权式技术引进后虽然生产能力大幅提升，但是现在市场上多是北京现代、广州本田这样的合资车型，而北汽和广汽原有的独资品牌已经很少见了。 对于合资企业的研发中心，跨国公司为维持技术优势，将核心技术的研发留在跨国公司总部，仅将一些应用型的地区性的技术投入合资企业，使得本土厂商无法通过合资企业获得核心和关键的生产技术，甚至由于跨国厂商对合资企业研发环节的掌控以及本土厂商学习能力的微弱，导致本土厂商逐渐失去研发动力丧失研发能力。最终，当一个行业内的大量龙头企业选择与外资企业合作，这种以合资取代研发的方式很难使本土厂商的研发能力得到长足发展，反而形成对外技术依赖，导致本土企业乃至整个行业缺乏技术自主性，本土品牌也将逐渐被弱化、搁置。

二、基于中国汽车和高铁行业的案例分析

由上文分析可以知道，中国作为发展中国家，企业选择何种技术创新模式，除了与自身研发能力有关，还与整个行业的技术特性、市场结构等因素相关。 在市场结构相对比较分散同时又是各地招商引资重点竞争的行业，如汽车、工程机械等行业，行业中的龙头企业都选择与外资企业合作，这种以合资取代研发的方式很难使本土厂商的研发能力得到长足发展，一旦形成对外技术依赖，就容易导致本土企业乃至整个行业缺乏技术自主性，并将逐渐弱化本土品牌。 鉴于中国汽车和高铁行业在技术引进中的典型性，下文将进一步通过案例分析影响这两个行业选择不同技术引进模式的因素，以及这种引进模式对两个行业技术发展路径的影响。

（一）中国汽车与高铁的技术发展现状

1.中国汽车产业技术发展现状

改革开放初期，中国汽车工业与国外存在很大的技术差距，加上外汇储备的匮乏，导致中国汽车工业很难进行大规模的技术进口，因而实施了"市场换技术"的战略。 战略实行以来，一方面，中国汽车的技术水平得到很大提升，目前中国汽车工业在技术合作的推动下生产能力获得大幅提高，2020 年中国汽车产量和销量分别达到 2 522.3 万辆和 2 531.1 万辆；另一方面，中国汽车企业规模相对较小、数量相对较多，加上地方政府间的招商引资竞争，使本土车企在股权式技术引进谈判中处于劣势，以至于合资企业的技术和品牌发展方向很大程度上被外资控制。 由此，虽然中国汽车的产销量巨大，但是汽车市场基本被外资品牌所主导，国产自主品牌在中低端市场竞争激烈。 从表 2-4 可见，2016—2021 年以来中国汽车市场上按成交量排名前 10 的车型中，近九成来自中外合资企业，国内本土厂商的品牌中只有吉利汽车的帝豪车型，充分体现了外资品牌占据中国汽车市场这一现状。

表 2-4　2016—2021 年中国汽车市场销量前 10 车型

单位：辆

年份	车型	所属厂商	销量	年份	车型	所属厂商	销量
2016 年	大众朗逸	上汽大众	478 699	2017 年	大众朗逸	上汽大众	461 061
	别克英朗	上汽通用	370 375		别克英朗	上汽通用别克	421 296
	日产轩逸	东风日产	367 979		日产轩逸	东风日产	404 726
	大众捷达	一汽大众	348 437		丰田卡罗拉	一汽丰田	336 763
	大众速腾	一汽大众	341 331		大众速腾	一汽大众	327 062
	大众桑塔纳	上汽大众	318 340		大众捷达	一汽大众	317 637
	丰田卡罗拉	一汽丰田	307 360		大众桑塔纳	上汽大众	287 334
	福特福睿斯	长安福特	296 867		福特福睿斯	长安福特	285 029
	现代朗动	北京现代	253 804		大众宝来	一汽大众	248 665
	福特福克斯	长安福特	225 924		吉利帝豪	吉利汽车	239 519
2018 年	大众朗逸	上汽大众	503 825	2019 年	大众朗逸	上汽大众	526 291
	日产轩逸	东风日产	481 216		日产轩逸	东风日产	462 598
	丰田卡罗拉	一汽丰田	374 400		丰田卡罗拉	一汽丰田	348 840
	大众捷达	一汽大众	327 685		大众宝来	一汽大众	333 528
	大众速腾	一汽大众	309 902		大众速腾	一汽大众	307 323
	大众桑塔纳	上汽大众	276 411		别克英朗	上汽通用别克	279 280
	别克英朗	上汽通用	261 920		大众桑塔纳	上汽大众	255 836
	雪佛兰科沃兹	上汽通用	252 108		本田思域	东风本田	243 966
	吉利帝豪	吉利汽车	246 933		本田雅阁	广汽本田	223 706
	大众宝来	一汽大众	230 801		丰田雷凌	广汽丰田	213 906

续表

年份	车型	所属厂商	销量	年份	车型	所属厂商	销量
2020 年	日产轩逸	东风日产	538 680	2021 年	日产轩逸	东风日产	493 868
	大众朗逸	上汽大众	417 332		五菱宏光 MINI EV	上汽通用五菱	426 484
	丰田卡罗拉	一汽丰田	343 418		大众朗逸	上汽大众	391 355
	大众宝来	一汽大众	326 341		丰田卡罗拉	一汽丰田	316 973
	大众速腾	一汽大众	299 839		特斯拉 Model 3	特斯拉中国	272 972
	别克英朗	上汽通用别克	295 857		别克英朗	上汽通用别克	263 017
	本田思域	东风本田	245 126		大众宝来	一汽大众	246 528
	吉利帝豪	吉利汽车	223 369		大众速腾	一汽大众	235 607
	丰田雷凌	广汽丰田	222 361		丰田雷凌	广汽丰田	220 549
	本田雅阁	广汽本田	210 574		丰田凯美瑞	广汽丰田	216 764

数据来源：www.515fa.com。

中国汽车产业技术水平的提高集中体现在汽车产量的大幅增加和汽车产品的不断改进上。目前中国汽车产业已形成一定的自主研发能力，但绝大多数核心技术仍掌握在外资企业手中，整个产业发展受制于人。

中国汽车产业自主创新能力发展的限制因素主要有两个。一是中国在汽车研发投入、创新体系和产业支撑等方面的不足，导致中国汽车产业在股权式技术引进多年后，始终无法实现技术突破。中国汽车产业的 R&D 投入及其在营收中的占比都在逐年上升，2020 年中国汽车产业规模以上企业的 R&D 投入为 1 363.41 亿元人民币，占主营业务收入的比重仅为 1.6%，远不及国际一流车企 4% 的水平。二是在技术创新体系上，目前，中国汽车产业的官产学研一体化的技术创新体系中，四个创新主体定位不突出，对彼此的分工认识不够，无法有效地整合创新资源，以形成稳定创新链。

目前中国汽车企业的技术引进模式包括股权式和非股权式，具体可进一步分为四类：

(1) 逆向创新型。比亚迪公司是这一模式的代表，2021 年其研发的新能源汽车销量在中国新能源市场排名第三，仅次于上汽通用五菱和特斯拉。比亚迪公司的技术人员通过对国外合适车型的学习，在自主研发基础上对各技术环节进行吸收和升级，再进行有效整合转化为新产品。

（2）自主创新型。 奇瑞汽车是这一模式的代表，奇瑞汽车已经连续位居中国汽车企业中国专利申请量前列。 在强调技术自主的前提下，通过控股设计开发、委托设计等多种方式借鉴外部技术，同时注重与国内高等院校的技术合作。

（3）并购与自主创新型。 吉利汽车是这一模式的代表，吉利汽车非常重视自主研发，研发销售比超过世界车企平均水平一倍，多年蝉联中国汽车企业专利申请量冠军，拥有国内外有效专利超 1.4 万项。 作为后发的民营汽车企业，在研发资本有限的情况下，重视产学研合作和国际间人才交流以提升技术水平。 吉利汽车还通过并购沃尔沃来获得其技术资源。 这一创新模式取得了较大的成功，吉利汽车 2021 年销量在中国市场排名第 12，是国产自主品牌销量冠军。

（4）合资合作创新型。 这是中国汽车企业最普遍的技术引进模式，尤其是行业龙头企业的技术创新方式，目前市场上销量最高的车型几乎全是合资企业生产的。 从企业经营的角度来看，选择这一模式的车企得到了较快发展，目前国内产销量和盈利能力最佳的汽车厂商，包括上汽集团、北汽集团、广汽集团、一汽集团、东风汽车和长安汽车，其盈利的主要来源均为合资公司。 合资合作模式旨在通过与国外一流厂商建立合资子公司，获得一定的知识和技术溢出，以培养自主汽车品牌。 但是从行业发展历程来看，这一创新模式并不成功，2021 年中国销量前三十大多为合资公司，而国产汽车的自主品牌仅有比亚迪、长安汽车以及吉利汽车销量进入前三十。 以合资合作为代表的股权式技术引进，由于合资子公司效益出众，占用了公司过多资源，反而挤出了原有自主品牌的市场和研发投入，违背了股权式技术引进的初衷。

2.中国高铁产业技术发展现状

在"引进先进技术、联合设计生产、打造自主品牌"的方针下，中国高铁先后从几大国际知名厂商[①]直接引进高铁动车组生产技术并进行联合生产。目前，中国高铁产业在高速动车组、高速铁路基础设施建设和既有线提速改造等方面达到或超越世界一流水平。 现阶段，中国高铁已经实质掌握的技术包括：车体设计和空气动力学、高速道岔、板式轨道、列控系统（部分芯片进口）、逆变器、变流器和电动机（部分零件进口）。 但是作为高铁基础零部件的轴承领域，仍旧依赖国外技术，高铁车轮也尚未实现全部的国产化。

中国三代高速动车组的发展（见表 2-5）体现了中国高铁技术从引进到消化

---

① 包括日本川崎重工、德国西门子、加拿大庞巴迪和法国阿尔斯通。

吸收，再创新，最终掌握技术标准具有完全技术知识产权实现技术突破的过程。

表 2-5　中国高速动车组发展历程

系列	型号	生产方	知识产权	投入使用时间	最高时速/(km/h)
第一代高速动车组①	CRH1A	青岛四方庞巴迪	外方技术，合资生产	2007 年 2 月	250
	CRH1B	青岛四方庞巴迪	外方技术，合资生产	2009 年 5 月	250
	CRH1E(卧铺)	青岛四方庞巴迪	外方技术，合资生产	2009 年 11 月	250
	CRH1A-A	青岛四方庞巴迪	外方技术，合资生产	2016 年 2 月	250
	CRH2G(高寒)	中车四方股份	自主研发	2016 年 1 月	250
	新 CRH2E(卧铺)	中车四方股份	自主研发	2015 年 12 月	250
	CRH3C	中车唐车公司	技术引进	2008 年 8 月	350
	CRH3A	中车长客股份	自主研发	2013 年 6 月	250
	CRH5A	中车长客股份	技术引进	2007 年 4 月	250
	CRH5G(高寒)	中车长客股份	自主研发	2014 年 12 月	250
	CRH5E(高寒卧铺)	中车长客股份	自主研发	2016 年 11 月	250
第二代高速动车组②	CRH380A	中车四方股份	自主研发	2010 年 9 月	350
	CRH380B	中车长客股份、唐车公司	自主研发	2011 年 1 月	350
	CRH380CL	中车长客股份	自主研发	2013 年 4 月	350
	CRH380D	青岛四方庞巴迪	外方技术，合资生产	2014 年 4 月	350

①　第一代高速动车组：2004 年大规模引进国外先进技术后，进行消化吸收再创新后生产的一批动车组。

②　第二代高速动车组：在消化吸收了引进技术后，结合中国地理、人口等特征，基于本土化需求，对第一代技术进行的再创新，最高时速均为 350km/h。

续表

系列	型号	生产方	知识产权	投入使用时间	最高时速/(km/h)
第三代高速动车组①	CR400AF	中车四方	中国标准、自主研发、完全自主知识产权	2017 年 6 月	350
	CR400BF	中车长客股份、唐车公司	中国标准、自主研发、完全自主知识产权	2017 年 6 月	350

数据来源：根据中国铁路总公司网站资料整理而成。

2013—2017 年五年间，中国高铁运营里程由 9 000 多公里增加到 25 000 公里，占全球的三分之二②，这体现了中国高铁在轨道铺设、交通控制、路基沉降、桥隧建设、车辆生产等方面的实力。就目前全球高铁的试验及运营速度来看(见表 2-6)，中国高铁的技术水平也是领先全球的。

表 2-6　全球试验速度及运营速度最高的高速动车组

速度/(km/h)	型号	国家	年份
试验速度			
605	CIT500(CRH380AM)	中国	2014
574.8	TGV-V150	法国	2007
487.3	CRH380BL	中国	2011
486.1	CRH380AL	中国	2010
443	955 型实验电车(300X)	日本	1996
425	E952/953 型(STAR21)	日本	1993
416.6	CRH380A	中国	2010
406	ICE	德国	1988
365	N700 系	日本	2005

---

① 第三代高速动车组：是由中国铁路总公司主导，中国铁道科学研究院技术牵头，中国中车旗下青岛四方、长春客车及其相关企业设计制造，西安交大、北京交大和中科院等高等科研院校技术支持，按运营需求制定中国标准，自主正向研发的标准化动车组，具有完全自主知识产权，2017 年 6 月 25 日在京沪高铁投入运营。

② 李克强.政府工作报告——2018 年 3 月 5 日在第十三届全国人民代表大会第一次会议上[R/OL].http://www.gov.cn/zhuanti/2018th/2018zfgzbg/zfgzbg.htm.

续表

速度/(km/h)	型号	国家	年份
352.4	KTX	韩国	2004
319	TAV	意大利	1988
运营速度			
350	大部分高速客运专线	中国	
320	TGV-LGV 东欧线	法国	
320	ICE-LGV 东欧线	德国	
300	N700 系、E5 系	日本	

数据来源：根据公开数据整理而成。

（二）中国汽车和高铁行业的技术引进模式比较分析

1.两个行业技术引进模式选择的影响因素

国内的市场需求和国外的技术支持共同推动了中国高铁和汽车行业的发展。由于两个行业很多特定条件的差异，导致其选择不同的技术引进模式，进而造成两个行业目前技术发展路径的不同。不同的技术引进模式是两个行业基于特定条件下的选择，中国汽车和高铁行业技术引进的不同特点都与其行业特征和技术特性密切相关。此外，如表 2-7 所示，市场结构、价值链发展等也是重要的影响因素。

表 2-7　高铁和汽车行业特征比较

特征	高铁行业	汽车行业
技术引进模式	独资企业主导下的，以自主研发为目的，基于具体项目的技术购买	合资企业主导下的，以占领市场为目的，基于股权的技术合作
市场结构	高度集中	相对分散
技术积累	技术引进前有一定的技术积累	技术引进前技术水平十分落后
技术特性	技术更新换代慢为本土厂商消化吸收再创新提供了时间	技术更新换代快，可能导致本土厂商的新技术一经开发就已落后
行业特性	非消费品，不注重品牌	品牌效应与市场占有率和利润密切相关
价值链	形成了以本土企业为主导，大量本土供应商分工协作的较为完备的价值链	缺乏价值链"链主"，无法带动核心零部件和基础器件供应商的协同发展

资料来源：作者整理。

2.中国汽车技术引进的特点

改革开放初期，中国汽车工业开始探索向发达经济体引进技术以改变技术落后的局面。外资的进入填补了国内车企技术、工艺和设备的空白，提升了中国汽车的技术含量，受到市场欢迎。中外合资使得合资企业能够不断地从国外引进技术、管理能力和人才培养机制。从"市场换技术"的政策实施效果来看，外资的进入大幅提升了中国汽车行业的产能，使中国成为全球汽车生产大国，但是与此同时，本土的汽车厂商仅获得较少的技术溢出，仍与国际先进技术存在较大差距。更重要的是，市场开放后，大量国外汽车涌入中国，并且越来越多的国际一流的汽车厂商来华建立独资或合资子公司，挤压了本土车企的品牌和市场空间。

这一局面的形成与中国汽车行业的技术引进模式是密切相关的，这一股权式技术引进主要包括以下特点：

(1)合资企业是技术引进主体

中国汽车行业的技术引进具体体现为：行业内具有竞争力的本土厂商与拥有先进汽车生产技术的国外车企建立合资企业，由合资企业进行大规模生产以占领本土市场。对于合资企业，本土车企和外资的看法和战略考量有所不同。本土车企将合资视为获得技术溢出的有效途径，认为中方在合资企业的股权上占有对等甚至是绝对优势，雇员也多为中国人，因此合资企业从外方导入的先进技术、获得的技术溢出都将最终被本土厂商所掌握，进而获得先进技术。本土厂商的确在一定程度上获得了国外生产技术从而提高了自身产能，但这一技术局限为制造技术而非研发技术。在外资的战略中，合资企业只是其打开东道国市场的一种方式，转移部分制造技术到合资企业让其能够生产符合自身技术标准的产品，最后通过东道国合资方的优势占领东道国市场。因此，合资企业的研发能力仅局限于对国外汽车进行一些本土化改造，不涉及汽车工业核心技术的研发。

汽车行业获得技术溢出效应有限主要有以下原因。第一，由于缺乏技术这一核心生产要素，本土厂商即使占有优势股权也很难获得对合资企业的绝对控制，外资在签订合资合约时将对技术管理权限、财务管理权限等做出明确安排，锁定了合资企业的研发部门。第二，跨国公司为了保持自身竞争优势以及防止技术溢出，仅向合资企业转移部分制造技术，而目前出现的外资独资化趋势也是其防止核心技术外溢的体现。第三，本土厂商过度依赖合资企业，合资企业已成为本土厂商最主要的盈利来源，"一汽效益的百分之八九十来自轿车，而轿车效益的百分之八九十又来自一汽大众"①，合资企业利用国外的品牌和技术进行生产就能为本土厂商带来巨大的利润，这一结果导致本土厂商的资源大量向合资企业倾斜，也不再注重自身品牌的培育和技术的发展。

2015 年，一汽集团共生产汽车 2 820 042 辆，其中乘用车占比 93.59%，从表 2-8 可以看出，乘用车中，中外合资子公司占比高达 89.90%，成为集团主要的盈利来源，就个体子公司来看，一汽大众的产量占比为 62.09%，成为整个集团最依赖的子公司。中国其他主要汽车生产集团也面临相似的情况，广汽集团依赖广汽本田（生产乘用车占比 45.20%）和广汽丰田（生产乘用车占比 31.84%）；上海汽车依赖上海大众（生产乘用车占比 32.87%）和上汽通用（生产乘用车占比 63.72%）；北京汽车依赖北京现代（生产乘用车占比 52.25%）。而在合资企业中，所有产品的改动都必须得到国外认证，如此一来，中国汽车业的创造力就受到极大限制（傅志寰，2016）。

表 2-8　一汽集团 2015 年乘用车生产情况

单位:辆

一汽集团及其子公司	合计	乘用车类型			
		基本型（轿车）	MPV	SUV	交叉型
集团总计	2 648 172	2 179 014	16 520	420 929	22 709
全资子公司合计	36 268	0	13 559	0	22 709
一汽吉林	36 268	0	13 559	0	22 709
中外合资子公司合计	2 381 578	2 008 501	490	363 587	0
一汽大众	1 636 834	1 460 483	0	176 351	0
天津一汽夏利	62 233	32 577	0	29 656	0
一汽海马	78 766	59 677	490	18 599	0
四川一汽丰田	139 322	341	0	138 981	0
天津一汽丰田	464 423	464 423	0	0	0
其他子公司合计	230 326	170 513	2 471	57 342	0
一汽轿车	230 326	170 513	2 471	57 342	0

注:仅统计生产乘用车相关公司,生产客车和载货车的子公司不包括在内。

数据来源:《中国汽车工业年鉴 2016》。

从表 2-9 可以看出，2020 年中国乘用车中，中外合资子公司的产量占比仍

---

① 摘自 2003 年资深媒体人程远对一汽第六任厂长耿昭杰的访谈内容。

保持 89.03％的高水平，并且一汽大众在个体子公司中的产量占比提升至 72.75％，成为一汽集团中贡献度最高的品牌。

表 2-9　一汽集团 2020 年乘用车生产情况

单位：辆

一汽集团及其子公司	合计	乘用车类型			
		基本型（轿车）	MPV	SUV	交叉型
集团总计	3 210 172	2 006 317	1 270	1 202 585	0
全资子公司合计	352 293	126 569	0	225 724	0
一汽吉林	0	0	0	0	0
中外合资子公司合计	2 857 879	1 879 748	1 270	976 861	0
一汽大众	2 079 186	1 340 756	1 270	737 160	0
天津一汽夏利	0	0	0	0	0
一汽海马	0	0	0	0	0
一汽丰田	778 693	538 992	0	239 701	0

注：仅统计生产乘用车相关公司，生产客车和载货车的子公司不包括在内。2020 年一汽轿车改名一汽解放。

资料来源：《中国汽车工业年鉴 2016》与《中国汽车工业年鉴 2021》。

(2)技术溢出中的竞争负效应

竞争效应本应该是技术溢出的一种实现形式，外资加剧了本国的市场竞争，促使本土厂商应用新技术、开发新产品、提高生产力，以保持竞争力。但是结合中国汽车行业的具体情况，这一竞争效应的结果是负面的。在技术引进初期，本土汽车厂商的实力弱小，大量具有资金、技术、管理和政策等优势的外资进入，挤占了本土车企的市场份额和盈利机会，很多本土车企甚至倒闭出局。本土厂商中的佼佼者没有被淘汰出局，但是为了生存被迫通过与外资进行合资生产保持竞争力而非加大技术投入，这些本土厂商因品牌知名度、合同限制等多方面原因选择采用国外合作伙伴的品牌而放弃或减少了自身品牌的使用，这极大限制了本土厂商自主品牌的开发和发展，市场竞争的加剧带来技术溢出的同时，更多的是阻碍了本土汽车工业的技术发展。

市场竞争还体现在中国各地之间的激烈竞争。由于中国有 27 个省级行政单位都建立了自己的汽车工业，各地区自我保护，造成中国汽车市场分割，市场结构相对分散，在技术引进过程本土企业谈判能力弱，这不利于中国车企获得有利的技术引进条件。各地方政府纷纷鼓励本地车企与外资合资生产或是引进国外先进技术，造成盲目和重复引进的现象，而本土厂商之间关于引进技术的激烈竞争限制了技术引进后的消化吸收和投入，不利于二次创新的开展。竞争的加剧，使企业投入大量资源参与竞争，而降低了自主创新的能力和动力。

3.中国高铁技术引进的特点

中国高铁同样是通过整合全球创新资源，利用外部技术发展起来的。 高铁行业最初的技术引进是国内两家企业引进 60 列高速动车进行生产，其中 3 列由国内派技术人员去国外学习进行整车进口，6 列在国外公司的技术指导下进行散件组装，51 列通过一步步替换进口零件实现国产化。 这一过程与汽车行业类似，通过技术引进提升了本行业的技术工艺、流程设置和质量把控。中国高铁通过制定严格的技术引进合同，基于具体的项目合作而非股权合作，确保本土厂商能基本掌握该项技术，但是成功引进的仅仅是制造技术而非研发技术。 高铁和汽车的不同体现在技术引进的主体上，高铁行业是国有独资企业，而汽车行业是中外合资企业。 事实上中国高铁也有合资企业即青岛四方庞巴迪公司，在引进国外技术生产的 CRH1A 动车组受到市场欢迎后，与汽车行业类似，作为合资公司的青岛四方庞巴迪最好的选择，是继续引进时速350km/h 的高速动车组这一成熟产品来维持市场竞争力。 因为合资企业就是要利用外方的技术来扩大生产。 但是对于高铁行业中大量的国有独资企业来说，在这一阶段继续技术引进不是最好的选择，一方面再次引进的成本更高，另一方面国外厂商为了限制潜在竞争对手的研发能力必然在引进谈判中对技术做出诸多限制。 因此在最初的技术引进完成，提高了自身的技术水平后，自主研发成为这些国有独资公司的最佳选择。

当然，国有独资企业能够忽略短期市场利益选择自主研发而非新一轮的技术引进，与这些国有独资公司自身的技术、资金实力，以及整个行业高度有效的整合密不可分。

（三）汽车和高铁行业技术引进模式影响因素的比较分析

从汽车和高铁行业的技术引进特点来看，两个行业选择不同技术引进模式的原因主要在于两者的市场结构和行业技术特性方面的差异。

市场结构分散、缺乏实力强劲的龙头企业，是中国大多数行业的市场格局。 中国汽车行业的市场格局恰恰如此，各省市自治区基本都有自己的汽车企业，各地区自我保护，造成中国汽车市场分割，市场结构分散，在技术引进过程中本土企业谈判能力弱。 谈判能力弱导致本土企业即使拥有股权优势也很难控制整个合资企业，尤其是技术开发部门，以至于本土车企只能获得有限的技术溢出效应，更无法掌握核心技术。

相比较，中国高铁行业市场高度集中。政府首先利用行政力控制参与谈判的中方企业，允许北车长客和南车青岛四方参与谈判，以"二对多"的战略买家策略获得了有利的技术引进合同；其次树立严格的市场准入资格，要求投标企业必须在中国境内注册，导致外企争相与中国企业合作，保证了自主性；最后以国内机车制造厂的技术水平为考核标准，只有核心技术有了切实提升，外企才能获得技术引进费。这使得中国高铁厂商能够根据技术自主发展需求，通过非股权技术引进获得外方技术。

汽车与高铁两个行业的技术差异，以及中国汽车和高铁行业的龙头企业研发能力的不同，也是造成两个行业技术发展路径不同的重要原因。提升本土企业自身研发能力是促进本土企业技术与品牌自主发展，获取更高收益的关键。作为大众消费品的轿车，技术生命周期较短，产品类型丰富，使得本土厂商投入大量资源自主研发出来的新产品已经被国外的新技术所超越，从而丧失了自主研发的动力。另外，技术含量并非影响消费者选择汽车的唯一因素，消费者将综合考虑价格、技术、安全性、舒适度、油耗、车身设计等多重因素选择汽车品牌，并且有一定的品牌忠实度。改革开放后，中国汽车产能的提升和人们收入的提高使更多人拥有汽车，而他们第一次购买的汽车就是合资车，合资车凭借国外的著名品牌和相对进口车低廉的价格，长期垄断中国市场。以红旗为代表的国产高端车型由于性价比低、缺乏竞争力而逐渐退出市场，后期出现的吉利、比亚迪等民营汽车品公司，由于缺乏品牌效应，面临着即使造出世界一流技术的汽车也很难卖出相应价格的困境，因此局限在价格竞争的中低端市场，技术创新的动力下降。

而高铁相对汽车这一大众消费品来说，品牌效应相对较小，技术含量才是其核心竞争力，产品生命周期较长。因此，企业有足够的时间对引进技术进行消化吸收再创新以获得核心生产技术。此外，2004 年大规模技术引进前期的一系列技术创新尝试，增强了高铁行业的自主研发能力。这些都为中国高铁行业在与外资企业合作中获得更高自主性提供了基础。

从表 2-10 也可见，除了电气控制中的连接器、转向架构成、制动装置、车体、胶黏剂环节的重要供应商外资企业占有较高比重，其他环节以本土企业为主。最重要的是，由于中国中车拥有技术发展的自主性，本土企业逐渐掌握了动车组总成、转向架等九大关键技术，实现了整个价值链技术自主性与自主品牌发展。其最重要的原因之一是中国高铁价值链的"链主"是本土企业且自主研发能力逐渐提升，进而能自主引领整个产业链与价值链的发展方向。

表 2-10 中国汽车行业与高铁行业价值链关键环节上重要供应商分布情况

汽车行业		高铁行业	
环节	重要供应商	环节	重要供应商
汽车金融	梅赛德斯-奔驰汽车金融[F]、现代汽车金融[JV]、上汽通用汽车金融[JV]、大众汽车金融[F]、丰田汽车金融[F]、瑞福德汽车金融[JV]、福特汽车金融[F]、东风标致雪铁龙汽车金融[D]、菲亚特汽车金融[F]、沃尔沃汽车金融[F]	总成	长春轨道客车[D]、青岛四方[D]
		电气控制	连接器：安费诺[F]、魏德米勒[F]、阿尔斯通[F]、永贵电器[D]、日本 JAE[F]、德国哈廷[F]、唐山客车[D]、长春客车[D] 接触网：宁波华缘玻璃[D]、河南通达电缆[D]
车身设计	外观设计：博通[F]、宾尼法瑞那[F]、乔治亚罗[F]、意迪亚[F] 发动机设计：奥地利 AVL[F]、德国 FEV[F]、英国 Ricardo[F]、意大利 VM[F]	转向架构成	轮对组成：长春轨道客车[D]、青岛四方[D]、智奇铁路设备[JV]、唐山轨道客车[D] 车轴：青岛四方[D]、智奇铁路设备[JV] 车轮：青岛四方[D]、智奇铁路设备[JV] 制动盘：克诺尔[F]、法维莱[F]、川崎重工[F]、纵横机电[D] 齿轮箱：西门子[F]、福伊特[F]、采埃孚[F]、安杰达[F]、明治产业株式会社[F]、南车戚墅堰机车[D]、长春轨道客车[D] 轴箱轴承：川崎重工[F]、斯凯孚[F]、舍弗勒[F]、明治产业株式会社[F]、中航路通[D] 轴箱转臂：METALOCAUCHO S. L[F]、PAULSTRA SNC[F]、时代新材[D]、青岛四方[D]
关键零部件	车身：安塞乐-米塔尔[F]、JFE[F]、USS[F]、新日铁[F]、POSCO[F] 发动机：丰田汽车[F]、本田[F]、一汽大众[JV]、上海大众动力总成[JV]、东风日产[JV]、北京现代[JV] 离合器：采埃孚萨克斯[F]、富士离合器[F]、舍弗勒-鲁克[F]、爱思帝[D]、法雷奥[F] 变速箱：博格华纳[F]、日本捷特科[F]、德国采埃孚[F]、艾里逊[F]、日本爱信[F] 传动轴：美国德纳[F]、麦格纳[F]、恩梯恩[F]、远东传动[D]、美国车桥[F] 安全气囊：东丽[F]、可隆[F]、杜奥尔[F]、帝人[F]、东洋纺[F] 电喷系统：博世[F]、德尔福[F]、日本电装[F] 减震器：蒂森克虏伯-倍斯登[F]、天纳克[F]、KYB 凯迩必[F]、KONI[F]、采埃孚-萨克斯[F]	制动装置	原材料：Aircraft Braking Systems[F]、Goodrich[F]、法国 Messier[F]、霍尼韦尔[F]、博云新材[D]、北京北摩高科[D]、Parker-Hannifin[F] 刹车片：克诺尔[F]、法维莱[F]、西屋华夏[JV]、天宜上佳[D]、南车铁马科技[D]、吉林东邦[D]、青岛亚通达[F]
		车体	中国中车[D]、庞巴迪[F]、西门子[F]、川崎重工[F]、日本车辆[F]

汽车行业		高铁行业	
环节	重要供应商	环节	重要供应商
一般零部件	轮胎：米其林[F]、马牌[F]、固特异[F]、邓禄普[F]、普利司通[F] 后视镜：麦格纳国际[F]、Gentex[F]、Murakami Kaimeido[F]、Ichikoh[F]、MSSL[F] 车窗玻璃：福耀玻璃[D]、皮尔金顿[F]、旭硝子[F]、珠海华尚[JV]、圣戈班[F] 门饰板：江苏旷达[D]、河西工业[D]、伟世通[F]、江森自控[F]、佛吉亚[F] 座椅：延锋江森[F]、佛吉亚[F]、江森自控[F]、自成天控[D]、李尔中国[JV] 车桥：采埃孚[F]、美国车桥[F]、青特集团[F]、中联重科[D]、美国德纳[F] 刹车片：爱德克斯[F]、卡莱集团[F]、辉门公司[F]、阿基波罗[F]、博云新材[D] 脚垫：3M[F]、宁波朗格世明[JV]、双象股份[D]、浙江瑞朗[D]、五福金牛[D] 方向盘：丰田合成[JV]、河北鸿泰[D]、延锋百利得[JV]、天津百利得[JV]、湖北双鸥[D] 仪表盘：马瑞利[F]、博世[F]、西门子[F]、伟世通[F]、成都天兴[D] 轮毂：一汽富维[D]、正兴车轮[F]、金固股份[D]、兴民钢圈[D]、东风汽车车轮[D] 保险杠：全耐塑料[F]、现代摩比斯[F]、延锋彼欧[JV]、麦格纳[F]、佛吉亚[F] 车灯：海拉[F]、欧司朗[F]、伟世通[F]、斯坦雷[F]、法雷奥[F] 进气格栅：拜耳[F]、锦湖日丽[JV]、美国 GE[F]、普利特[D]、金发科技[D]	牵引系统	受电弓：芬斯坦[F]、SCHUNK[F]、株洲九方[D]、天海受电弓[D]、湘电股份[D]、永济电机[D]、法国罗兰[F] 其他部件：大同 ABB[JV]、南车株洲电力[D]、浙江永贵[D]、卧龙电气[D]
		信号系统	美国西屋[F]、中国中车[D]、阿尔斯通[F]、北京交控科技[D]、西门子[F]、通号集团[D]、鼎汉技术[D]、合众机电[F]、达实智能[D]、辉煌科技[D]
		车用材料	铝材：川崎重工[F]、西门子[F]、阿尔斯通[F]、忠旺集团[D]、麦达斯[D]、丛林铝业[D]、利源精制[D]、南山铝业[D]、爱励铝业 钢材：庞巴迪[F]、攀钢[D]、鞍钢[D]、包钢[D]、宝钢[D]、武钢[D]、马钢[D]、太钢[D]、大冶特钢[D] 不饱和树脂类材料：新阳科技集团[D]、天和树脂[D]、Polynt[F]、AOC LLC[F]、Reichhold[F]、Ashland[F] 碳纤维复合材料：中材科技[D]、九鼎玻璃纤维[D]、江苏恒神[D]、欧文斯科宁[F]、Schindler[F]、Talbot[F]、Adtranz[F] 铝合金：忠旺集团[D]、麦达斯[D]、丛林铝业[D]、利源精制[D]、南山铝业[D]、爱励铝业[F] 胶黏剂：德国汉高[F]、美国道康宁[F]、美国3M[F]、美国富乐[F]、美国罗门[F]、哈斯公司[F]、德国巴斯夫[F]、高盟新材[D]、广东国望[D]、中山康和[D] 防水材料：东方雨虹[D]、飞鹿高新[D]、北京建工研究院[D] 减震降噪材料：时代新材[D]
		其他部件	门窗：IFE[F]、川崎重工[F]、OCLAP[F]、今创集团[D]、SESSAKLEIN[F]、康尼机电[D]、长客门窗厂[D] 铁轨：中国铁建[D]、中国中铁[D]、中国交建[D]、法国铁路网[F]、法国国营铁路[F]、阿尔斯通[F] 座椅：ANTOLIN[F]、上海坦达[D]、今创集团[D]

很显然，一个行业的龙头企业在技术创新发展中一旦过于依赖国外技术而失去了自主研发能力，企业乃至产业整个价值链的技术发展只能跟随外资企业的技术发展范式与路径。也正因此，路风等（2012）强调，在中国经济保持高速增长的背后，企业能力缺口与外资依赖的耦合阻碍了产业升级，使粗放发展方式顽固地延续甚至恶化，也使中国经济越来越容易受到外部力量的左右。而陷入外资依赖的原因是中国技术引进的基本特点是把引进技术主要当作扩大、改善和新增生产能力的手段，而不是主要当作以自主开发为目的的学习手段，从而忽略自主创新而导致能力成长不足。近年来，随着中国生产要素优势的逐渐丧失，中国以低端要素加入全球价值链的红利已经透支，中国面临的转型升级压力骤升。而且由于欧美等发达国家提出制造业回归和再工业化，着力发展高端制造业，加大对科技创新的投入，加快了对新兴技术和产业发展的布局，从而对中国制造形成了更大的竞争压力。正如 Hobday（2005）指出的，发展中国家企业要实现追赶（catch up）而不是追随（keep up），为此企业的学习和创新都非常重要，同理，中国要实现产业升级与企业向价值链高端攀升，必须率先增强企业的自主创新能力与提升技术自主性，这是促进中国经济增长从主要依靠资源和资本投入，向主要依靠技术进步和生产率提高的结构性转变的微观基础。

行业的市场结构差异，是中国汽车和高铁行业技术引进模式不同的最直接原因。其道理如命题 2-3-3 所示，由于各省市自治区基本都有自己的汽车企业，各地区自我保护造成中国汽车市场分割、市场结构分散，在技术引进过程中本土企业谈判能力弱。而且合资后的核心技术研发基本还是在国外完成后再把主要产品型号导入合资企业，使得核心技术一直掌握在外方手中，本土企业所获得的技术溢出效应和学习效应相对比较有限，最重要的是由于没有掌握核心技术，本土合资的龙头企业乃至整个价值链散失了技术发展的自主性。相比较，2004 年中国高铁行业技术引进前后，整个行业主要由中国南车与中国北车（现合并为中国中车）主导，市场高度集中；而且在政府统一对外谈判过程中，引入的技术来自多个跨国公司，形成了买方垄断、卖方竞争的市场格局，由此中国南车与中国北车获得了核心技术，掌握着技术自主发展方向，形成了以本土品牌整车企业为主导，大量本土供应商分工协作的较为完备的价值链。市场结构分散，缺乏具有较强竞争力的龙头企业，是中国大多数行业的市场格局。正如经济学家斯蒂格勒说过的，没有一个美国大公司不是通过某种程度、某种方式的兼并而成长起来的，几乎没有一家大公司主要是靠内部积累成长起来的。19 世纪末以来，全球掀起了六次并购浪潮，大量企业通过并购方式成长为世界级的跨国公司，同时，大量企业间的并购重组使得产业集中度提升，市场结构合理。 中国由于破产法失灵，企业清偿到期债务的压力小，而且政府对当地经营不善的企业实施借新还旧、财政输血等各种优惠政策和保护措施，使得大量经营失败企业还有生存的土壤。 而且，中国迄今为止尚未有一场大规模的并购浪潮，无法通过并购淘汰落后产能，使得中国市场退出机制失灵，产能过剩现象普遍，大量企业集中于市场同一环节进行价格竞争、相互搏杀。 因此，中国在完善《破产法》增大企业面临破产压力的同时，更重要的是要通过并购促使优质资源流向优质企业，实现资源配置重组，提升产业集中度，培育具有较强国际竞争力的龙头企业。 这不但可以优化市场结构，而且可以增强企业的自主研发能力。

汽车与高铁两个行业的技术差异，以及中国汽车行业与高铁行业龙头企业研发能力的不同也是造成两个行业技术发展路径不同的重要原因。 根据命题2-3-1和命题2-3-2，越是高新、尖端的技术，本土企业会越偏向于与外资企业合作，提升本土企业自身研发能力是促进本土企业自主学习与获取更高收益的关键。 轿车作为一种消费品，升级换代速度比较快，使得本土企业面临新产品刚研发出来就可能由于跨国公司更快的创新升级速度而被淘汰的境地，从而降低了其研发的市场预期，抑制其创新的动力。 高铁是非消费品，品牌影响力比较弱，产品更新换代速度也比较慢，为获得核心技术的本土主导企业进行技术消化吸收进而改进创新最后再自主创新赢得了足够的时间。 此外，"九五"期间国家启动的重点科技项目"高速铁路试验工程前期研究"和2000年启动的"中华之星"项目，都累积了大量的经验和人才，使得中国高铁本土企业的自主研发能力相对比较强。 这些都为中国高铁行业在与外资企业的合作中获得更高自主性提供了基础。 与发达国家的技术差距以及新一轮科技革命可能带来的产业重构，使得引进高新、尖端技术进而提升本土企业自主创新能力，成为中国产业发展的紧迫要求。 然而，一方面，随着技术复杂化，技术研发投入不断增大，技术创新的风险也加大，作为发展中国家，中国单个企业在短期内提升高新、尖端技术的研发能力并不容易；另一方面，随着技术分工不断深化，技术可分性增强，国际分工网络变得越来越复杂，发达国家的跨国公司通过与大量供应商形成分工协作的系统集成，集中了大量的知识和资源。因此，中国本土企业研发能力的提升需要基于价值链与产业链的分工合作，通过价值链与产业链整合国内各种创新资源，打破依靠"要素投入支撑"的发展模式，形成有效的链条式协同创新机制，进而走向全球价值链与创新链，获取全球创新资源。

在对发达国家的研究中，绝大多数文献都表明，加强知识产权保护有利于创新能力的提升(Schneide，2005；Moser，2012)；然而，关于加强知识产权保护是否有利于发展中国家创新能力提升至今仍存在巨大争议。 由于跨国公司更愿意把技术转移到知识产权保护严格国家的子公司中(Branstetter et al.，2007)，因此，加强知识产权保护会促进外资企业引入高新技术；但知识产权保护的强化也会增加发展中国家技术引进的成本，抑制外资企业技术溢出。 改革开放以来，发达国家出于技术保密的考虑，向中国转让的主要是技术含量较低的落后技术，而不会将其核心技术直接输出到中国，因而国外技术引进仅对技术水平低的实用新型和外观设计专利有明显促进作用(刘思明 等，2015)。当前，中国产业技术水平已经处于较高水平，引进高新技术是中国产业发展亟须的；而且根据命题 2-3-4，目前中国本土企业技术水平已经有了很大程度提升，虽然知识产权保护越严格，企业会越偏向于与外资企业合作，但会促进自主学习企业更早进行技术研发。 此外，对自主研发来说，加强知识产权保护可以通过对企业创新成果的产权保护、保障技术创新带来高额收益的获得，激励企业加大研发投入力度。 为此，为激励企业从引进模仿走向自主创新，应该随着本土企业研发能力的逐渐增强而加强知识产权保护。

第3章

装备制造业分工网络对自主创新影响机理

Kim 和 Lee(2008)研究指出，在国际化发展过程中，韩国虽然培育了一些如三星这样的世界级企业，但都是消费品领域的，像机械这样的资本品行业很难实现追赶。中国也面临同样的困境。其原因在于，消费品企业面对的主要是消费者，而资本品企业面对的是顾客企业；资本品生产者与顾客企业之间的面对面交流与沟通很重要，默示性知识很难物化于设备中，技术授权无法解决设计能力弱的问题。这意味着，后发国家的设备企业面临的竞争压力更大，技术追赶难度更大，装备制造业需要走与消费品行业不同的创新路径。

随着国际分工进一步演化，国际分工关系日趋复杂，分工从企业内分工和市场分工向网络分工演进，分工网络成为企业通过合作或市场方式获得外部技术与服务支持的重要渠道。因此，技术进步和社会分工的互动发展，导致创新"网络范式"发展，即创新从单个企业内部转向企业与外部环境的联系和互动。装备制造业的技术和创新特性也决定了其创新组织模式的网络化，即分工网络也是装备制造业自主创新的重要支撑基础。

第1节 全球竞争背景下装备制造业创新特性

装备制造业的产业特性，决定了其技术创新的特性。装备制造业是技术密集型行业，持续投入研发进行技术创新，是装备制造业发展与竞争的基础。同时，装备制造业的技术具有集成性和复杂性，一种产品需要成百上千，甚至上万的零部件组成，因此装备制造业具有装配型特性，即设备作为复杂产品的技术特性决定了其生产过程相对比较复杂，生产工序比较多，需要由一系列企业按垂直分工的关系来生产不同的环节。另外，装备制造业的主导技术具有高度连续性，即装备制造业中重大技术装备的主导设计往往在长时期内不会发生改变,这种主导设计的连续性决定了厂商之间共同创造过程中必须以某一核心技术为主体,形成一个有机的创造系统(张保胜,2009),且创造系统的发展建立在长期持续创新及其知识累积的基础之上。 而随着装备制造技术的不断发展,技术可分性增强,高端环节也能外包出去,设备的高端竞争越来越集中在长期知识累积基础上的高性能与高精密度的竞争。 因此,装备制造业的技术特性要求其形成以拥有核心技术的企业为主导、大量中小企业分工协作的网络式的创新组织。 丰田早在1974年,就在国内形成了以其为主导、280多家中小型企业协作发展的分工网络。

随着技术复杂化与设备更新换代速度加快,装备制造业的研发投入不断增大,需要规模经济效应作为高研发投入的资金支持。 国际分工是获得规模经济和生产效率的最佳途径,因此在技术创新压力下,装备制造业有国际化发展的内在动力。 随着20世纪60年代起,日用消费品和电子消费品全球价值链和全球分工网络发展,设备作为下游行业的技术和装备支持,其市场也开始国际化发展。 由于装备制造业是典型的专业供应商行业(specialized supplier industry),企业与需求方之间的默示性知识的积累对企业 R&D 很重要(Pavitt,1984)。 这种默示性知识的获得,是在企业生产、销售设备过程中,与下游企业沟通互动以满足其各种服务需求,下游企业在使用过程中反馈各种信息,实现干中学与卖中学的(Yongsung Chang,2002)。 因此,随着下游行业生产网络的全球化发展,为了接近企业用户,装备制造业的国际化发展从以国际贸易为主转向以全球化生产为主。 不同的是,日用消费品和电子消费品国际分工网络的发展主要是成本驱动型,通过全球市场网络来组织商品或服务的销售、外包,最终形成购买者主导的全球生产网络①;由于装备制造业的技术特征及其对企业技术能力的要求比较高,需要严格控制技术和保障产品质量,因此装备制造业国际分工网络的发展主要是市场和资源双驱动型,以 FDI 模式为主。

以进入中国市场为例,从图 3-1 可见,1997 年之后,中国装备制造业中 FDI 企业销售额就超过了进口额,而且两者之间的差距呈不断扩大趋势。 可见,跨国设备企业主要根据世界不同国家和地区的资源优势和市场潜力,通过 FDI 方式在世界各地建立生产基地,控制核心环节,并把非核心环节外包出去,然后将分布于世界各地的价值链环节和增值活动连接起来,构成了生产者主导的全球分工网络。 这种以 FDI 模式为主的国际分工网络,使得装备制造业的

---

① 国际分工网络是相对于国内分工网络而言,当企业同时发展国内分工网络和国际分工网络,这两个网络的对接、融合就发展成了全球分工网络。

核心技术及其创新控制在跨国公司手中。 而且跨国公司整合全球资源的能力更强，使得装备制造业技术创新从依赖单个企业或国内资源转向依赖全球资源，由此，也使得设备企业间的竞争，演变为其所依托的分工网络间的竞争。

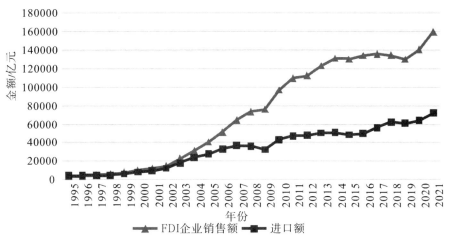

图 3-1　中国装备制造业进口额与 FDI 企业销售额对比

资料来源：进口额数据来自联合国统计司国际贸易数据库(UN-COMTRADE)，FDI
企业销售额数据来自历年《中国统计年鉴》。

作为知识与技术密集型产品，一般来说，影响设备企业研发投入及成功可能性的最主要因素是技术机会。 技术机会是在不同的技术领域内创新的成本与难度的外生差异，这种差异可能源于技术内在的特征，也可能源于在某个时点外生的科学知识的状态(Jaffe，1986)。 全球化竞争扩展了设备企业潜在的市场空间，能够为设备企业的技术创新提供市场份额支撑；但国内市场竞争国际化，可能会因为挤压市场空间而降低企业的创新动力。 这意味着，在全球竞争背景下，设备企业技术创新的机会增大，但技术创新的风险也加大。 尤其是随着技术的不断发展和分工的不断深化，装备制造业的国际分工网络变得越来越复杂，发达国家的跨国公司通过与大量供应商形成分工协作的系统集成，集中了大量的知识和资源；同时，核心企业的整合过程向整个分工网络扩展，其资源和压力通过分工网络向各级供应商传递，从而形成瀑布效应(cascade effect)，不仅仅设备品牌企业成为市场主导者，其各级供应商也成为各子价值链的主导者(Nolan et al.，2008)。 这种基于全球分工网络所形成的集成创新增强了跨国设备企业的国际竞争力，加快了装备制造业技术创新的速度，也使得发展中国家的设备企业通过技术创新实现赶超的技术机会下降。

第 2 节　分工网络：装备制造业创新的组织模式

Easton(1992)认为，网络分工通常是以技术创新为中心，通过提供创新机会和具有实现创新的已知及可预测环境的企业进行持续的相互合作而实现的。网络结构则是由错综复杂的水平的、倾斜的，以及垂直的价值链条构成的多空间、多层级的经济活动(Henderson et al., 2002)。上文分析表明，随着市场和技术条件的不断变化，装备制造业技术创新从依赖单个企业或国内资源转向依赖全球资源，设备企业间的竞争也演变为其所依托的分工网络间的竞争。因此，一国装备制造业的创新，应该要依托于分工网络。相比于单个企业，分工网络主要通过以下机制促进装备制造业创新。

(一)集聚创新资源

根据资源基础理论的观点，拥有越多资源的企业，其创新能力越强(Wernerfelt, 1984)，但随着装备制造业技术往深度演化，生产工序复杂化，技术分工也不断深化，装备制造业不同环节的技术知识变得更为分立，设备企业技术创新对外部知识的依赖性增强，也就是说，决定一个企业创新能力的，不再是其自身拥有多少知识资源，而是其集聚和整合了多少资源。从理论上讲，外部知识的获取可以通过市场交易或分工网络来实现。装备制造业作为技术和知识密集型行业，决定其技术创新能力的主要是 know-how 知识，这是一种默示性的知识，市场交易难度大、成本也高。而基于分工网络所形成的文化、社会联系能产生认同的社会规则，并促进彼此间的信任与合作，降低机会主义威胁(Granovetter, 1985)，由此能降低获得外部知识的成本，从而推动核心企业通过技术指导、人员培训等方式与相关企业建立各种技术联系，形成正式和非正式的学习机制(Kim, 1991)。[①] Lee 和 Park(2006)对韩国电子和机械行业的中间供应商创新成功与失败的影响因素研究表明，与同行业竞争者、上下游企业、高校和科研机构、政府、国外部门、金融部门等合作，不但为其提供了互补的研发能力，还有创新所需要的资金等资源。因此，通过分工网络，核心企业可以集聚各种创新资源，在增大创新资源规模的同时，也可以把自身资源集中于最核心、最有优势的创新环节，即分工网络有利于形成"极化

---

① 有研究表明，企业间的知识转移，更主要是通过非正式机制实现(Ernst,2000)。

效应"，引领整个行业的技术创新方向。

同时，分工网络不仅是知识转移、汇集的通道，还会由于各种不同知识的撞击而成为知识创造和能力发展的催化剂，并可能创造新的混合知识（Ernst，2002）。尤其当分工网络实现国际化发展，新知识和新能力创造的效应会更强。如全球计算机与通信设备的创新领导者苹果公司，不但有 14 个大类行业中超过 156 家全球领先企业作为一级供应商为其提供先进的创新资源，还有全球各地数以万计的二三级供应商为其提供零配件以及外围配套设备的设计和生产，其在东莞就有 2000 家左右的生产零配件以及外围配套设备企业。正是借助其主导的巨大的国际分工网络，苹果公司集聚了庞大的创新资源，一方面使其能把自身资源集中于基础和应用性 R&D、产品设计和商用、营销和品牌管理、售后服务环节，增强了核心竞争力；另一方面通过汇集、混合各种创新资源，创造了其他竞争对手难以复制的创新体系。

（二）扩散创新资源和创新动力

对整个装备制造业来说，核心企业的创新能力固然起着领头的重要作用，但大量中小企业的创新能力是整个行业创新的基石，也直接决定了核心企业所能集聚的创新资源。研究表明，竞争程度对创新的影响呈现倒 U 形（Scherer，1967；Aghion et al.，2005），即适中的竞争程度最能激励创新。在市场竞争中，中小企业尤其是中小零部件供应商，大量集中于某些环节，容易因竞争过于激烈而弱化创新能力和动力。而分工网络具有与市场不同的分工协调机制，它是一种基于合同生产、许可经营等契约基础上的分工协作组织。在全球竞争背景下，尽管品牌设备企业为了降低成本，往往要比较各地零部件供应商的价格，甚至实行"全球价格"下的零部件采购，加剧了价值链同一环节的供应商间的竞争，但这是在一定高度进入门槛基础上的竞争机制。即品牌设备企业为了进一步强化其主导的全球生产网络优势，会对加盟的企业构筑相当高的质量、财务、运营等方面的门槛，其实施的战略隔绝机制（isolating mechanisms）避免了供应商过度进入造成过度竞争，可以称为管理下的竞争，[①]因此，分工网络内的供应商间的竞争程度更有利于企业创新。

另外，由于品牌设备企业能从中间产品供应商改进的绩效中获益，因此其

---

① 从网络组织的内部运行机制看，主要可以分为以日本"丰田模式"为代表的"下包制"组织模式和以美国"硅谷模式"即"模块化"组织为代表的市场竞价模式。尽管后者比前者市场化特征明显，但也还是在主导企业管理、协调之下的竞争。

一般愿意把知识、组织能力转移、扩散给分工网络内的供应商，则品牌设备企业的技术知识能通过后向关联方式溢出到供应商（Javorcik，2004）；同时，品牌设备企业可以通过质量保证、供应链管理等体制，向供应商传递创新的动力和压力。另一方面，分工网络所建立的各种联系渠道，也方便了各级供应商反馈各种信息。可见，分工网络的形成为资源的扩散与共享提供了通道和途径，关系网络能保证企业充分地取得企业间分工的好处，又能降低分工的高协调费用，因此有利于在形成"极化效应"的基础上进一步带来"扩散效应"，促进装备制造业不同环节的协同创新。如台湾工具机行业，虽然企业规模小、人工成本不具优势，但由于形成了具有较低交易成本和高度合理物流特性的台湾型分工网络，同时与国外分工网络保持紧密联系，建立了正式和非正式的学习机制，企业可以方便、经济地获得先进的技术知识，使得台湾工具机行业具有较强的国际竞争力（刘仁杰，1999；Liang-Chih，2008）。

（三）促进分工提升专业化水平

Yong（1928）修正了斯密的"市场容量决定劳动分工"定理，提出了"杨格定理"，即劳动分工取决于市场规模，而市场规模又取决于劳动分工。他认为最重要的分工形式是生产迂回程度的加强及新行业的出现。网络分工作为介于企业内部层级分工和市场分工之间的第三种分工模式，既具有科层的协调功能，又需要通过市场机制运作，因而被形象地称为是"看得见的手"和"看不见的手"的握手。由于有众多企业共同分工协作来生产同一个设备，企业可以把自身资源集中于具有优势的环节，同时又有利于延长产业链，提高生产迂回程度和生产效率。尤其在全球化背景下，国际分工网络的形成，有助于设备企业同时实现专业化与规模经济效应，推动分工网络规模的扩大，从而进一步促进分工与技术创新的互动发展。McMillan（1990）对比美国和日本汽车产业发现，日本汽车产业所拥有的成本优势，四分之一得益于供应商所形成的产业分工网络，这种外包结构制度提高了专业化水平和生产效率，使得日本的小企业比美国的小企业发展更蓬勃，网络效应所带来的成本优势帮助日本汽车逐渐占领了美国汽车市场。

（四）提升创新成功的预期

稳定或长期的市场需求对设备企业创新至关重要，因为研发能力的提高是在与用户企业长期交流合作中积累默示性知识的长期过程（Kim et al.，2008）。对于大多数设备企业和零部件供应商，其面对的是企业用户或品牌设备企业，如果相互之间完全是市场交易，由于大多数中小设备企业和零部件供应商市场势力比较小，其面临的市场不稳定性和不确定性比较大，从而影响其对市场需求的预期，因而会降低其增加 R&D 投入的动力。而从设备需求特征来看，设备使用周期较长，一旦市场被其他企业占领，技术创新之后赢得市场所需要等待的时间较长。而且由于设备是服务密集型产品，大市场份额所支撑起的品牌声誉容易产生设备需求的循环性，造成市场排挤效应。则小市场份额的企业会因经验不足与学习机会不够，自主创新的可能性与研发成功的预期低；而创新不够使其处于价值链低端，则产品附加值低导致其利润薄，加大研发的资金支撑不够，从而进一步抑制其创新的动力。

分工网络由于供应商与品牌设备企业之间通过契约关系形成稳定的联盟与分工协作关系，市场份额相对比较稳定，企业对投入研发进行创新的市场预期比较明朗；而且由于稳定的市场需求保证了企业能通过"干中学"积累经验与技术知识，另外，分工网络内的资源可以共享，因此企业研发成功的概率提高。这些极大地降低了中小供应商专用性投资的风险，对企业创新起到了积极的推动作用。

综上所述，装备制造业创新需要依托于分工网络。尤其在发达国家和地区的跨国设备企业发展全球分工网络来集聚全球资源促进创新的情况下，发展中国家的设备企业如果无法完善分工网络，那其与跨国公司之间的竞争，将是环节对网络的竞争，是局部网络对全球网络的竞争，是单一资源对全球资源的竞争，这种资源基础不对等的竞争模式将使得发展中国家装备制造业因无法获得更多学习机会和创新资源，而在国际竞争中陷入低端锁定效应。

第 3 节　分工网络对装备制造业创新
影响机理：三维视角

一、分工网络特性：三维视角

Williamson(1975)提出"中间组织"（intermediate organization）概念，把网络分工视为介于企业内部层级分工和市场分工之间的第三种分工模式。由于多数国家的企业是以产业集群方式参与全球分工（Giuliani et al., 2005；Gereff, 2009），企业分工主要以全球价值链分工模式体现；随着国际分工复杂化，全球分工网络成为企业分工的重要组织模式，但从分工维度来看，多数研究还主要是价值链分工与区域分工。如 Ernst 等（2001）指出，全球生产网络是一种跨越企业和国家边界的价值链的集中扩散，伴随着一个平行的网络参与者的层级一体化进程。 Henderson 等（2002）认为，网络结构是由错综复杂的水平的、倾斜的，以及垂直的价值链条构成的多空间、多层级的经济活动；全球生产网络并不仅是企业间的功能性和地域性的联系，还有其他社会性和空间性分布方面的联系。 多数研究都忽略了产业链分工，或者把产业链分工等同于价值链分工。

实际上如图 3-2 所示，产业链分工是从产业层面体现上下游产业间的分工，价值链分工是从产品层面体现环节间的分工。

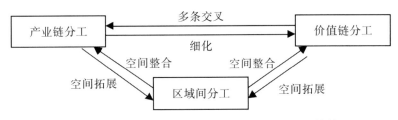

图 3-2　区域间分工与产业链分工、价值链分工之间的关系

产业链分工不断细分形成价值链分工，而经济活动中一条价值链会与多条价值链在不同环节上交叉融合，其宏观层面体现的是产业链分工，也即价值链分工依托于产业链分工。 产业的区域间分工是基于地区比较优势或竞争优势所形成的，是产业链分工和价值链分工在空间的拓展。 区域间分工基础上的区域整合就是产业链分工和价值链分工的延伸。 可见，区域间分工和价值链分工、产业链分工是互动发展的关系。 同时引入产业链分工与价值链分工的另一个原因是，价值链分工从更微观层面体现企业间的分工，但其无法深入分析上游技术和服务支撑，以及下游用户市场份额支撑的机理。 尤其是装备制造业生产工序长，需要上游行业的技术和服务支撑，也需要与下游客户沟通互动，因此，任何一个设备的生产和价值的实现，不可能全部由一个企业完成，也不可能只依托于所在的行业，而要依托其所在的产业链，并受产业链上下游企业的制约①。 如核电装备制造业，其产业链包括金属制造、冶金、化工、通用

---

① 典型的产业链约束案例：改革开放以来，由于中国纺织品服装等下游行业大量出口，其为满足国外市场需求而动态引进国外设备，对国内装备制造业造成"需求挤出"效应，抑制了中国装备制造业的创新发展；中国下游通信行业主要以引入技术及其标准方式参与国际分工，由于相关产业间技术关联加强，跨国公司技术标准的垄断具有产业链捆绑效应，造成中国通信设备制造业的技术发展空间受限。

设备制造、专业设备制造、电气机械及器材制造、仪器仪表制造和运输起重机械制造等行业；其价值链横跨了研发、设计、制造、营销、服务和核电站建设运营等环节；其产业链和价值链的不同行业和环节往往基于各地区比较优势而在不同地区分布、延伸。 为此，对装备制造业分工网络的分析，需要深入区域间分工和价值链分工、产业链分工互动发展层面。

二、三维分工网络对装备制造业的创新影响机理

装备制造业的技术和创新特性决定了其创新组织模式的网络化。 尤其是随着各国装备制造业国内竞争国际化，装备制造业企业能否依托其所在的分工网络，通过与国际分工网络竞争、合作，从而获得全球资源和市场，成为其创新的重要动力源与支撑。 如图 3-3 所示，装备制造业完善的国内分工网络，立足于区域间分工与产业链分工、价值链分工之间互促共进，这也是装备制造业在国际竞争中实现网络对网络竞争与合作的支撑基础。

从价值链分工来看，装备制造业的技术具有集成性和复杂性，设备作为复杂产品的技术特性决定了其生产过程相对比较复杂，生产工序比较多，需要由一系列企业按垂直分工的关系来生产不同的环节。 基于价值链的分工越深化，越能延长装备制造业的国内循环链条和运行环节，带来生产的迂回和专业化的加深，不但可以获得规模经济和范围经济，还可以积累高级的人力资本和知识资本等创新要素。 这可以为装备制造业价值链的主导者集聚各种创新资源，在增大创新资源规模的同时，也可以把自身资源集中于最核心、最有优势的创新环节，即形成"极化效应"，引领整个价值链的技术创新方向。 而装备制造业核心技术能力的增强，将通过其分工协作能力、中间服务需求和服务供给能力提升而促进与上下游的协调发展。 同时，价值链分工延长国内循环链条，能带动更多地区的企业参与价值链，有利于国内各个产业的关联协调发展，尤其有利于发挥附加值高的产业的关联带动作用，从而通过技术经济关联促进区域间分工。

从产业链分工来看，技术及技术系统的复杂性又决定了装备制造业的技术更需要其他相关行业技术的支撑，越是高端的/高新的/重大的设备，对技术的要求越高。 装备制造业的技术系统可以分解为：

(1)基础技术，如原子能技术、电子技术和化学合成技术等，是多数产业发展的技术基础，其发展决定了产业发展的总方向。

(2)中间技术，是这些基础技术在相关领域的实际应用，如电子技术在信息、控制领域的应用，就会延伸出信息技术和控制技术等，化学合成技术在材

料领域的应用就延伸出铸塑技术、冲压制造技术等。 铸塑技术可以应用于各种金属冶炼及压延加工和装备制造等行业。

（3）装备制造技术，装备制造业所应用的关键制造技术、核心元件技术、装配技术等，就是相关中间技术在该行业的具体应用。

可见，装备制造业的技术发展，需要基础技术和中间技术的支撑，基础技术和中间技术的发展水平及其演变升级，会影响装备制造业的技术以及设备的发展和换代。 而上游高新技术和服务业所提供的基础技术和中间技术的发展，既需要政府扶持提供技术和服务平台，同时也需要与中游装备制造业分工协作，以及与高校科研机构产学研联合来推动。 因此，与上游行业的分工协作，能提升装备制造业技术水平，促进创新。 而装备制造业价值链生产者驱动的特性（Gereffi，1999），意味着装备制造业与上游行业分工协作，能为价值链分工提供技术支撑。

由于装备制造业是典型的专业供应商行业，企业与需求方之间的默示性知识（tacit knowledge）的积累对企业研发很重要（Pavitt，1984；Kim et al.，2008）。 这种默许性知识的获得，是在企业生产、销售设备过程中，与下游企业沟通互动以满足其各种服务需求，下游企业在使用过程中反馈各种信息，实现干中学与卖中学的（Yongsung，2002）。 由此，装备制造业在与下游行业联动发展，获得信息反馈，增强企业创新动力和能力的同时，也能为价值链分工提供市场支撑。 而且，装备制造业产业链上下游联动发展，能通过增强产业关联推动区域间分工。

从区域间分工来看，多数国家的装备制造业企业也是以产业集群方式参与全球分工。 在区域内集聚的企业间的分工提高了装备制造业企业的专业化程度，而且通过信任和非正式或正式制度所形成的网络关系能协调企业间的竞争与合作，获得本地劳动分工基础上实现的经济外部性。 但由于装备制造业分工复杂、链条长，仅仅基于产业集群基础上的区域内分工，往往容易受市场规模和资源等的约束，制约产业高端发展。 而基于产业集群基础上的区域间分工，不仅能促进资金、技术、劳动、信息等生产要素的低成本跨地区流动，推动信息市场、人才市场、资本（资金）市场等要素市场的统一，促进资源整合；而且能推动产业区域间空间转移，从而使各区域按照比较优势和要素禀赋结构进行分工成为可能（李廉水 等，2007）。 因此，区域间分工不但能有效整合各地区资源，提高资源和要素的利用程度，为产业链分工和价值链分工提供资源支撑；同时，区域间在垂直分工协作基础上形成的国内价值链，有利于龙头企业集中资源于从事研发、设计与服务环节，并通过不断促进某些环节往成本低或配套条件好的地区转移，即通过国内价值链不断往更有优势地区延伸，促进价值链分工和延伸，培育居于国内价值链高端环节的主导者；此外，通过前后向产业联系与技术经济关联效应，增加中间品环节，延伸价值链和产业链，把众多的中小企业有机整合，获得学习和发展机会。 尤其是随着技术复杂化与设备更新换代速度加快，装备制造业的研发投入不断增大，区域间分工所促进的市场融合细分，能通过规模经济效应为高研发投入提供资金支持。

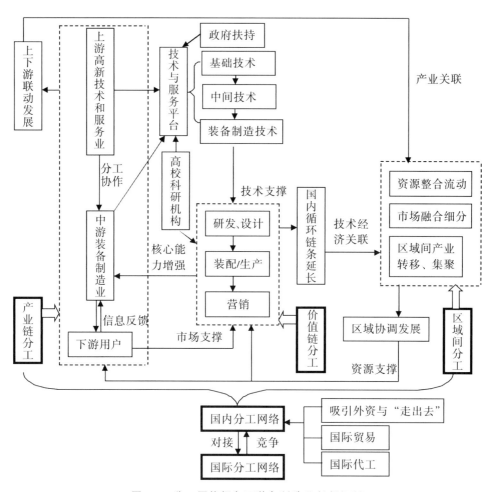

图 3-3 分工网络视角下装备制造业创新机制

图 3-3 展示了分工网络对装备制造业创新发展的影响机制，可见，立足于区域间分工与产业链分工、价值链分工之间互动发展所形成的国内分工网络，能够凝聚技术、市场、资源优势，形成极化效应，并能通过分工网络形成扩散效应和资源共享，有利于实现各环节的创新联动。 而区域间分工与产业链分工、

价值链分工之间的互促共进，在推动国内分工网络发展的过程中，区域间资本市场融合、人员流动、基础设施和信息共享，有助于培育居于国内价值链高端环节的主导者，增强本土设备企业"走出去"与向发达国家企业逆向发包，获取更多海外高级要素的能力；生产迂回程度提高而增加中间需求，将促进高新技术和生产性服务业发展，提升产业基础，有助于吸引大量国外技术密集型产业和生产性服务业企业进入，从而直接提升装备制造业高级要素投入能力，同时本土企业也能获得技术溢出效应和学习效应而提升高级要素供给能力。 因此，国内分工网络的发展，能为本土设备企业参与国际竞争提供网络支撑，使得本土企业与国外企业间的竞争与合作演变为网络对网络的竞争与合作，从而提升本土设备企业"走出去"能力及在国际贸易和国际代工中的地位，并吸引高端外资进来，整体上提升本土设备企业整合、利用全球资源的能力，由此能促进国内分工网络与国际分工网络的竞争、对接。 国内分工网络与国际分工网络处于融合互动发展势态，能为装备制造业发展提供全球资源和市场，提高企业和产业创新能力和动力。

第 4 节　国际分工网络与国内分工网络：融合还是分立

国际分工网络的发展，降低了中小专业供应商参与国际分工的难度，由此为发展中国家进入国际分工网络获得发展和学习机会提供了条件。 20 世纪 70 年代的韩国和中国台湾地区等，其装备制造业就是通过参与国际分工网络而获得发展的。 尤其是 21 世纪以来，由于发达国家国内设备市场需求趋于饱和，而发展中国家设备市场潜在规模增长迅速，大量跨国设备企业加快了国际分工网络往发展中国家发展的速度。 借此机会，大量发展中国家设备企业进入了跨国公司所主导的国际分工网络，并通过产业关联效应、技术溢出效应等带动了国内装备制造业的发展。

然而，进入国际分工网络并不必然带动国内分工网络的发展。 进入跨国设备企业所主导的国际分工网络，一方面为本土设备企业和零部件供应商整合国内外知识资源，提高创新能力提供了机会；另一方面也会对本土设备企业的发展造成市场窃取效应和资源挤出效应。 如果后者效应大于前者效应，诱使大量本土设备企业和零部件供应商进入国际分工网络，却没有形成本土知识基础和发展国内分工网络，则容易侵蚀该国装备制造业竞争优势资源，影响装备制造业集群发展，造成参与国际分工网络与没有参与国际分工网络的企业和地区间出现割裂，无法整合国内资源以获得集体效应。 由此容易出现该国装备制造业的行业规模发展了，但本土设备企业创新能力不足、发展空间受限的困境。

可见，发展中国家的本土化技术能力水平才是其在参与国际分工中获得及时有效的技术转让的关键因素。 尤其在经济全球化越来越深化的今天，本土产业环境变得越发重要，产业竞争优势越来越依赖于本地化的知识、关系以及内在动力（Maskell et al.，1999）。 甚至有学者强调，区域创新网是把技术转换成企业竞争力的重要途径，企业或产业在与国际伙伴联接前，应该先形成区域网络（Rutten et al.，2007）。 Larsson 和 Malmberg（1999）对瑞典机械设备企业的分析表明，设备企业的发展得益于与国内市场保持紧密的联系。 设备企业产出的 80％用来出口，但投入的 56％来自国内的供应商。 一些发展中国家的经验也表明，凭借国内市场发育而成长，然后进入区域或全球市场的本土企业，在全球价值链中往往会表现出很强的功能升级与部门升级的能力（Schmitz，2004）。

从发达国家装备制造业分工网络发展来看，由于其拥有技术优势，在全球化发展之前，本国的分工网络已经比较完善。 以汽车业为例，美国除了有福特、通用、克莱斯勒等世界级汽车制造商，还有汽车零部件企业近4 000家，年销售额1 000亿美元左右；德、法、英、意等国也各有汽车零部件企业1 000～2 000家，年销售额均达 100 亿～400 亿美元；日本汽车零部件企业也有上千家，年销售额1 000亿美元以上。 可以说，正是这些数量众多堪称世界一流的中小零部件企业，通过与汽车品牌企业紧密合作，相互提升，从而推动发达国家汽车分工网络不断升级，并在国内分工网络向国际分工网络发展中，获取全球资源，实现更快创新。 其中典型的如本田，立足完善的国内分工网络，在全世界 29 个国家建立了 120 个以上的生产基地，国内分工网络内的配套企业跟随投资，最后发展成为数以万计的中小型企业为其配套的全球分工网络。

由于技术发展水平比较低，发展中国家的装备制造业主要通过设备、技术引进及与跨国公司合资、技术溢出等方式发展起来。 如中国，在改革开放初期，由于装备制造业国有企业比重比较大，设备企业大而全、小而全现象比较严重，因此在大量跨国设备企业以各种模式进来、国内设备企业进入跨国公司主导的国际分工网络之前，中国国内分工网络基本还处于雏形或未成形阶段。这为发达国家跨国设备企业所主导的国际分工网络在中国国内的延伸提供了市场空间和机会。 还以汽车行业为例，随着跨国整车企业进入中国市场，其分工网络内的零部件企业也跟随进入。 目前跟随跨国整车企业进入中国市场的汽车零部件外商独资或合资企业达到近 1 200 家。 跨国整车企业所主导的国际分工网络向中国市场延伸,通过产业关联效应和技术溢出效应等,带动了国内汽车行业的发展。 但由于中国汽车行业国内分工网络处于发展的初期,不管是规模还是技术水平,都无法与跨国整车企业所主导的国际分工网络竞争,使得跨国整车企业所主导的国际分工网络控制了关键环节,国内分工网络很难与其对接、融合。 如表 3-1 所示,本田在中国的核心零部件主要由其合资或独资企业供应,中国本土企业基本没有机会进入核心供应环节,国内分工网络与国际分工网络基本处于竞争、分立的状态。 据统计,外资在中国汽车零部件市场已经占到 60％ 以上的份额。 在轿车零部件行业,有专家估计在 80％ 以上。 在高新和核心技术环节,如汽车电子和发动机等关键零部件领域,外资控制的市场份额高达 90％。 跨国整车企业所主导的国际分工网络中的子价值链领导者如博世、电装、德尔福、现代摩比斯等跨国公司,其所主导的子价值链在中国汽车零部件市场占据重要地位。①

表 3-1　本田在华核心零部件生产企业详细情况

地区	公司	主要产品	应用车型	产能
广州	东风本田发动机有限公司(合资)	发动机、变速器及其零部件(等速传动轴)	雅阁、奥德赛、飞度及锋范系列乘用车型	36 万台发动机总成、48 万套以上零部件/年
佛山	本田汽车零部件制造有限公司(独资)	生产汽车动力总成零部件	本田系列轿车	变速箱 48 万套/年
惠州	东风本田汽车零部件有限公司(合资)	汽车零部件	本田系列轿车	422 万套/年
福州	福建闽东本田发电机组有限公司(合资)	Honda 品牌 EC、EP、EM、EB 系列汽油发电机组(通用产品 70％ 以上出口)	本田系列车型	1994 年成立,至 2005 年已生产汽油发电机组 60 万台

资料来源:杜伟,吕游.本田汽车在华核心零部件配套企业盘点 [EB/OL].(2021-10-09)[2022-11-06].http://auto.sohu.com/20100528/n272415758.shtml.

可见,发达国家装备制造业是在较为完善的国内分工网络基础上,往国际分工网络发展,因此其国内分工网络与国际分工网络处于融合互动发展势态,

---

① 独资化倾向加重 外资零部件供应商施压本土企业[EB/OL].(2018-12-29)[2022-11-06].https://auto.sina.com.cn/zz/sh/2018-12-29/detail-ihqhqcis1393966.shtml.

有利于设备企业获取全球资源和市场。 而发展中国家装备制造业在进入国际分工网络之前，由于发展水平比较低，国内分工网络基本还没有成形发展，可以说是国际分工网络向发展中国家延伸，然后带动国内分工网络发展的态势，因此，对发展中国家来说，国内分工网络与国际分工网络处于竞争、分立的状态。 由此，跨国设备企业主导的国际分工网络往发展中国家延伸，在带来技术溢出和带动效应的同时，也带来了资源挤出和市场窃取效应，容易抑制国内分工网络的发展，使得本土设备企业与跨国设备企业之间的竞争基础差距悬殊，甚至出现了本土设备企业和零部件供应商更偏好进入国际分工网络的趋势。

因此，在全球竞争背景下，发展中国家装备制造业的发展，既需要通过与国际分工网络互动融合来获得更多创新资源和学习机会，从而带动国内分工网络发展；也需要在与国际分工网络竞争中推动国内资源整合，增强本土设备企业和零部件供应商的技术消化吸收能力，形成本土化技术能力。

第 4 章

中国装备制造业二元分工网络:现状考察与形成因素

中国产业融入国际分工也基本遵循"日用消费品—电子消费品—装备制造品"逐级上升的国际产业转移历程。 嵌入国际分工网络为中国装备制造业发展提供了条件,但国内分工网络的发展是决定其在国际分工中地位的重要基础。 发达国家装备制造业是在完善的国内分工网络基础上实现国际化发展,国内与国际分工网络融合互动,获取了全球资源和市场。 而像中国这样的发展中国家,地方政府间的竞争、产业政策等,导致国内区域分工网络间处于竞争分立状态,制约了国内分工网络的发展,并促使国内分工网络与国际分工网络处于竞争分立势态,形成了二元分工网络。

第 1 节　中国装备制造业二元分工网络发展特性

新中国成立后,在中国形成了封闭的或自成体系的产业布局背景下,装备制造业的区域间分工和交换发展,以及产业上下游联动发展也都受到阻碍。20 世纪 80 年代开始实行行政性分权之后,地方政府市场分割与地方保护进一步割裂了地区间的经济联系。 同时,改革开放初期,由于中国装备制造业国有企业比重比较大,装备制造业企业大而全、小而全现象比较严重,企业外包率低,形成了自我服务的生产模式,价值链分工发展滞后。 随着对外开放,中国装备制造业主要通过设备、技术引进及与跨国公司合资、技术溢出等方式发展,尤其是 21 世纪以来,由于发达国家国内设备市场需求趋于饱和,而中国设备市场潜在规模增长迅速,大量跨国设备企业加快了以进出口、FDI 方式往中国延伸国际分工网络。 借此机会,大量中国装备制造业企业通过进口、出口或为在华外资企业配套等方式,进入了跨国公司主导的国际分工网络,并通过产业关联效应、技术溢出效应等带动了国内装备制造业的发展。

但相比于发达国家装备制造业高度发展的国际分工网络，中国装备制造业分工网络还处于发展的初期，不管是规模还是技术水平，都无法与跨国设备企业主导的国际分工网络竞争，导致跨国设备企业主导的国际分工网络控制了中国装备制造业的关键环节，中国国内分工网络很难与其对接、融合。这使得，虽然大量本土设备企业和零部件供应商以出口、为在华外资企业配套等方式参与国际分工网络，但其主要处于分工网络低端环节，且跨国公司为了强化自己主导的全球分工网络优势，会对加盟的企业构筑相当高的质量、财务和运营等方面的门槛，还会通过战略隔绝机制(isolating mechanisms)避免关键知识向分工网络外的企业扩散(王益民 等，2007)；虽然大量本土设备企业的关键零部件依靠进口或中外合资企业，但这是一种"技术模块植入"形式，这些关键技术还是由跨国公司控制，很难在本土企业主导的国内分工网络内溢出、传递，其实际上是在国内分工网络之外循环发展。由此，跨国公司主导的国际分工网络在中国的延伸发展，对中国装备制造业国内分工网络的发展造成了市场窃取效应和资源挤出效应，从而形成了二元分工网络。所谓二元分工网络，如表4-1所示，本土企业主导的国内分工网络与跨国公司主导的国际分工网络处于相对分立状态，两个网络间的对接、融合程度比较低；而且国内分工网络与国际分工网络的分工模式、开放性和链条长度的不同，造成两个分工网络的竞争基础和实力差距悬殊，并使得两个分工网络的市场和资源分割。典型的如中国机床行业，全球机床领头企业如山崎马扎克(MAZAK)、德马吉(DMG)、森精机等跨国公司以进口和FDI方式进入中国市场，其主导的国际分工网络与中国本土机床企业主导的国内分工网络，基本处于分立状况。跨国公司主导的国际分工网络的高级供应商分布全球，包括在华外资配套企业，而本土配套企业主要提供非核心零部件；本土企业主导的国内分工网络的各级供应商主要为本土配套企业，核心零部件很难从跨国公司在华外资配套企业获得，只能依赖进口，极少数企业通过与其他外资企业合资合作来获得关键零部件，但本土企业没有掌握关键技术。

表 4-1　中国装备制造业二元分工网络特性

特性	国际分工网络	国内分工网络
主导者	跨国整机企业	本土整机企业
配套企业	中高级配套企业分布在全球，低级配套企业为本土企业	主要为本土企业
分工模式	以国际垂直分工为主	以同质的水平分工(同质产品＋专业市场)为主

续表

特性	国际分工网络	国内分工网络
开放性	开放程度比较高,主导企业间合作比较多	分工网络的结构性比较强,主导企业间基本不合作
链条延伸长度	分工比较完善,链条比较长,从母国往国际市场延伸,且母国市场与国际市场高度融合,形成了全球分工网络	分工不完善,链条比较短,主要在国内循环
资源获取模式	获取整合全球资源	以国内区域资源为主

注:国际分工网络是相对于国内分工网络而言,发达国家企业在完善的国内分工网络基础上发展国际分工网络,这两个网络的对接、融合程度比较高,形成了全球分工网络;当发达国家企业主导的国际分工网络以进出口、FDI 方式往发展中国家延伸,发展中国家的国内分工网络无法与其对接融合时,就会出现国内分工网络与国际分工网络分立的状态。

资料来源:作者整理。

第 2 节　中国装备制造业二元分工网络发展趋势考察

(一)测算方法

1.测算思路

多数文献用国际外包来测算参与国际分工网络程度,一是以 Feenstra 和 Hanson(1996)为代表的,利用海关零部件贸易数据,测算中间投入中来自进口的比重;二是 Hummels 等(2001)提出国际垂直专门化比率,运用投入产出表数据,测算每单位出口中的中间进口品的贡献率。 度量国内区域间市场整合与分工的常用方法,一是价格法,即通过测量区域间产品价格差来反映区域间贸易壁垒,如 Young(2000)、陆铭等(2009);二是贸易关联或产业关联法,如 Poncet(2005)的边界效应(border effects)法。

价格法可较好体现区域间市场整合与分割程度,但国内市场整合并不意味着区域间分工深化。 贸易关联或产业关联法可较好体现区域间分工协作状况,但多数文献都是基于引力模型进行估算,与实际情况还是有一定差距。而且目前国内产业关联系数基本都是测算几大区域间产业关联系数,这使得大区域内地区间的分工情况无法体现,如东部沿海地区对东北地区的产业关联系数,反映的是东部沿海地区内所有省市对东北地区所有省市的产业关联情况,无法体现沿海地区内各省之间的分工情况。

　　本研究欲通过测算、比较中国装备制造业企业参与国际分工网络与国内分工网络程度，来考察二元分工网络发展状况。随着国际分工深化，生产跨国分割，国际分工主要以同一产品不同工序的空间布局跨国配置为基础，其本质是不同国家企业间外包与承接外包过程（Dalia，2006）。因此，国际分工程度基本都以国家间的中间投入品贸易联系来体现（Yeats，2001；Egger et al.，2003；Yamashita，2007；Balassa，2013；唐海燕 等，2009；王玉燕 等，2014）。本研究所分析的企业参与国际分工网络与国内分工网络程度，体现的也是企业间的外包与承接外包程度，只是研究的侧重点不同。因此，本研究借鉴垂直专业化指数法，分别通过比较分析某地区制造业和装备制造业企业承接国内其他地区与国外企业发包（省外输出与出口），或向国内其他地区与国外企业发包（省外输入与进口），来测算制造业和装备制造业参与国际分工网络与国内分工网络的程度。

　　2.测算指标

　　借鉴 Feenstra 和 Hanson（1996）、Hummels 等（2001）思路，i 地区 k 行业投入的中间品中来自国外进口的比重 $VS_{ik} = \sum_j \dfrac{X_{ik}^j}{Y_{ik}} \dfrac{M_i^j}{Y_i^j - E_i^j - C_i^j + M_i^j + R_i^j}$。其中 Y_{ik} 表示 i 地区 k 行业的总产出额，X_{ik}^j 表示 i 地区 k 行业对 j 行业中间投入的购买额，E_i^j 表示 i 地区对 j 行业出口的中间品额，C_i^j 表示 i 地区对 j 行业输出到省外的中间品额，M_i^j 表示 i 地区从国外 j 行业进口的中间品额，R_i^j 表示 i 地区从省外 j 行业输入的中间品额。i 地区投入的中间品中来自国外进口的比重 $VS_i = \sum_k VS_{ik}$，这体现了加权平均概念。中国省级投入产出表中没有 M_i^j 和 R_i^j 数据，只有某行业中间品的进口量 M_{ik} 和省外输入量 R_{ik}。则在以省市为研究对象，同时不同行业间规模差异较大的情况下，把各行业的数据加总之后再求指标更合理，为此设定 i 地区投入的中间品中，来自国外进口的比重

$$VS_i = \dfrac{\sum_k M_{ik}}{\sum_k (Y_{ik} - E_{ik} - C_{ik} + M_{ik} + R_{ik})},$$

来自省外输入的比重 $RS_i =$

$$\dfrac{\sum_k R_{ik}}{\sum_k (Y_{ik} - E_{ik} - C_{ik} + M_{ik} + R_{ik})},$$

来自本地区自己供给的比重 $SS_i =$

$$\dfrac{\sum_k (Y_{ik} - E_{ik} - C_{ik})}{\sum_k (Y_{ik} - E_{ik} - C_{ik} + M_{ik} + R_{ik})}。$$

其中 M_{ik} 表示 i 地区 k 行业进口的中间品，R_{ik} 表示 i 地区 k 行业从省外输入的中间品，（$Y_{ik} - E_{ik} - C_{ik}$）表示 i 地区

k 行业的中间品投入中来自本地区自己供给的量,($Y_{ik}-E_{ik}-C_{ik}+M_{ik}+I_{ik}$)
表示 i 地区 k 行业中间品总投入。

为衡量 i 地区企业参与区域间分工网络的程度,用中间品投入中来自省外
相比于本地区自给的程度来表示:

$$\text{REG}_i=\frac{\text{RS}_i}{\text{SS}_i}=\frac{\sum_k R_{ik}}{\sum_k (Y_{ik}-E_{ik}-C_{ik})} \tag{1}$$

为衡量 i 地区企业参与国际分工网络的程度,用中间品投入中来自国外相
比于本地区自给的程度来表示:

$$\text{IMI}_i=\frac{\text{VS}_i}{\text{SS}_i}=\frac{\sum_k M_{ik}}{\sum_k (Y_{ik}-E_{ik}-C_{ik})} \tag{2}$$

为衡量 i 地区企业参与区域间分工网络相对于参与国际分工网络的程度,
可以分别用中间品投入中来自省外相比于来自国外的程度和 i 地区生产的中间
品中输出到省外相比于出口到国外的程度来表示:

$$\text{PREFI}_i=\frac{\text{RS}_i}{\text{VS}_i}=\frac{\sum_k R_{ik}}{\sum_k M_{ik}} \tag{3}$$

$$\text{PREFE}_i=\frac{\dfrac{\sum_k C_{ik}}{\sum_k (Y_{ik}-E_{ik}-C_{ik}+M_{ik}+R_{ik})}}{\dfrac{\sum_k E_{ik}}{\sum_k (Y_{ik}-E_{ik}-C_{ik}+M_{ik}+R_{ik})}}$$

$$=\frac{\sum_k C_{ik}}{\sum_k E_{ik}} \tag{4}$$

用同样办法,也可以测算装备制造业的分工网络发展情况。根据投入产
出表,i 地区装备制造业的中间投入额为 $\sum_k (Y_{ik}-E_{ik}-O_{ik}+M_{ik}+I_{ik})$,其
中来自本地区自己供给的中间投入额为 $\sum_k (Y_{ik}-E_{ik}-O_{ik})$,来自省外输入的

中间投入额为 $\sum_k I_{ik}$ ，来自国外进口的中间投入额为 $\sum_k M_{ik}$ 。 Y_{ik} 表示 i 地区装备制造业的总产出额， E_{ik} 表示 i 地区装备制造业出口的中间投入额， O_{ik} 表示 i 地区装备制造业输出到省外的中间投入额。 $K=5$ ，为通用、专用设备制造业，交通运输设备制造业，电气机械及器材制造业，通信设备、计算机及其他电子设备制造业，仪器仪表及文化、办公用机械制造业 5 个行业。 测算的方法同公式(1)～(4)。

这些指标所用的各中间投入产出表数据，来自中国统计局 30 个省(区、市)1987 年、1997 年、2002 年、2007 年、2012 年和 2017 年的投入产出表，其中进出口数据为货源地/目的地进出口数据。

(二)测算结果分析

1.中国制造业演变情况

中国制造业测算结果如表 4-2 所示。

表 4-2 中国各省(区、市)制造业参与国际与国内分工网络指标值变化

指标	年份	北京	天津	辽宁	吉林	上海	江苏	浙江	福建	广东	宁夏
PREFE	1987	8.641	3.934	3.826	15.931	3.574	4.656	—	—	1.592	5.439
	1997	1.395	2.964	2.011	7.291	1.928	3.717	1.820	1.127	0.587	7.450
	2002	4.153	1.980	2.384	15.817	1.051	1.134	2.048	0.728	0.544	5.485
	2007	4.130	1.935	2.301	15.970	1.074	0.652	0.923	0.896	0.638	5.384
	2012	10.688	2.216	4.048	16.965	1.625	1.415	1.242	1.362	0.572	12.439
	2017	11.419	3.610	3.643	119.578	2.596	1.658	1.122	1.005	1.375	10.419
PREFI	1987	7.655	8.793	6.554	30.174	5.580	7.656	—	—	3.679	18.157
	1997	0.796	2.307	2.111	10.150	1.726	4.275	3.179	1.583	0.994	34.918
	2002	4.243	2.083	2.352	12.188	4.026	1.132	5.180	2.100	0.598	32.068
	2007	2.004	1.972	2.383	12.410	1.027	0.775	2.781	2.426	0.978	20.003
	2012	3.649	1.515	4.209	2.651	1.230	1.565	3.296	0.850	0.680	27.948
	2017	4.280	2.146	5.436	29.200	1.417	1.615	7.657	0.411	1.790	64.950
REG	1987	0.289	0.442	0.141	0.294	0.386	0.211	—	—	0.282	0.354
	1997	0.263	0.333	0.126	0.247	0.226	0.225	0.112	0.152	0.244	0.336
	2002	0.276	0.299	0.116	0.426	0.130	0.103	0.207	0.129	0.129	0.421
	2007	0.295	0.355	0.172	0.522	0.246	0.116	0.211	0.200	0.212	0.411
	2012	—	0.429	0.273	0.231	8.645	0.259	0.363	0.131	0.333	1.235
	2017	—	0.579	0.779	—	—	0.236	1.018	0.071	0.879	5.911

续表

指标	年份	北京	天津	辽宁	吉林	上海	江苏	浙江	福建	广东	宁夏
IMI	1987	0.038	0.050	0.022	0.010	0.069	0.028	—	—	0.077	0.019
	1997	0.166	0.144	0.060	0.024	0.131	0.053	0.035	0.096	0.246	0.010
	2002	0.065	0.144	0.049	0.035	0.032	0.091	0.040	0.061	0.216	0.013
	2007	0.147	0.180	0.072	0.042	0.240	0.150	0.076	0.082	0.217	0.021
	2012	—	0.283	0.065	0.087	7.029	0.165	0.110	0.154	0.489	0.044
	2017	—	0.270	0.143	—	—	0.146	0.133	0.171	0.491	0.091

指标	年份	河北	山西	内蒙古	黑龙江	安徽	江西	山东	河南	湖北	湖南
PREFE	1997	13.925	5.175	10.288	4.516	12.425	7.397	2.585	9.683	6.987	8.060
	2002	13.380	3.291	10.829	8.072	15.148	10.903	2.062	9.189	7.334	9.329
	2007	10.347	2.301	15.323	5.032	11.087	4.497	1.338	11.416	3.864	8.797
	2012	6.779	3.381	—	6.801	10.284	4.589	0.815	10.114	—	17.517
	2017	8.504	2.712	20.341	23.412	12.068	5.937	0.732	10.065	1.176	6.749
PREFI	1997	17.810	22.003	17.271	13.307	22.657	22.751	3.016	16.718	8.804	24.226
	2002	23.420	11.342	5.104	6.541	19.395	12.521	2.226	14.247	5.839	9.173
	2007	17.392	4.884	9.654	5.421	16.864	6.475	1.089	21.597	4.098	17.534
	2012	13.630	22.860	—	32.210	29.034	7.810	3.019	16.587	—	19.899
	2017	22.525	16.450	32.835	44.941	13.756	16.430	3.380	14.310	2.611	11.212
REG	1997	0.288	0.252	0.265	0.225	0.304	0.179	0.125	0.148	0.136	0.189
	2002	0.255	0.128	0.186	0.169	0.362	0.205	0.116	0.116	0.123	0.133
	2007	0.418	0.147	0.284	0.218	0.493	0.173	0.064	0.202	0.102	0.229
	2012	0.180	0.879	0.241	1.714	1.121	0.213	0.017	0.477	—	0.352
	2017	0.282	0.993	3.297	3.068	0.404	0.483	0.039	0.494	0.052	0.251
IMI	1997	0.016	0.011	0.015	0.017	0.013	0.179	0.042	0.009	0.015	0.008
	2002	0.011	0.011	0.037	0.026	0.019	0.014	0.052	0.008	0.021	0.015
	2007	0.024	0.030	0.029	0.040	0.029	0.025	0.059	0.025	0.025	0.013
	2012	0.013	0.038	—	0.053	0.039	0.027	0.006	0.029	0.120	0.018
	2017	0.013	0.060	0.100	0.068	0.029	0.029	0.011	0.035	0.020	0.022

指标	年份	广西	海南	重庆	四川	贵州	云南	陕西	甘肃	青海	新疆
PREFE	1997	6.112	19.508	17.570	5.864	7.786	4.840	6.200	13.656	8.588	14.175
	2002	9.179	9.644	20.408	4.530	12.618	8.198	8.821	10.791	6.103	7.759
	2007	9.572	5.139	6.638	4.780	11.106	8.342	16.730	13.683	7.664	1.916
	2012	4.688	8.878	84.833	1.329	6.068	28.198	2.183	14.363	—	2.030
	2017	—	23.626	16.783	2.285	7.596	5.873	8.813	33.065	7.861	2.199

续表

指标	年份	广西	海南	重庆	四川	贵州	云南	陕西	甘肃	青海	新疆
PREFI	1997	14.427	13.602	11.365	13.054	36.344	13.647	14.837	61.328	28.970	10.777
	2002	21.359	9.798	25.966	6.932	20.969	14.425	13.052	15.686	53.314	8.021
	2007	9.368	0.908	12.388	6.439	29.133	10.266	32.828	5.345	12.451	6.487
	2012	12.994	9.546	75.258	4.218	92.961	47.071	3.918	20.776	—	66.658
	2017	—	18.093	36.441	7.024	14.085	63.797	19.258	36.665	50.176	50.492
REG	1997	0.228	0.134	0.284	0.122	0.438	0.211	0.284	0.356	0.496	0.333
	2002	0.304	0.365	0.464	0.106	0.286	0.189	0.233	0.220	0.402	0.223
	2007	0.294	0.122	0.250	0.122	0.400	0.318	0.565	0.263	0.198	0.284
	2012	0.418	3.033	0.851	0.208	2.758	1.300	2.860	0.945	—	2.127
	2017	—	—	—	0.228	6.900	1.865	8.347	1.099	0.488	1.879
IMI	1997	0.016	0.010	0.025	0.009	0.012	0.015	0.019	0.006	0.017	0.031
	2002	0.014	0.037	0.018	0.015	0.014	0.013	0.018	0.014	0.008	0.028
	2007	0.031	0.134	0.020	0.019	0.014	0.031	0.017	0.049	0.016	0.044
	2012	0.032	0.318	0.011	0.049	0.030	0.028	0.730	0.045	0.506	0.032
	2017	—	—	—	0.032	0.490	0.029	0.433	0.030	0.010	0.037

注：—表示数据缺省。 1987 年数据没列出的省（区、市），也说明数据缺省。

（1）从时间演进层面来看，1987—1997 年，只有 8 个省（区、市）有 1987 年数据，从这 8 个省（区、市）情况来看，除了宁夏，其他 7 个东部省（区、市）的 PREFE 值和 PREFI 值均趋于下降趋势，说明在此期间，东部地区参与国际分工网络的程度，相对于参与国内分工网络均上升了，出现了更偏好参与国际分工网络的趋势。 REG 值除了江苏略有上升，其他 7 个省（区、市）均处于下降趋势；IMI 值除了宁夏略有所下降，其他 7 个省（区、市）均处于上升趋势，可见在此期间，虽然参与国际分工程度上升了，但国内区域间的分工程度却下降了。

1997—2002 年，PREFE 值呈下降趋势的有江苏、广东等东部地区 7 个主要出口大省，和宁夏、山西等 7 个中西部省。 可见，在此期间，通过嵌入国际分工网络出口产品的程度加深。 PREFI 值呈下降趋势的有天津、江苏、广东和山东 4 个东部省（区、市），及宁夏、山西等 13 个中西部省（区、市）；IMI 值下降的有北京、辽宁等 14 个省（区、市）；REG 值上升的只有北京、吉林等 8 个省（区、市），其余 21 个省（区、市）都呈下降趋势。 可见，由于各个地区增加了自给的程度，通过嵌入国际和国内分工网络输入中间品的程度下降，参与国内区域间分工网络的趋势也下降明显。

2002—2007 年，PREFE 值内蒙古、河南等 5 个省(区、市)呈较大幅度上升趋势，吉林、上海等 5 个省(区、市)略有所上升，其他 20 个省(区、市)都呈下降趋势。 PREFI 值辽宁、吉林等 4 个东部省(区、市)略有所上升，及内蒙古、河南等 5 个中西部省(区、市)有较大程度上升外，其余 21 个省(区、市)都呈下降趋势。 可见，总体来看，又出现了相比较于国内分工网络，更偏好国际分工网络的趋势。 REG 值下降的只有江西、山东等 7 个省(区、市)。 IMI 值下降的只有内蒙古、湖南和陕西 3 个省(区、市)。 可见，在此期间参与国际与国内区域间分工网络的程度都上升了，但更偏好参与国际分工网络。

2007—2012 年，PREFE 值北京、湖南和重庆等 5 个省呈较大幅度上升趋势，广东、河北、安徽、山东、广西和四川等 8 个省(区、市)现大幅下降，其他 17 个省(区、市)基本保持不变。 PREFI 值辽宁、吉林等 4 个东部省(区、市)略有所上升，及内蒙古、河南等 5 个中西部省(区、市)有较大程度上升外，其余 21 个省(区、市)都呈下降趋势。 可见，总体来看，又出现了相比较于国内分工网络，更偏好国际分工网络的趋势。 REG 值下降的只有福建、安徽和湖南 3 个省。 IMI 值下降的只有天津、江苏、重庆、云南、甘肃和新疆 6 个省(区、市)。 可见，在此期间参与国际与国内区域间分工网络的程度均有所上升，但依旧偏好参与国际分工网络。

2012—2017 年，PREFE 值吉林、黑龙江、海南和甘肃 4 个省呈较大幅度上升趋势，浙江、福建、山西、宁夏、湖南、重庆和云南 7 个省(区、市)呈现大幅下降，其他 19 个省(区、市)依旧保持一致。 PREFI 值吉林、宁夏、河北、黑龙江、安徽、海南、云南、陕西和甘肃 10 个省(区、市)有较大程度上升外，其余 20 个省(区、市)均基本稳定。 可见，总体来看，偏好国际分工网络的趋势较为稳定。 REG 值下降的只有江苏、福建、安徽、湖南和新疆 5 个省(区、市)。 IMI 值下降的只有天津、江苏、安徽、重庆、云南、甘肃和新疆 7 个省(区、市)。 可见，在此期间尽管更偏好参与国际分工网络，但国内分工网络的参与程度有所上升。

综上所述，从各省(区、市)情况来看，1987—1997 年，中国制造业参与国际分工程度上升，但区域间的分工程度下降；1997—2002 年，通过嵌入国际分工网络出口产品的程度上升、进口中间品的程度下降，参与国内区域间分工网络的趋势下降；2002—2007 年，参与国际分工和区域间分工程度都上升，但出现更偏好国际分工网络的趋势；2007—2012 年，偏好国际分工网络趋势保持，但国内区域间分工网络参与度开始回升；2012—2017 年，在保持积极参与国际分工网络的同时，加大了对国内区域间分工网络的参与度。

全国性 PREFI 值从 1987 年的 7.127 依次下降为 1997 年的 3.284、2002 年的 2.848 和 2007 年的 2.368，2012 年开始上升至 2.586 和 2017 年的 4.381；全国性 PREFE 值从 1987 年的 3.694 依次下降为 1997 年的 2.536、2002 年的 2.123 和 2007 年的 1.748，2012 年又上升至 2.088 和 2017 年的 3.074；全国性 REG 值[①]从 1987 年的 0.259 下降到 1997 年的 0.201 和 2002 年的 0.176，2007 年又上升为 0.22 并持续上升至 2012 年的 0.428 以及 2017 年的 0.688。 可见，从全国总体情况来看，自 1987 年以来，中国制造业出现了持续的偏好参与国际分工网络的趋势并逐步提升区域间分工程度；国内区域间分工程度则出现了先下降后上升的趋势。

(2)从地区层面来看，东部沿海地区的 PREFE 值和 PREFI 值要明显小于中西部地区，到 2017 年，PREFE 值接近 1 的有上海、江苏、浙江、福建、广东、山东和湖北；PREFI 值接近 1 的有上海、江苏、福建和广东 4 个地区，中西部地区多数省 (区、市)这两个值都大于 10。 可见，东部地区制造业比中西部地区制造业更偏好参与国际分工网络。 REG 值和 IMI 值对于东部与中西部没有明显区别。

(3)结合时间和地区两个层面，尽管多数地区的这些指标都有所波动，但从总趋势来看，PREFE 值和 PREFI 值，除了北京、吉林、宁夏、黑龙江和甘肃两个值都出现上升趋势，其他各省(区、市)两个值均出现了下降趋势并逐渐平稳。 可见，相对于国内区域间分工网络，中国制造业总体上出现了更偏好参与国际分工网络的趋势。

2.中国装备制造业演变情况

中国装备制造业测算结果如表 4-3 所示。

表 4-3　中国各省(区、市)装备制造业参与国际与国内分工网络指标值变化

指标	年份	北京	天津	辽宁	吉林	上海	江苏	浙江	福建	广东	宁夏
PREFE	1987	65.406	8.616	22.047	84.929	11.618	20.734	—	—	3.643	35.448
	1992	9.672	22.684	6.917	38.449	3.894	18.786	—	—		26.773
	1997	1.802	3.184	1.439	26.708	2.163	4.278	2.050	0.632	0.558	7.040
	2002	2.909	2.105	1.149	—	1.432	0.780	2.749	—	0.514	—
	2007	0.179	2.504	2.267		0.706	0.726	1.038	0.637	0.519	5.455
	2012	5.966	1.714	3.360	20.383	1.411	1.381	1.078	0.320	0.404	13.660
	2017	10.682	2.918	3.397	—	2.218	1.706	1.371	0.289	1.037	15.436

① 全国性 $\mathrm{PREFI}=\dfrac{\sum\limits_{i}\sum\limits_{k}R_{ik}}{\sum\limits_{i}\sum\limits_{k}M_{ik}}$；全国性 $\mathrm{PREFE}=\dfrac{\sum\limits_{i}\sum\limits_{k}C_{ik}}{\sum\limits_{i}\sum\limits_{k}E_{ik}}$。

续表

指标	年份	北京	天津	辽宁	吉林	上海	江苏	浙江	福建	广东	宁夏
PREFI	1987	2.754	8.949	5.221	15.323	3.695	4.358	—	—	1.496	13.128
	1992	0.923	4.330	2.903	5.820	1.276	0.288				38.662
	1997	0.329	1.211	0.733	3.233	0.188	1.920	0.695	0.738	0.553	34.019
	2002	1.625	1.335	0.645	—	0.164	0.472	1.541		0.528	
	2007	0.811	1.564	3.035	—	0.452	0.198	0.971	2.014	0.526	17.250
	2012	1.855	0.696	3.285	1.585	0.724	0.247	1.846	0.238	0.378	21.849
	2017	2.255	1.166	3.205	—	1.128	0.230	9.784	0.152	0.601	—
REG	1987	0.583	1.401	0.247	1.790	1.231	0.371	—	—	1.328	2.25
	1992	0.247	0.766	0.192	5.781	0.329	0.160				2.96
	1997	1.168	2.229	0.208	0.462	0.086	0.635	0.057	0.294	8.596	4.315
	2002	1.234	0.711	0.190	—	0.207	0.249	0.239		1.840	3.47
	2007	0.874	1.053	0.620	—	0.995	0.163	0.144	0.866	0.785	2.36
	2012	—	0.634	0.356	0.338		0.089	0.129	0.238	0.330	5.43
	2017		0.633	0.772			0.058	0.920	0.152	0.519	
IMI	1987	0.212	0.157	0.047	0.117	0.333	0.085	—	—	0.888	0.17
	1992	0.267	0.177	0.066	0.993	0.258	0.558				0.07
	1997	3.548	1.841	0.284	0.143	0.459	0.331	0.082	0.398	15.545	0.12
	2002	0.759	0.780	0.295	0.915	1.264	0.528	0.155	0.794	3.487	
	2007	1.078	0.673	0.204	1.001	2.204	0.822	0.148	0.430	1.492	0.137
	2012	—	0.910	0.108	0.213	—	0.360	0.070	0.222	0.872	0.249
	2017	—	0.543	0.241	—		0.253	0.094	0.372	0.862	—

指标	年份	河北	山西	内蒙古	黑龙江	安徽	江西	山东	河南	湖北	湖南
PREFE	1992	53.939	—								
	1997	34.133	33.107	24.573	2.033	15.666	19.550	3.922	15.872	10.749	2.966
	2002	16.546	—	—		21.921					
	2007	7.338	—			9.590		2.650			
	2012	3.726	0.420	—	2.363	11.115	1.592	1.096	2.497	—	15.467
	2017	8.261	0.208	5.417	9.585	12.280	6.298	0.415	2.470	0.185	7.739

续表

指标	年份	河北	山西	内蒙古	黑龙江	安徽	江西	山东	河南	湖北	湖南
PREFI	1992	67.672	—	—	—	—	—	—	—	—	—
	1997	38.028	13.698	36.469	9.630	4.089	13.102	1.761	11.222	3.950	12.798
	2002	8.543	—	—	—	17.173	—	—	—	—	—
	2007	22.134	—	—	—	9.234	—	0.860	—	—	—
	2012	9.255	24.198	—	26.359	9.520	5.000	3.420	10.553	—	7.555
	2017	9.230	6.158	39.700	38.701	10.594	7.410	2.240	6.175	1.338	3.812
REG	1992	21.269	—	5.614	—	—	—	—	—	—	—
	1997	1.396	2.461	3.973	1.017	0.334	0.493	0.182	0.449	0.342	0.799
	2002	0.662	1.425	1.425	—	1.908	1.106	—	0.331	0.218	0.347
	2007	2.019	—	—	—	2.529	—	0.122	—	—	—
	2012	0.338	2.782	—	4.037	0.536	0.405	0.019	1.153	—	0.280
	2017	0.250	1.336	5.855	27.568	0.654	0.601	0.036	0.633	0.060	0.221
IMI	1992	0.310	—	—	—	—	—	—	—	—	—
	1997	0.037	0.180	0.109	0.106	0.082	0.038	0.104	0.040	0.087	0.062
	2002	0.078	—	—	—	0.207	1.106	—	—	—	—
	2007	0.091	—	—	—	0.147	—	0.142	—	—	—
	2012	0.037	0.115	—	0.153	0.056	0.081	0.005	0.109	—	0.037
	2017	0.027	0.217	0.147	0.712	0.062	0.081	0.016	0.103	0.044	0.058

指标	年份	广西	海南	重庆	四川	贵州	云南	陕西	甘肃	青海	新疆
PREFE	1992	21.083	0.103	—	—	—	—	—	—	—	22.013
	1997	9.663	—	50.905	17.394	15.203	3.021	10.631	—	2.731	30.332
	2002	4.395	4.717	—	—	—	—	—	—	—	1.673
	2007	4.374	0.797	6.944	—	—	13.135	—	1.179	0.432	6.527
	2012	7.928	9.907	65.944	0.362	4.273	2.670	1.384	0.596	—	4.929
	2017	—	18.731	4.518	1.091	7.361	0.224	3.239	0.713	12.912	1.666
PREFI	1992	10.230	0.944	—	—	—	—	—	—	—	108.399
	1997	9.209	—	2.266	6.867	22.769	6.805	8.581	—	7.608	13.597
	2002	5.012	1.937	—	—	—	—	—	—	17.531	27.347
	2007	2.766	0.465	3.836	—	—	15.158	—	2.500	6.213	21.276
	2012	15.194	4.773	15.435	2.114	77.101	51.268	1.679	41.220	—	90.510
	2017	—	4.941	6.539	2.029	52.032	107.714	7.639	41.881	25.546	67.545

续表

指标	年份	广西	海南	重庆	四川	贵州	云南	陕西	甘肃	青海	新疆
REG	1992	2.188	23.903	—	—	—	—	—	—	—	3.201
	1997	1.060	—	0.266	0.607	2.973	2.898	0.857	1.773	12.448	2.826
	2002	0.563	2.612	—	—	—	1.437	0.523	—	2.428	7.416
	2007	1.027	0.277	0.316	—	—	6.002	—	1.589	1.824	10.639
	2012	0.993	—	0.242	0.280	37.848	6.841	—	2.634	—	—
	2017	—	—	2.214	0.171	33.208	5.557	—	3.196	1.277	29.630
IMI	1992	0.214	25.333	—	—	—	—	—	—	—	0.023
	1997	0.115	—	0.117	0.088	0.131	0.426	0.100	0.008	1.636	0.121
	2002	0.112	1.349	—	—	—	—	—	2.561	0.139	0.271
	2007	0.037	—	0.082	—	—	0.239	—	0.636	0.294	0.500
	2012	0.065	—	0.016	0.133	0.491	0.133	—	0.064	—	—
	2017	—	—	0.339	0.085	0.638	0.052	—	0.076	0.050	0.439

注:—表示数据缺省。 1987 年数据没列出的省(区、市),也说明数据缺省。

(1)从 PREFE 指标来看,在有时间序列的 9 个省(区、市)中,所有省(区、市)均呈现先下降后上升的趋势。 从 PREFI 指标来看,在有时间序列的 9 个省(区、市)中,7 个省(区、市)呈现下降趋势,2 个省(区、市)呈现先上升后下降趋势。 总体来看,东部地区这两个指标都小于中西部地区。 可见,中国出现了装备制造业企业更偏好参与国际分工网络而不是国内分工网络的趋势,而且该趋势在东部地区更明显。

(2)从 REG 指标来看,在有时间序列的 10 个省(区、市)中,6 个省(区、市)呈现下降趋势,而 4 个省(区、市)呈现上升趋势。 总体来看,东部地区该指标小于中西部地区。 可见,由于各个地区装备制造业增加了自给的程度,参与国内区域间分工网络的趋势下降明显。

(3)从 IMI 指标来看,在有时间序列的 13 个省(区、市)中,8 个省(区、市)呈现上升趋势,4 个省(区、市)呈现下降趋势,福建省处于波动状态,但基本没有太大变化。 总体来看,东部地区该指标大于中西部地区。 可见,中国装备制造业参与国际分工网络的趋势增强,东部地区这种趋势更明显。

综合来看,中国装备制造业国内分工网络发展程度下降,参与国际分工网络的趋势增强,总体上出现了更偏好参与国际分工网络的趋势,这些在东部地区表现更为明显。 由于国内分工网络与国际分工网络的分立状况,企业偏好国际分工网络的趋势使得中国装备制造业二元分工网络发展有所深化。 然而，正如上文所分析的，由于跨国公司主导的国际分工网络中有相当一部分是以 FDI 方式往中国延伸，这些在华外资企业的发包与承接外包活动实际上是在跨国公司主导的国际分工网络内，但受数据限制，本研究无法把这部分的分工从所算的国内分工网络中剥离出来，使得本土企业主导的国内分工网络发展程度估算值实际上偏高。

对比表 4-2 和表 4-3 可以发现，中国装备制造业与中国制造业一样，都出现了更偏好参与国际分工网络。而且根据各指标值来看，装备制造业偏好国际分工网络的情况比制造业更严重。

第 3 节　二元分工网络形成因素：实证分析

由于装备制造业参与分工网络的指标缺失比较多，所以本研究只能用中国制造业数据来继续讨论影响中国企业嵌入国内外分工网络的因素。

一、分工网络影响因素分析

根据斯密定理，市场容量决定劳动分工。开放条件下的市场容量不仅包括地区市场规模，还包括进出口。同时，进出口也会影响分工形式，一般来说，中间投入品的进出口会增强生产迂回程度，但大量中间投入品进口也可能造成生产迂回的泄露效应，使得国内产业链条比较短。Yong（1928）认为，生产迂回程度的加强是最重要的分工形式之一。2010 年在华 FDI 加工贸易出口额占全国加工贸易出口额的 83.86％，FDI 进入一方面形成了大量跨区域的合资、合营企业集团，促使地方政府之间加强区域经济合作，促进区域间分工合作；另一方面，大量 FDI "两头在外"造成产业关联的泄露效应，会减弱区域间的分工合作。

改革开放之后，中国经济的快速增长始终伴随着地方保护和市场分割（陆铭 等，2009），不管是基于地方政府追逐经济效益最大化，寻求经济社会稳定的目标，还是分权体制下地方政府间的竞争，地方政府都有动力干预市场，因此，地方政府干预是影响中国区域参与国际分工网络与区域间分工网络的重要变量。

地理因素也是需要控制的变量，本研究选取地区技术或经济差距来体现。技术或经济落后的地区，一方面可能会选择不按静态的比较优势加入全国的分工体系，而是通过市场分割和地方保护主义来发展本地的"战略产业"，以期提高在未来分享地区间分工利益的谈判中的"威胁点",甚至可能扭转当地的比较优势(陆铭 等,2009);另一方面,相对于国内其他较发达地区,其参与国内分工网络的机会也相对较少,往往沦陷为简单的原材料和劳动力输出地。而技术或经济领先的地区出于产业发展的需求,有内在动力从国内其他地区输入资源、劳动密集型中间品,从国外进口关键零部件和技术密集型的中间品,并向国内其他地区和国外输出产品。 因此,一般来说技术或经济水平越高的地区,其参与国内与国际分工的积极性越高。

二、模型设定与数据来源

(一)模型设计

基于以上分析,本研究设计计量分析模型如下:

$$\ln\text{NETWORKS}_{it} = a_0 + a_1\ln\text{IM}_{it-1} + a_2\ln\text{EX}_{it-1} + a_3\ln\text{FDI}_{it}$$
$$+ a_4\ln\text{GDP}_{it} + a_5\ln\text{PGI}_{it} + a_6\ln\text{GOV}_{it} + \varepsilon_{it} \qquad (5)$$

NETWORKS 表示企业参与分工网络的程度,分别以 REG、IMI、PREFI 和 PREFE 为被解释变量进行回归。 IM 和 EX 分别表示地区的进口额与出口额,考虑到进出口可能存在"自我选择"行为,即参与国内分工网络与国际分工程度比较高的地区,进出口水平比较高,而不是进出口影响了地区企业参与分工网络。 这种自我选择会导致进出口变量与企业参与分工程度之间存在内生性问题。 为此本研究使用滞后一期的进出口变量来减小可能的内生性。FDI 表示地区的外商投资额,对区域内分工网络发展,FDI 可能存在"自我选择"行为,但对该地区企业参与国内外分工网络,FDI 存在"自我选择"行为的可能性比较小,因为吸引 FDI 的主要是该地区的发展状况,而不是其与其他地区的产业关联情况。

为此,本研究不考虑 FDI 与被解释变量之间的内生性问题。 GDP 表示地区的国民生产总值,可以体现一地区的市场需求容量。 PGI 表示地区的技术水平或经济地位在全国的相对地位,借鉴陈敏等(2007),用地区的人均 GDP 与全国人均 GDP 的比率表示。 该比率越大,说明该地区的技术水平或经济地位相对于全国越高。 GOV 表示地方政府干预程度,借鉴陆铭等(2009),用扣除了科教文卫这类具有较强公共品性质的政府支出占地区 GDP 的比重来表示。 该变量能衡量地方政府对于财政的考虑,一般来说,该变量越大,政府越有激励出于财政的考虑来干预市场。 ε_{it} 为随机扰动项。

(二)数据来源

除了被解释变量的数据来自各省(区、市)的投入产出表,其他数据均来自历年中国统计年鉴。 由于 2012 年和 2017 年部分省份缺失数据,因此选取 1997 年至 2007 年时间段建立完整面板数据,IM、EX 和 FDI 均用汇率换算成亿元后,IM、EX 和 GDP 以消费价格指数将其折算为 1991 年不变价,FDI 以固定资产价格指数将其折算为 1991 年不变价。

三、实证结果分析

本研究样本时间很短,不需要进行单位根检验来判断变量是否平稳。 利用 Hausman 检验来确认采用固定效应还是随机效应进行估计,估计结果如表 4-4、4-5 和 4-6 所示。

表 4-4　参与分工网络的影响因素分析(被解释变量为:PREFI)

变量	模型 1	模型 2	模型 3	模型 4
C	33.3542 (11.986)***	40.6991 (4.355)***	12.0249 (1.408)	32.5061 (11.465)***
lnPGI		−3.3454 (−1.910)**		
lnGDP		−2.2484 (−1.408)	2.6594 (1.187)	
lnGOV			−28.3553 (−2.3233)**	
lnEX	3.9389 (2.125)**		6.1863(3.438)***	4.666 (2.408)**
lnIM	−8.5320 (−4.658)***		−9.7573 (−5.914)***	−8.0946 (−4.410)***
lnFDI		−2.3364 (−2.021)**		−1.3349 (−1.199)
Hausman 统计量	1.436	3.575	2.514	2.750
模型选择	随机效应	随机效应	固定效应	随机效应
ADJ-R^2	0.491	0.363	0.888	0.500
F 值	43.853***	17.935***	22.419***	30.721***

注:括号内的数值为系数的 t 统计值,*、**、*** 分别代表系数在10%、5%、1%水平下显著。 下同。

表 4-5　参与分工网络的影响因素分析（被解释变量为：REG）

变量	模型 1	模型 2	模型 3
C	$-0.0116(-0.284)$	$-0.0813(-1.050)$	$0.1655(7.310)$ ***
lnPGI		$0.0187(0.967)$	$0.0363(1.644)$
lnGDP	$0.0518(5.355)$ ***	$0.0571(2.770)$ ***	
lnGOV		$-0.3481(-2.203)$ **	
lnEX	$0.0379(3.401)$ ***	$0.0570(3.681)$ ***	$0.0600(4.938)$ ***
lnIM	$-0.0493(-5.209)$ ***	$-0.0741(-6.963)$ ***	$-0.0401(-3.011)$ ***
lnFDI	$-0.0217(-4.008)$ ***		$-0.0183(-5.897)$ ***
Hausman 统计量	10.725 ***	16.397 ***	8.851 **
模型选择	固定效应	固定效应	固定效应
ADJ-R^2	0.957	0.925	0.947
F 值	60.667 ***	33.104 ***	48.850 ***

表 4-6　参与分工网络的影响因素分析

被解释变量	IMI	IMI	IMI	PREFE
C	0.0867 (3.6764) ***	0.0810 (5.258) ***	0.0950 (5.015) ***	-13.5318 (-1.314)
lnPGI	-0.0819 (-4.650) ***	-0.0851 (-4.969) ***		13.4107 (4.803) ***
lnGDP	-0.0026 (-0.509)		-0.0237 (-4.505) ***	5.6509 (2.896) ***
lnGOV	-0.0662 (-3.562) ***	-0.0668 (-3.616) ***		27.6268 (3.325) ***
lnEX	0.0046 (0.919)	0.0049 (1.164)	0.0129 (2.262) **	-7.2389 (-3.701) ***
lnIM	0.0135 (3.715) ***	0.0118 (4.331) ***	0.0187 (5.000) ***	4.0578 (1.970) *
lnFDI	-0.0016 (3.715)	-0.0024 (-1.918) *	-0.0063 (-3.332) ***	-5.8425 (-6.854) ***
Hausman 统计量	13.497 **	18.532 ***	2.880 *	2.619
模型选择	固定效应	固定效应	固定效应	固定效应
ADJ-R^2	0.919	0.928	0.964	0.930
F 值	29.941 ***	34.750 ***	73.979 ***	34.955 ***

表 4-5 和表 4-6 的 lnEX 系数表明,出口增长会使得中国省市中间品投入中来自进口和来自省外的比重都增加。 而表 4-4 的结果表明,出口增长会使得中国各省市更偏好从国内其他省市输入中间投入品,这意味着,一个省市出口额增长,会促使其加强与省内外和国外的分工合作,相比较而言,与国内其他省市的产业关联效应更强。 其原因可能在于,由于中国技术水平比较低,一些关键零部件需要进口,由此发生"为出口而进口",但由于中国出口的主要是劳动密集型产品,资源与劳动依赖性比较大,因此,出口增长会更大程度地增加与国内其他省市的产业关联。

目前中国出口额一半左右是由 FDI 推动的,出口增长与 FDI 增长是个相伴随的过程,即外资企业进入推动出口增长的同时,也使得原来需要进口的一部分中间投入品现在由在华外资企业提供。 这从表 4-5 和表 4-6 的 lnEX 系数也可看出,一个地区外资投资额的增长,的确使得该地区从省外和国外引进的中间品下降;而表 4-4 的 lnFDI 系数表明,一个地区外资投资额的增长,会使得该地区从省外引进的中间品比率下降幅度大于从国外引进的中间品比率下降幅度,使得相比较于国际分工而言,国内区域间的分工程度下降更大,表现为国内企业更不偏好国内区域间分工网络。 这与 FDI 所主导的分工网络相对比较封闭也有较大关系,一方面一个地区外资企业进来,由于外资企业由其主导的全球分工网络来提供中间品,由此外资进入往往会促进中间品进口得增多,使得该地区进口规模量增大,但由于外资企业增多,其提供的产品可以部分替代进口,使得进口额相对于区域内自给的比率下降;另一方面,外资企业为了强化其主导的全球生产网络优势,会对加盟的企业构筑相当高的质量、财务、运营等方面的门槛,本土企业一般较难进入外资企业所主导的较为封闭的分工网络中,且外资企业"两头在外"的出口导向发展模式比较突出,因此随着外资企业规模增大,区域间分工的程度反而下降了。

表 4-4 和表 4-5 的 lnIM 系数表明,进口增长会使得中国各省市更偏好从国外输入中间投入品,即进口对从省外输入中间品带来了挤出效应和替代效应,这说明中国国内产业链条还比较短,进口的产品种类也有待扩展,进口的中间投入品种类还没有实现 Halpern 等(2009)所提出的与国内制造的中间品投入种类通过互补机制创造"整体大于局部"的收益效应。 且表 4-6 说明,滞后一期的进口会增加各省市进口额相对于自给的比率,说明进口有一定的路径依赖性。

表 4-5 和表 4-6 的 lnGOV 系数表明,政府干预会使得各省市内自身供给的中间品比重增多,促进了该省市地区内的分工,而弱化了中间品投入对国内其他省市和国外的输入依赖,但表 4-4 的系数表明,政府干预使得各省市对国

内其他省市中间投入依赖的下降幅度要大于对进口依赖的下降幅度,导致各省市更不偏好参与国内区域间分工。 可见,地方政府出于财政或当地经济发展的考虑,有动力通过各种措施来扩大当地产业,这使得产业分工网络的区域封闭性增强,与其他地区和国外的产业关联性下降。

从表 4-6 的 lnPGI 系数看,随着经济或技术水平的提高,中间品投入中进口比重降低,但表 4-5 系数并不显著;从表 4-4 系数来看,经济或技术水平的提高会使得该省市越偏好从国外而不是从省外输入中间投入品。 可见,经济或技术水平的提高,会直接提升该地区的自供给能力,对进口与省外输入都带来了挤出效应,但对省外输入的挤出效应更强。 根据前文的理论分析,随着经济或技术地位的提高,一个地区应该会增加对其他省市和国外中间品引入的需求,中国之所以会出现相反的情况,可能主要有两个原因,一是多数省市内的产业发展水平还较低,目前还处在扩大产业规模的阶段,还没有进入通过产业区域转移或中间品进行大量的区域或国际外包的较高级阶段,这也在某种程度上说明,中国地区经济发展走的主要是产业规模扩张而不是产业环节高端化发展的道路。

从表 4-4 的 lnGDP 系数来看,随着地区内需求增长,中间品投入中从国内其他省市输入的比重提高,表明市场规模增大对区域间分工有促进作用。 而表 4-5 的系数表明,随着地区内需求增长,中间品投入中进口的比重下降,这有三种可能,一是区域 GDP 增长是与当地产业发展相伴随的,GDP 增长的同时当地产业供给能力提升,但由于产业发展水平还比较低,对其他地区的中间品需求程度增加,而对国外技术相对密集的中间品的需求相对程度下降;二是中国各地区的需求层次比较低,所增加的需求主要是中低层次的,因此会增加对其他省市技术水平比较低的中间品的派生需求,而减少对国外技术相对密集的中间品的派生需求相对程度;三是区域 GDP 增长会吸引 FDI 进入,使得原来需要进口的部分中间品可以由当地 FDI 企业来提供。 但从表 4-6 来看,其是否使得企业更偏好国内区域间分工而不是国际分工的影响并不显著。

继续以 PREFE 为被解释变量进行回归,结果如表 4-5 所示,经济或技术水平提高、区域内市场需求规模增大和政府干预增多,会使得该地区生产的产品中输出到国内其他地区的比重,相比较于出口的比重上升。 前文分析说明,经济或技术地位的提高、区域内市场需求规模的增大和政府干预的增多,主要通过当地产业发展来提升当地的供给能力和分工水平,但回归结果表明供给能力的提升主要是增加对其他地区的输出比重,而降低了出口的相对比重。这说明国内竞争力的提升相对于国际竞争力的提升要更容易些,同时也说明目前中国区域中间品供给能力的提升主要体现在较低层次的产品或环节上。

进口增多会使得该地区生产的产品中输出到国内其他地区的比重，相比较于出口的比重上升了，这说明虽然出现了"为出口而进口"的现象，其实进口在更大程度上促进了省市间的产品流动，即存在更明显的"为出省而进口"的现象。 这从另一角度说明了，进口的增多，更大地提升了企业满足国内市场需求的能力。

出口和外商投资增多，使得该地区生产的产品中输出到国内其他地区的比重，相比较于出口的比重下降了，说明出口和 FDI 增多带来国际分工程度提升的同时，对国内区域间分工程度造成了一定的抑制效应。 可见出口和 FDI "两头在外"的发展模式对区域间的产业关联带来了泄露效应和挤出效应。

尽管以上回归分析所用数据是整个中国制造业的，但由于中国装备制造业的进出口占全国货物进出口的半壁江山，而且中国装备制造业 FDI 所占比重比较高，因此，中国制造业数据的回归结果可以一定程度上体现出中国装备制造业的情况。

此外，本研究的实证数据只到 2007 年，而 2008 年金融危机后，由于中国政府的 4 万亿投资，整个市场对装备制造业的市场需求迅速扩张，中国装备制造业销售额从 2008 年的 148 265.35 亿元增长到 2012 年的 212 717.37 亿元，增长了43.47％。 然而，一方面，由于国内中小型配套企业的配套能力无法在短期内迅速提升，很多整机型企业又增加了内部供给能力；同时，市场需求增长使得一些原本专注于零部件生产的企业延伸产品线进入整机生产；还有企业因市场需求增长扩大产能而带来外购设备和零部件增多，由此乘机进入更多环节提升企业内部自给能力，[①]这些使得中国装备制造业的零部件和生产性服务业务外包比率下降，产业规模扩大并没有相应带来国内分工网络发展。 另一方面，随着整个市场需求的增长，下游企业在扩大产能过程中增加设备采购，但由于改革开放以来中国下游企业大量进口国外设备，因此，设备进口增多，同时也带来中国中间品出口需求的增多，而且一些下游企业在采购国产设备时往往要求关键零部件需要从国外进口，造成国内市场需求的上升，也同时提升了对国际分工网络的依赖。

据统计，中国装备制造业中间品进口额从 2008 年的 3 089.29 亿美元增长到 2022 年的 7 179.57 亿美元，增长了 132.40％；装备制造业资本品进口额从 2008 年的 2 045.01 亿美元增长到 2022 年的 2 447.43 亿美元，增长了19.68％；

---

① 典型的如三一重工,因扩大产能过程中每年机床外购额达几亿元,因而于 2009 年建立三一精机有限公司,专门生产机床。

装备制造业中间品出口额从 2008 年的 2 652.659 亿美元增长到 2022 年的 8 083.79亿美元,增长了 204.74%;装备制造业资本品出口额从 2008 年的 3 778.88亿美元增长到 2022 年的 8 507.43 亿美元,增长了 125.13%,[①]这些增长率基本大于同期中国装备制造业销售额增长率,这在一定程度上说明,2008 年后企业参与国际分工网络的程度有所提升。[②]

第 4 节　二元分工网络形成进一步分析:基于"为出口而进口"演变机制

一、引言

上一节分析表明,进口和出口是影响企业参与国际分工网络和国内分工网络,从而影响二元分工网络形成的重要因素。 具体到中国装备制造业,大进大出是其重要的一个特性。 从表 4-7 可见,1993 年中国装备制造业出口额占全国货物出口的比重只有 20%,而其进口额占全国货物进口的比重高达 45.9%,装备制造业的贸易逆差 293.5 亿美元,是全国货物贸易逆差 122.2 亿美元的 2.4 倍。 到 1998 年,中国装备制造业出口占全国货物出口的比重已超过 30%,2002 年超过 40%,2005 年开始稳居 50% 以上的份额,并实现从贸易逆差转向贸易顺差。 与此相伴随的是中国装备制造业产业规模迅速增长,到 2009 年产值规模居全球第一位。

但一个突出现象是,在中国装备制造业产业规模和出口规模大幅增长的同时,中国装备制造业的进口规模也在快速增长,如表 4-7 所示,从 1993 年的 477.4 亿美元增长到 2021 年的 11 154.2 亿美元,增长了 22.36 倍;而且 1993—2021 年其进口额占全国货物进口额比重基本保持在 45% 左右,2002—2007 年甚至高达 50% 以上。 为何中国装备制造业在供给能力和出口能力快速增长的同时,还高度依赖进口?

---

① 　行业数据来自历年《中国统计年鉴》,进出口数据来自联合国统计司国际贸易数据库(UN-COMTRADE),资本品和中间品的分类采用联合国经济和社会事务部统计司《经济大类分类标准》(BEC)的分类法。

② 　2023 年中国工业机器人行业市场概况分析:自主品牌市占率 30% 左右[EB/OL]. (2023-04-21)[2023-05-06]. https://baijiahao.baidu.com/s? id＝1637533331928810081&wfr ＝spider&for＝pc.

表 4-7 中国装备制造业进出口状况

年份	装备制造业/亿美元		全国货物总贸易/亿美元		装备制造业贸易占比/%	
	出口	进口	出口	进口	出口	进口
1993	183.9	477.4	917.4	1 039.6	20.0	45.9
1994	259.7	549.3	1 210.1	1 156.1	21.5	47.5
1995	363.9	567.1	1 487.8	1 320.8	24.5	42.9
1996	405.8	589.1	1 510.5	1 388.3	26.9	42.4
1997	500.1	569.1	1 827.9	1 423.7	27.4	40.0
1998	568.7	612.7	1 837.1	1 402.4	31.0	43.7
1999	662.1	747.2	1 949.3	1 657	34.0	45.1
2000	919.4	993.3	2 492.0	2250.9	36.9	44.1
2001	1 039.7	1 164.2	2 661.0	2 435.5	39.1	47.8
2002	1 375.7	1 503.5	3 256.0	2 951.7	42.3	50.9
2003	2 028.9	2177.3	4 382.3	4 127.6	46.3	52.7
2004	2 898.9	2 927.5	5 933.3	5 612.3	48.9	52.2
2005	3 811.5	3 394.4	7 619.5	6 599.5	50.0	51.4
2006	4 905.9	4 149.8	9 689.8	7 914.6	50.6	52.4
2007	6 245.1	4 822.0	12 204.6	9 561.2	51.2	50.4
2008	7 291.2	5 201.7	14 306.9	11 325.7	51.0	45.9
2009	6 398.2	4 755.1	12 016.1	10 059.2	53.2	47.3
2010	8 463.3	6 404.0	15 777.5	13 962.4	53.6	45.9
2011	9 794.1	7 302.7	18 986.0	17 434.6	51.6	41.9
2012	10 619.4	7 597.8	20 487.1	18 184.1	51.8	41.8
2013	11 435.3	8 175.1	22 090.0	19 499.9	51.8	41.9
2014	11 989.6	8 291.8	23 422.9	19 592.4	51.2	42.3
2015	11 746.5	7 814.5	22 734.7	16 795.6	51.7	46.5
2016	10 871.7	7 489.6	20 976.3	15 879.3	51.8	47.2
2017	11 875.8	8 318.9	22 633.4	18 437.9	52.5	45.1
2018	13 149.4	9 412.7	24 867.0	21 357.5	52.9	44.1
2019	13 071.0	8 840.4	24 994.8	20 784.1	52.3	42.5
2020	13 796.6	9 270.2	25 899.5	20 659.6	53.3	44.9
2021	17 694.0	11 154.2	33 630.2	26 871.4	52.6	41.5

资料来源：联合国统计司国际贸易数据库(UN-COMTRADE)及历年《中国统计年鉴》。

以出口导向为特征的下游行业为了满足全球价值链中"买方驱动者"的各项标准,只能动态地引进国外设备,造成了对上游本土装备制造部门市场空间的挤压和替代效应(陈爱贞 等,2008)。 巫强等(2009)将产品质量偏好引入垄断竞争的贸易模型,发现在产品质量提高后,消费品厂商面对的国际市场需求会增加;进口合适的机器设备能提高消费品厂商短期出口规模与利润,并导致该行业的整体出口扩张,由此出现了"为出口而进口"或"进口引致型出口"的现象。 现有文献主要分析的是,下游行业为出口而大量引进机器设备的机理。 但2005年中国装备制造业出口占全国货物出口的比重就达到了50%,出口的主力军已经变成装备制造业,那"为出口而进口"机理是否会发生变化? 其对中国装备制造业二元分工网络的形成有什么样的影响?

二、为"出口而进口"演变机理

装备制造业的两个重要特性是:(1)装备制造业是典型的专业供给商行业(specialized supplier industry)(Pavitt,1984),作为制造业的工作母机与中间品,专用性往往比较强,因此装备制造业的发展是内生于下游行业的需求;(2)设备作为复杂产品的技术特性决定了其生产过程相对比较复杂、生产工序比较多,因此具有装配型特性,生产工序可分离性比较强。 因此,当一个发展中国家产业发展水平比较低,而又不对外开放,则其制造业发展水平比较低,对装备制造业需求低;同时,装备制造业技术水平低也会约束其产业垂直分工,从而制约下游制造业发展水平。

从国际产业转移发展历程来看,主要沿着"日用消费品—电子消费品—机械设备"演进,多数发展中国家的下游日用消费品和电子消费品行业率先相继承接国际产业转移,并出口这些产品。 由于这些出口的产品需要符合国际市场需求,因此发展中国家下游行业对生产设备更新、升级的需求随之提高。但由于装备制造业多属于知识与技术密集型,发展中国家机械设备技术含量相对比较低,国产设备与国外设备的技术差距迫使下游企业只能引进国外设备,为此出现了下游行业为出口而引进机械设备的现象。 由此随着下游行业出口的增多,对成套设备的进口需求也随之递增。

一方面,随着大量设备进口增多,技术溢出效应和竞争效应往往会推动发展中国家设备企业进行技术创新;另一方面,随着国际产业转移逐级深化,尤其是发达国家设备市场日趋饱和,外资设备企业开始大量进入发展中国家,由此也会推动发展中国家装备制造业的发展。 此外,设备的装配型特性,也为发展中国家装备制造业参与国际分工和出口提供了机会(Gereffi et al.,2005)。

但由于受核心技术限制，一些关键的基础零部件如轴承、液压件和密封件等，往往存在水平低、品种少、满足度低及质量不稳定等问题，因此往往还需要依赖进口和外资企业。 为此，往往会出现随着装备制造业出口增多，对中间品进口的需求也增多的现象。 同时，与发达国家在基础零部件和基础机械上的差距，会直接影响发展中国家专用设备的综合技术水平，从而制约体现综合科技创新能力和制造实力的重大成套装备产品的发展；一些基础机械产品如数控系统、发动机，是多数发展中国家装备制造业突出的薄弱环节，由此会严重制约"高精尖"装备的发展。 因此，随着国际产业转移逐级演进，发展中国家往往会出现以"为下游出口而引进成套设备"为主向、"为设备出口而引进中间品"与"为下游出口而引进成套设备"共存演变的趋势。

随着装备制造业成为出口主力军，会进一步往以"为设备出口而引进中间品"为主的方向演进。 但装备制造企业作为资本品生产者，其高端化发展所需要的默示性知识（tacit knowledge）很难物化于设备中（Kim et al.，2008），因此，发展中国家装备制造业要从"为设备出口而引进中间品"的国际垂直分工模式，往"出口成套设备同时进口成套设备"的水平差异化分工模式发展，往往困难重重。

三、中国装备制造业的出口与进口演变

如表 4-8 所示，1993 年以来，中国装备制造业出口以整套设备为主，中间品比重较为稳定地保持在 35％左右，其中电气机械及器材制造业出口中间品比重最大，且从 1993 年的 50.3％上升到 2021 年的 72.5％；电子及通信设备制造业出口中间品比重最小，并在 2017 年制造业分类新标准之后明显下降至 1％左右。[①] 如表 4-9 所示，进口 1997 年之前以整套设备为主，1997 年之后演变为以中间品为主，进口品中中间品比重从 1994 年最低值 31.8％上升到 2021 年 60.4％，其中电气机械及器材制造业进口中间品比重一直高居 81％~94％之间；专用设备制造业进口中间品自 1997 年以来基本保持在 20％左右；仪器仪表及文化办公机械制造业进口中间品比重从 1993 年的 59.3％上升到 1998 年的 73.7％之后，又一路下降到 2021 年的 27.6％。

[①] 国家统计局根据新旧国民经济行业的对应关系，进行了行业结构的对应调整和行业编码的对应转换，形成《高技术产业（制造业）分类（2017）》，其中装备制造业的有关行业有所改动。

表 4-8 装备制造业中间品出口占总出口比重

单位:%

年份	普通机械制造	专用设备制造	交通运输设备制造	电气机械及器材制造	电子及通信设备制造	仪器仪表及文化办公机械	整个装备制造
1993	30.7	21.2	23.6	50.3	21.1	42.8	33.6
1994	30.1	21.0	21.4	46.7	19.9	41.4	31.8
1995	32.9	19.8	19.8	50.0	20.0	42.4	33.0
1996	35.1	20.0	21.6	50.9	20.2	42.9	33.5
1997	34.7	23.0	25.0	51.7	20.5	44.3	34.7
1998	34.2	22.2	22.3	53.5	18.8	50.7	35.0
1999	37.7	26.8	26.9	55.1	19.1	53.7	37.7
2000	39.8	28.5	25.8	56.5	19.2	58.5	38.3
2001	41.2	29.5	28.9	55.1	19.1	66.4	39.1
2002	41.4	31.9	33.3	56.5	18.2	71.2	40.1
2003	40.0	34.8	28.5	58.6	15.9	69.8	37.4
2004	38.3	35.2	33.6	61.4	14.8	67.2	36.6
2005	38.1	33.4	34.9	62.3	15.1	61.3	35.9
2006	40.4	30.1	34.3	65.0	15.2	59.7	36.4
2007	41.8	28.8	31.6	65.5	14.8	44.1	34.7
2008	44.0	29.5	29.8	66.6	15.2	41.7	35.5
2009	43.6	27.8	27.3	65.9	14.0	40.7	34.0
2010	44.0	29.2	25.6	67.9	14.7	38.5	35.1
2011	44.8	28.6	25.9	67.1	15.2	37.4	35.3
2012	43.7	27.3	28.8	69.9	14.3	35.4	35.9
2013	42.6	26.7	34.9	71.9	15.3	35.0	38.5
2014	43.2	26.6	32.2	69.6	14.2	36.7	36.8
2015	43.4	25.1	36.5	70.9	15.1	36.2	38.4
2016	42.8	25.6	41.1	71.3	15.7	36.1	38.8
2017	43.4	24.6	38.0	71.1	1.0	31.6	33.7
2018	43.7	23.8	37.8	71.7	0.8	36.3	34.8
2019	43.3	23.1	39.9	73.1	0.8	32.4	36.2
2020	40.9	20.4	40.1	71.8	0.6	31.9	35.7
2021	41.9	22.2	35.0	72.5	0.6	30.7	37.0

资料来源:联合国统计司国际贸易数据库(UN-COMTRADE)。

表 4-9　装备制造业中间品进口占总进口比重

单位：%

年份	普通机械制造	专用设备制造	交通运输设备制造	电气机械及器材制造	电子及通信设备制造	仪器仪表及文化办公机械	整个装备制造
1993	26.9	12.9	23.1	82.4	39.7	59.3	32.9
1994	24.8	11.8	13.4	81.2	37.0	61.0	31.8
1995	25.4	14.2	27.8	81.7	40.3	61.2	37.9
1996	25.7	14.3	35.2	81.9	53.3	65.3	41.1
1997	33.9	22.2	32.0	82.7	60.4	71.5	50.9
1998	40.8	27.6	32.0	84.8	43.2	73.7	54.1
1999	40.5	22.5	41.7	86.4	42.7	68.4	56.0
2000	38.1	20.5	50.1	86.7	47.1	67.1	58.7
2001	35.2	17.5	38.7	87.0	43.8	65.8	55.9
2002	34.4	16.9	41.1	87.4	40.6	58.0	56.3
2003	36.2	16.8	46.6	88.8	38.7	48.0	56.1
2004	36.2	16.5	45.2	90.0	45.9	41.5	57.0
2005	38.2	17.7	41.6	91.4	46.5	41.0	59.8
2006	40.9	16.7	38.2	91.4	45.3	40.5	60.5
2007	43.2	18.1	37.7	91.2	43.3	38.9	60.8
2008	44.2	20.2	35.5	91.2	41.1	40.2	60.1
2009	46.8	21.4	37.0	91.0	40.1	41.3	60.8
2010	46.3	19.7	33.7	90.8	39.7	40.4	59.2
2011	44.6	17.7	31.7	90.4	42.3	42.2	57.9
2012	43.7	19.4	29.1	91.6	42.6	31.0	57.3
2013	45.5	19.8	28.5	91.5	47.5	30.7	59.7
2014	46.0	18.8	26.8	91.1	47.7	32.6	58.3
2015	47.1	18.5	28.4	92.1	49.9	32.5	61.1
2016	49.9	17.6	30.4	92.7	52.5	31.6	62.3
2017	49.0	14.3	17.2	93.1	3.0	25.0	55.2
2018	48.8	12.8	17.7	92.7	2.2	26.5	56.0
2019	50.0	13.4	19.6	93.1	1.9	28.9	57.8
2020	50.4	13.3	21.7	93.5	1.8	27.8	59.9
2021	50.0	13.2	21.7	93.7	1.7	27.6	60.4

资料来源：联合国统计司国际贸易数据库（UN-COMTRADE）。

从表 4-10 出口国分布来看,中国装备制造业出口到美、日、德等六国的比重上升至 1998 年的 50％后,一路下降到 2021 年的 33％,其中出口到日本的比重从 1996 年的最高值 15.5％逐渐下降到 2021 年的 4.5％,出口到美国的比重也呈下降趋势,而出口到韩国的比重由 1993 年的 1.2％上升到 2021 年 4.2％。 这六个国家也是中国装备制造业的重要进口国,1993—1999 年中间品进口中来自这六个国家的比重都保持在 60％以上,2000 年以来该比重趋于下降,到 2021 年下降到 35.9％;1999 年之前,中国装备制造业中间品进口中来自日本的比重占 30％以上,其中 1995 年高达 39.2％,但之后趋于下降,到 2021 年所占比重低于来自韩国的比重;来自美国的进口比重也降低了一半,而来自韩国的比重趋于较快上升趋势,从进口量来看已超过日本。 总体来看,中国装备制造业出口国分布的集中度要明显低于其中间品进口国分布的集中度,但都出现了集中度趋于分散的态势;美国是中国装备制造业最大的出口国和贸易顺差来源国,2021 年顺差额达到 3 936.7 亿美元,占中国装备制造业贸易顺差总额 60.2％左右;日、韩、德是中国装备制造业中间品最大的进口国,也是中国装备制造业主要的贸易逆差来源国,2021 年三国逆差总额达1 090.7亿美元。

表 4-10　中国装备制造业出口与中间品进口国家分布情况

单位:％

年份	出口分布							中间品进口分布						
	日本	韩国	美国	德国	英国	法国	汇总	日本	韩国	美国	德国	英国	法国	汇总
1993	11.6	1.2	21.5	4.9	2.6	1.6	43.4	34.0	3.6	10.1	8.3	1.9	2.1	60.0
1994	12.2	1.5	23.0	4.8	2.5	1.3	45.3	36.8	4.9	8.5	6.8	2.4	2.0	61.4
1995	14.3	2.0	20.3	4.6	2.3	1.4	44.9	39.2	5.1	9.5	6.5	1.8	1.7	63.8
1996	15.5	3.1	20.7	4.6	2.7	1.4	48.0	35.8	6.6	10.5	6.6	1.4	1.7	62.6
1997	14.5	3.1	21.5	4.5	2.8	1.4	48.0	33.1	7.5	11.5	6.4	1.4	2.3	62.6
1998	13.3	2.7	23.8	5.1	3.2	1.9	50.0	30.0	6.9	12.2	7.3	1.9	2.6	60.9
1999	12.7	3.2	24.0	5.2	3.0	1.7	49.8	29.7	8.2	11.5	6.3	2.1	2.5	60.3
2000	12.2	3.4	22.7	4.9	3.1	1.8	48.1	26.6	8.8	8.7	5.9	1.8	2.6	54.4
2001	12.7	3.6	21.6	4.8	2.9	1.5	47.1	24.7	8.1	9.9	6.8	1.7	2.3	53.5
2002	12.2	3.4	22.8	4.5	2.6	1.3	46.8	23.9	8.6	7.5	6.0	1.0	1.9	48.9
2003	11.3	3.3	22.8	5.2	2.4	2.2	47.2	23.7	10.4	5.6	6.4	0.7	1.6	48.4
2004	10.1	3.7	22.6	5.2	2.6	2.1	46.3	21.6	12.2	6.2	5.6	0.7	1.3	47.6
2005	9.1	3.5	22.1	5.2	2.3	1.6	43.8	19.2	14.7	5.9	4.3	0.7	1.3	46.1

续表

年份	出口分布							中间品进口分布						
	日本	韩国	美国	德国	英国	法国	汇总	日本	韩国	美国	德国	英国	法国	汇总
2006	7.8	3.4	21.8	5.1	2.2	1.5	41.8	18.1	14.6	6.3	4.4	0.7	1.3	45.4
2007	7.0	3.6	19.6	4.7	2.4	1.9	39.2	17.0	14.2	5.8	4.9	0.6	1.2	43.7
2008	6.7	4.3	17.7	4.8	2.2	1.7	37.4	17.2	13.8	5.9	5.6	0.7	1.3	44.5
2009	6.5	4.4	18.3	4.4	2.2	1.8	37.6	17.0	14.5	5.8	5.7	0.6	1.3	44.9
2010	6.5	4.2	17.9	4.7	2.1	1.7	37.1	15.4	15.8	5.5	5.6	0.5	1.2	44.0
2011	6.5	4.1	17.6	4.1	1.9	1.5	35.7	15.9	15.6	4.8	5.9	0.5	1.2	43.9
2012	6.6	4.4	17.8	3.5	1.8	1.2	35.3	14.1	17.1	4.9	5.7	0.6	1.2	43.6
2013	6.2	4.4	17.2	3.1	1.9	1.0	33.9	11.4	17.4	6.4	5.7	0.5	1.1	42.5
2014	7.1	4.7	19.1	5.6	2.7	1.7	40.9	11.6	17.8	6.3	6.4	0.5	1.1	43.7
2015	5.6	4.7	17.1	3.2	2.0	1.0	33.6	10.7	16.9	6.0	5.5	0.5	1.1	40.7
2016	5.8	4.6	19.0	3.4	2.0	1.0	35.8	11.6	18.0	5.4	5.2	0.5	1.1	41.6
2017	5.6	4.5	19.8	3.4	1.9	1.1	36.4	10.9	18.7	5.7	5.0	0.5	1.1	41.8
2018	5.4	4.4	20.1	3.4	1.9	1.2	36.3	10.3	19.6	5.5	4.8	0.5	1.1	41.7
2019	5.3	4.5	17.4	3.5	2.1	1.2	34.0	10.4	16.3	5.9	4.6	0.5	1.2	38.8
2020	5.0	4.2	17.7	3.6	2.3	1.2	34.0	9.8	15.8	5.4	4.3	0.4	0.9	36.7
2021	4.5	4.2	17.0	3.8	2.3	1.3	33.0	9.4	16.2	4.9	4.2	0.4	0.9	35.9

资料来源：联合国统计司国际贸易数据库（UN-COMTRADE）。

以上数据表明，中国装备制造业出口一直以整套设备为主，但加工贸易是其出口的重要模式，2021 年普通机械出口中加工贸易额占 41.9%，这也是中国装备制造业进口的中间品比重高的主要原因。下文进一步进行实证检验。

四、实证检验

（一）设备进口与下游出口的 Granger 检验

本研究先对成套设备进口和下游企业产品出口进行 Granger 因果检验。成套设备进口为装备制造业总进口额减去中间品进口额，下游企业出口为全国货物总出口额减去装备制造业出口额，数据来自联合国 COMTRADE 数据库。区间选取 1993—2021 年，所有数据均用居民消费物价指数调整为 1993 年价。

Granger 因果检验的核心思想是对于两个经济变量 x 和 y，现在的 y 能够在多大的程度上被过去的 x 解释,引入 x 的滞后值能否提高解释程度,如果 x 的存在能够显著地改善对 y 的预测精度,则称 x 是引起 y 的格兰杰原因。 下游企业为了满足国外市场需求,其产品出口可能引发设备进口,而设备进口也可能引起下游企业出口的变化,究竟谁是因、谁是果,需要进行进一步的检验。 基于此,本研究构建回归模型如下:

$$y_t = c_1 + \sum_{i=1}^{p} \alpha_i x_{t-i} + \sum_{i=1}^{p} \beta_i y_{t-i} \tag{1}$$

$$x_t = c_2 + \sum_{i=1}^{p} \lambda_i y_{t-i} + \sum_{i=1}^{p} \delta_i x_{t-i} \tag{2}$$

x、y 分别表示下游企业出口额和成套设备进口额,方程(1)估计下游出口是否为引起成套设备进口变化的格兰杰原因,方程(2)估计成套设备进口是否为引起下游出口变化的格兰杰原因。 先对这两个时间序列变量进行单位根检验,检验结果如表 4-11 所示,在 1%、5% 的显著性水平下,x、y 的水平值无法拒绝"存在单位根"的原假设,为非平稳的时间序列。 而经过两次差分后判定是平稳的,x、y 是二阶单整的变量。 进而进行协整检验,结果如表 4-12 所示。

表 4-11　ADF 单位根检验

变量	ADF 值	临界值		结论
		$a=1\%$	$a=5\%$	
x	0.216	-3.736	-2.994	非平稳
y	-0.431	-3.736	-2.994	非平稳
D(x,2)	-5.813^{***}	-3.750	-3.000	平稳
D(y,2)	-7.318^{***}	-3.750	-3.000	平稳

注:(1) *** 表示通过 1% 显著性水平检验;(2)D(x,2)、D(y,2)分别表示 x 和 y 的二阶差分;(3)单位根检验的方程中只包括截距项,滞后期数选择是在设定最大滞后期数为 4 的范围内根据 AIC 准则来选取。

表 4-12　Johansen 协整检验

H_0	迹统计量	5%临界值
$r=0$	18.765	15.410
$r=1$	0.552	3.760

协整检验表明 x 和 y 之间是协整的,存在长期的均衡关系,可以进行 Granger 因果关系检验。 结果如表 4-13 所示,在 5% 的显著性水平下,原假设"下游出口不是设备进口的 Granger 原因"和"设备进口不是下游出口的

Granger 原因"均被拒绝，可见下游出口和设备进口之间存在双向的因果关系，即存在"为下游出口而引进成套设备"现象。

表 4-13　格兰杰因果关系检验结果

原假设	滞后期数	F 值	P 值	结论
下游出口不是设备进口的 Granger 原因	2	3.53	0.047	拒绝
设备进口不是下游出口的 Granger 原因		2.83	0.081	拒绝

（二）中间品进口的误差修正模型

1997 年以来 FDI 大量进入中国装备制造业，2003—2007 年其销售收入占中国装备制造业整个行业的比重超过 50%。 2010 年中国机械工业进出口贸易中 FDI 企业所占比重分别高达 56.2% 和 53.3%，尤其是在机械工业加工贸易中，FDI 企业的进、出口额分别占到 83.42% 和 86.12%。 因此，本研究接下来考察装备制造业出口和 FDI 对装备制造业中间品进口的影响效应。 回归模型设定为：

$$\ln\mathrm{IIM}_{it} = \alpha_0 + \alpha_1 \ln\mathrm{EX}_{it} + \alpha_2 \ln\mathrm{FDI}_{it} + \omega_{it} \tag{3}$$

ω_{it} 为随机误差项，IIM_{it} 和 EX_{it} 分别表示装备制造业中间品进口额和总出口额，数据来自联合国 COMTRADE 数据库；FDI_{it} 表示装备制造业 FDI 企业销售收入，数据来自历年《中国统计年鉴》。 采用的是装备制造业 6 个细分行业 1993—2021 年的面板数据，各变量均用消费物价指数折算为以 1993 年为基期的不变价。

1.面板单位根检验

鉴于面板单位根检验方法的多样性和不同检验方法得到的结论较难完全一致，为增强检验结果的稳健性，本研究综合采用 LLC、IPS、ADF-Fisher 和 PP-Fisher 四种检验方法进行面板单位根检验。 如表 4-14 所示，各变量水平值的检验均不能拒绝存在面板单位根的原假设，而一阶差分后均不存在面板单位根，各变量为一阶单整序列，满足面板协整检验的要求。

表 4-14　面板单位根检验

变量	LLC 检验	IPS 检验	ADF-Fisher 检验	PP-Fisher 检验
lnIIM	0.916 (0.820)	3.526 (1.000)	1.443 (0.998)	0.774 (1.000)
D(lnIIM)	− 5.421 *** (0.000)	− 4.564 *** (0.000)	41.631 *** (0.000)	75.082 *** (0.000)

续表

变量	LLC 检验	IPS 检验	ADF-Fisher 检验	PP-Fisher 检验
lnEX	0.768 (0.779)	4.023 (1.000)	0.828 (1.000)	0.786 (1.000)
D(lnEX)	−6.908*** (0.000)	−5.385*** (0.000)	48.876*** (0.000)	48.871*** (0.000)
lnFDI	1.816 (0.965)	5.000 (1.000)	1.224 (1.000)	0.816 (1.000)
D(lnEX)	−9.676*** (0.000)	−8.581*** (0.000)	76.511*** (0.000)	106.995*** (0.000)

注：（1）D 表示一阶差分，括号内为 P 值，下同；（2）各变量据其图形确定是否有常数项和时间趋势，并根据 Schwarz 准则自动确定滞后期数；（3）*** 表示在 1% 的显著性水平上拒绝存在面板单位根的原假设。

2.面板协整检验及长期均衡分析

本研究采用 Pedroni 提出的 7 个检验统计量和 Kao 提出的 ADF 统计量，来检验装备制造业中间品进口与出口、FDI 之间是否存在长期均衡稳定的协整关系，检验结果如表 4-15 所示，Panel ADF 和 Group ADF 的检验效果较好，而 Panel v 和 Group rho 的检验效果较差（Pedroni，1999）。由于本实证研究的样本期间为 29 年，主要依据 Panel ADF 和 Group ADF 的检验结果，其余统计量作为参考，来判断变量之间是否存在协整关系。表 4-15 显示，Panel PP、Panel ADF、Group PP、Group ADF 和 Kao 检验五个统计量均能在 5% 的显著性水平上拒绝不存在协整关系的原假设。

表 4-15　面板协整检验结果

检验方法		统计值
Pedroni 检验	Panel v	−0.462(0.322)
	Panel rho	−0.071(0.472)
	Panel PP	−1.803**(0.036)
	Panel ADF	−3.728***(0.000)
	Group rho	0.765(0.222)
	Group PP	−1.772**(0.038)
	Group ADF	−4.306***(0.000)
Kao 检验	ADF	2.864**(0.002)

注：*** 表示在 1% 的显著性水平上拒绝不存在协整关系的原假设。

接下来借鉴梁云芳等(2007)，采用 Engle-Granger 两步法估计长期均衡方程，对回归模型进行 Hausman 检验，统计值(Chi-Sq.Statistic)为 0.41，无法拒绝采用随机效应模型的原假设，因此采用随机效应模型进行回归，结果如表 4-16 所示。 从 Wald 检验和 P 值来判断，模型整体拟合得比较好。 协整方程的估计结果反映了变量之间的长期均衡关系。

表 4-16　各变量对中间品进口的长期影响效应

变量	回归系数	t 检验
$\ln EX_{it}$	0.711^{***}	$8.01(0.000)$
$\ln FDI_{it}$	-0.177^{*}	$-1.67(0.095)$
常数项	2.495^{***}	$4.34(0.000)$
Wald chi^2	176.11	
P 值	0.0000	

注: *** 表示在 1% 的水平上显著，下同。

(1)装备制造业出口贸易在长期中对中间品进口存在显著的正效应，影响弹性为 0.711，表明出口每增加 1%，中间品进口增加 0.711%。 这是由于装配性决定了装备制造业的生产过程需要大量零部件等中间投入，但在中国装备制造业技术水平和国外市场需求差距比较大的情况下，快速增长的出口会引发中间投入品的高进口率。 这就形成了"为设备出口而进口中间品"的局面。

(2)装备制造业 FDI 对中间品进口的长期影响效应是负向的，弹性为 -0.177，表明 FDI 销售收入每增加 1%，中间品进口将减少 0.177%。 其原因在于随着品牌设备企业进入中国市场，其配套企业也跟随进入，使得原来需要进口的部分中间品可以由当地 FDI 企业来提供。 因此，如果考虑进该因素，中国装备制造业出口对中间品进口与外资企业依赖度很大。

3.误差修正模型与短期波动分析

为弥补长期静态模型的不足，进一步建立短期动态模型来反映短期偏离长期均衡的修正机制。 根据公式(3)估计得到残差序列 $\hat{\omega}_{it}$，经检验该序列是平稳的，将其作为误差修正项：

$$\hat{\omega}_{it} = ecm_{it} = \ln IIM_{it} - \hat{a}_0 - \hat{a}_1 \ln EX_{it} - \hat{a}_2 \ln FDI_{it} \qquad (4)$$

可建立面板误差修正模型如下：

$$\Delta \ln IIM_{it} = \beta_0 + \beta_1 \Delta \ln EX_{it} + \beta_2 \Delta \ln FDI_{it} + \gamma ecm_{i,t-1} + \varepsilon_{it} \qquad (5)$$

式(5)表明从短期来看，中间品进口的短期波动不仅取决于各变量的短期变化,还受中间品进口偏离长期均衡趋势程度(ecm$_{i,t-1}$)的影响。 差分序列反映各变量的波动,差分序列的系数表示短期弹性。 对回归模型进行 Hausman 检验和 LM 检验均无法拒绝原假设,因此采用混合效应模型对(5)式所示的误差修正模型进行估计,结果见表 4-17。

表 4-17 各变量对中间品进口短期波动的影响

解释变量	回归系数	t 检验
$\Delta \ln \text{EX}_{it}$	0.747***	4.54(0.000)
$\Delta \ln \text{FDI}_{it}$	0.045**	2.01(0.046)
ecm$_{i,t-1}$	−0.050**	−2.14(0.034)
常数项	0.224*	1.86(0.065)
调整的 R^2	0.1745	
F 统计量	8.88	

从回归结果可以看出:

(1)短期中,装备制造业出口对中间品进口具有显著的正向影响,与长期均衡一致。 短期影响弹性为 0.747,与长期中的 0.711 接近,表明如今长期中装备制造业出口的扩张对中间品进口的拉动效应与短期的影响相差无几。

(2)与长期均衡不同的是,FDI 对中间品进口的短期影响效应为正,弹性为 0.045,表明 FDI 销售收入每增加 1%,中间品进口增加 0.045%。 其原因在于,FDI 企业是中国装备制造业加工贸易进出口的重要主体,对中间品进口的需求仍较大,尤其是对核心零部件进口需求更大。

(3)误差修正项系数(调整系数)为−0.050 且在 5% 的水平上显著。 误差修正项反映了中间品进口关于出口、FDI 变量在短期波动中偏离长期均衡关系的程度,其系数大小反映对偏离长期均衡的调整力度。 系数−0.050 表明,当中间品进口短期波动偏离长期均衡时,将以−0.050 的调整力度将非均衡状态拉回到均衡状态。

综合面板协整分析和误差修正模型分析,中国装备制造业存在"为设备出口而引进中间品"现象,在长期和短期中,设备出口对中间品进口均有拉动作用,且长期拉动效应更大。

五、"为出口而进口"演变对二元分工网络形成的影响

本节实证考查表明,1997 年以来,中国装备制造业出口规模快速增长,到

2021 年其占全国货物出口比重高达 52.6％；但与此同时，中国装备制造业的进口规模也增长迅猛，且占全国货物进口额比重基本保持在 40％～50％左右。 进一步分析可以发现，1993 年以来，中国装备制造业出口以整套设备为主，但 1997 年之后进口演变为以中间品为主，进口品中中间品比重从 1994 年最低值 31.8％上升到 2021 年 60.4％。 下游出口和成套设备进口之间的 Granger 因果检验表明，存在"为下游出口而引进成套设备"现象；装备制造业中间品进口的误差修正模型表明，也存在"为设备出口而引进中间产品"的现象。 但随着中国货物出口的主力军由下游行业向装备制造业转换，显然已经出现了从"为下游出口而进口成套设备"向"为设备出口而进口中间品"演变的趋势。

从进出口市场主体来看，FDI 企业是中国装备制造业出口和中间品进口的主要主体；从价值链视角来看，美国是装备制造业最大的出口国和贸易顺差来源国，日、韩、德是中国装备制造业中间品最大的进口国和中国装备制造业主要的贸易逆差来源国。 可见，FDI 是中国出现"为下游出口而进口成套设备"向"为设备出口而进口中间品"演变的重要推动者，在该过程中，中国装备制造业逐渐融入全球价值链，通过从日、韩、德等国大量进口中间品零部件组装后再大量出口。 这揭示了中国装备制造业供给能力和出口能力快速增长的同时还高度依赖进口的原因所在。

"为下游出口而进口成套设备"造成了对本土装备制造部门市场空间的挤压和替代效应，抑制了中国本土设备企业发展。 尤其是国外先进设备的动态引进，使得国内设备的高端市场被牢牢控制在国外企业手中，导致国内企业经验不足，技术创新的潜在市场份额小，投入研发的风险很大，抑制了创新。而本土设备企业低端发展又因为影响分工细化和链条延伸，而抑制国内分工网络的发展，使得下游企业越发依赖国外设备进口，加剧了二元分工网络的形成。

"为设备出口而进口中间品"使得对进口的依赖从下游行业往上游设备企业延伸，造成本土设备企业依赖国外零部件进口，然后结合国内低端要素生产组装后再出口。 这使得尽管中国装备制造业大规模发展，但大进大出，一方面，诱发大量企业以代工模式参与国际分工；另一方面，关键零部件进口挤压了本土设备企业的利润空间,①造成龙头设备企业大而不强,无法培育国内价值链"链主"(李转少,2007)。 因此无法把更多企业资源整合到其主导的国内价值链中,使得对大量企业来说参与跨国公司主导的国际分工网络的预期收益比参与国内分工网络的要高,因此,更多企业更偏好参与国际分工网络而不是国内分工网络,最终制约国内价值链发展,二元分工网络进一步深化。

因此,随着中国装备制造业"为出口而进口"机理发生演变,中国装备制造业发展战略需要从企业间竞争视角转向价值链竞争视角,由此,产业政策也需要从扶持企业转向通过整合国内资源形成垂直分工协作关系,来培育高端环节能力,推动中国装备制造业向价值链高端攀升,实现从"为设备出口而引进中间品"的国际垂直分工模式,往"出口成套设备同时进口成套设备"的水平差异化分工模式发展。

---

①　即使是中国工程机械行业的龙头企业徐工集团,出口产品中很多关键零部件也是从国外进口,购买国外零部件的成本占到出口价格的30%。2007年徐工集团出口创汇5亿美元,而购买国外零部件花费20亿元人民币,国外零部件占出口产品销售额的40%,但却占利润的70%~80%。

第5章

二元分工网络下中国装备制造业创新机制缺损

发展中国家要在参与全球分工网络中获得发展机会，必须完善本土分工网络。国内分工网络与跨国公司主导的国际分工网络差距大，是中国装备制造业二元分工网络形成的直接原因，但体制和政策因素是推动二元分工网络深化的更深层因素，由此造成市场和资源分割，并割裂了区域间分工与产业链分工、价值链分工之间的互动发展，使得中国装备制造业企业无法整合国内资源以获得集体效应，也削弱了其获得全球资源的能力，导致中国装备制造业创新机制缺损。

第1节　中国装备制造业二元分工网络形成机理及其对创新制约

从直观来看，中国装备制造业国内分工网络发展滞后是造成其与发达国家跨国公司主导的装备制造业国际分工网络对接、融合程度低，从而形成二元分工网络的直接原因。但实际上其背后更深层的因素是，中国体制和政策因素割裂了中国装备制造业区域间分工与产业链分工、价值链分工之间的互动发展，造成中国装备制造业国内分工网络发展滞后，从而进一步推动了二元分工网络的形成、深化。在此过程中，二元分工网络造成本土企业主导的国内分工网络和跨国公司主导的国际分工网络的市场和资源分割，则越多企业参与跨国公司主导的国际分工网络，其对国内分工网络的市场窃取效应和资源挤出效应越强，对国内分工网络发展的抑制效应越明显；同时，处于不同区域或价值链和产业链不同环节的本土企业参与两个分立的分工网络，也会进一步割裂中国装备制造业区域间分工与产业链分工、价值链分工之间的互动发展，从而弱化参与国内分工网络和国际分工网络的本土企业的创新的网络支撑。

从中国装备制造业的各区域优势来看，东北地区由于与苏联的地缘关系，自新中国成立以来成为中国装备制造业的制造和技术基地；作为中国资源能源基地，西北地区对高耗能的装备制造业而言具有明显的资源优势；改革开放初期，东部沿海地区承接了国际转移过来的日用消费品和电子消费品行业，这些基于出口导向型的下游行业的快速发展，派生了对装备制造业的大量需求。但是，由于东部出口导向型企业需要满足发达国家发包商提出的质量要求和各种标准，因而对设备质量和技术的要求比较高，中国装备制造业的技术基础比较低，无法满足这些出口导向型企业的需求。

由此，一方面，东部沿海地区下游出口企业的快速发展并没有对东北装备制造业带来大量需求，而是大量引进国外设备，对东北地区装备制造业带来了需求转移效应，抑制了其发展；另一方面，东部地区地方政府推出了各项优惠政策和扶持政策，极大地促进了东部地区装备制造业的发展。到 1988 年，中国东部地区的装备制造业销售额占全国比重就达到了 58.81%，到 1998 年进一步上升到 74.06%。① 而由于这种资源配置是基于政府政策而不是地区比较优势，原本基础比较薄弱的东部地区装备制造业的技术和关键零部件依赖国外进口，产业链和价值链短，因此，东部地区装备制造业的发展并没有拉动上游高新技术和服务业的关联发展，也没有促进区域间分工网络发展，这不但造成东北装备制造业基地衰退，还使得中国资源能源基地西北地区无法以资源优势来参与国内分工。2000 年以来，随着国际设备市场需求的日趋饱和，大量跨国设备企业开始进入中国市场，为中国装备制造业企业参与国际分工提供了机会，也促使地方政府利用来自国际贸易的规模经济效应，而放弃了国内市场的规模经济效应（陆铭 等，2009）。对装备制造业发展相对落后的地区来说，参与国际分工网络比参与发达地区主导的国内分工网络的机会更多。尤其在出口成为地方装备制造业发展的重要推动力的情况下，②企业参与国际分工网络的预期收益要大于参与国内分工网络。由此，正如表 4-3 所示，各地区更热衷于参与国际分工网络而不是建立区域间的分工联系。这在某种程度上加剧了国内市场分割，大国市场优势无法得到发挥，并容易出现潮涌现象，使得装备制造业产能过剩从低端环节向高端环节延伸，造成各地方资源分散，还限制了

---

① 东部地区包括北京、天津、上海、山东、江苏、浙江、福建、广东、海南和辽宁。数据来自《1998 中国工业经济统计年鉴》。

② 自 2001 年后，中国装备制造业出口额占全国货物出口总额的比重就超过 40%，2004 年后该比重一直大于 50%。数据来自联合国统计司国际贸易数据库（UN-COMTRADE）和历年《中国统计年鉴》。

发达地区装备制造业的升级空间，从而进一步降低了地区间产业关联效应，不利于企业和产业创新。

区域间分工网络发展的受限，不但无法为产业链分工和价值链分工提供资源和市场规模支撑，还容易激发地方政府为发展当地装备制造业而给予政府扶持的动力，从而在资源配置上形成了一系列针对非国有企业的歧视性政策。政府自身利益的存在是保护主义和市场分割形成的动机（赵奇伟，2009），装备制造业作为战略性行业，还具有高投入、高产业关联度、强吸纳就业能力特性，对 GDP 增长有很强的带动效应，因此，不但地方政府有动力给予当地设备龙头企业各种扶持，中央政府也会为装备制造业央企提供政府补贴，或依托重大项目和重点行业技术改造等，加大相关领域的科研研发投入力度，以期在关键和核心技术领域取得突破（任曙明 等，2013）。由于地方龙头设备企业多为国有企业，占据资源优势，其主导的价值链结构性比较强，促进价值链分工的动力本来就比较小。当政府为扶持这些龙头设备企业以增强其国际竞争力时，政策性倾斜会由于价值链分工不足而使得资源更进一步集中在龙头设备企业的体系内，致使创新的资源和动力无法通过分工网络进一步传导、扩散，网络的结构性更趋紧密，大量企业被龙头国有企业主导的价值链边缘化，创新的风险和成本增大，只能通过参与国际分工网络获得国际代工机会来谋发展。而龙头国有企业，虽然其技术水平提升但内生性创新不足，政府各种扶持所给予的保护甚至进一步弱化了其创新动力，造成其竞争力下降。[①] 由此，造成整个行业的创新更多地体现为容易为市场接受的技术效率提高，而非不确定性较强的创造性破坏与技术进步，从而也造成对上游高新技术和服务业的需求小，弱化了产业链关联发展和区域间关联发展效应。

从产业链分工来看，一方面，由于改革开放以来中国出口导向的经济发展模式，率先承接国际产业转移的下游行业大量进口国外高端设备，高端设备"需求外溢"造成本土设备企业无法获得下游高端需求的反馈与互动，本土企业被制约于中低端设备制造，抑制了产业链分工发展；另一方面，中国一些装备制造业产业链中的某一行业处于垄断地位，为延伸垄断势力实施产业链纵向控制，形成了行业分割和自我服务的产业链模式。这使得上游高新技术和服务业缺乏需求推力，发展受限，也使得其他企业无法通过产业链上下游联动发

---

① 如任曙明和张静（2013）使用 1999—2007 年中国装备制造业企业的面板数据实证分析表明，政府补贴并未换来装备制造企业竞争力的提升，受补贴企业的加成率低于非补贴企业。

展而获得创新所需要的技术支撑或市场支撑，只能集中于一些细分市场进行激烈竞争，或进入国际分工网络，从事低端环节的代工。 典型的如一些装备制造业的总设计单位资质被限定为央企或其下属国有设计院，在目前全球装备制造业以产品为中心向服务为导向转型的背景下，这些央企为了垄断成套和总承包市场，实施产业链纵向控制，一方面使得其下游配套企业利润空间被压榨，竞争对手市场空间被限制，其创新能力下降；另一方面致使大多数企业无法从事成套和总承包业务，无法实现从以产品为中心向服务为导向转型，产业链延伸受阻。 但集中了优势资源的国有企业，由于没有掌握核心技术，为了与跨国公司竞争，往往也只能从国际分工网络引进关键零部件与关键技术。 由此造成了中国装备制造业创新资源分散与被动嵌入国际分工网络。

区域间分工和产业链分工、价值链分工发展的受阻，制约了国内分工网络的发展，使其与国际分工网络进一步分立，推动了二元分工网络的发展。 二元分工网络在隔离国内分工网络与国际分工网络之间竞争、融合的同时，也进一步割裂了中国装备制造业区域间分工与产业链分工、价值链分工之间的互动发展。 在该过程中，市场和资源被分割，会为一些企业的发展创造一个"温室性的"环境(银温泉 等，2001)，致使整个装备制造业创新的竞争机制缺损。不同地区或不同价值链环节或不同产业链环节的企业，面临的市场竞争压力不同，市场缺乏公平竞争机制；一些国有设备企业虽然竞争力弱，但政府基于经济和社会目标，以及维护地区经济形象，给予各种扶持政策使其也能获得生存空间，市场缺乏退出机制或退出成本高；为了抢先进入装备制造业价值链和产业链高端环节，各地方政府加大扶持力度，降低了企业市场进入壁垒，引发过度进入和市场无序竞争。 尤其是 2009 年以来随着中国各项支持性政策措施的陆续出台，以及各地区产业升级压力的增大，各地区装备制造业的投资重点倾斜向高端装备制造和战略性新兴产业所需要装备的研发和制造，造成风电设备、经济型数控机床、大型盾构机、大型水压机等装备制造业过度投资的潮涌现象，使得装备制造业产能过剩从低端产品向高端产品蔓延，由此不但强化了区域间的竞争，破坏了区域间分工合作的基础，影响了产业链和价值链的发展，还使得装备制造业企业利润空间不断被压缩，严重削弱了企业创新的能力和动力。 此外，近年来，基于国家外交和国家援助项目而承揽的国外订单与国外项目快速增多，但这些项目设备的提供和设计主要由央企和大型国有企业来承担，这种基于企业产权属性优势而非市场竞争的选择，保护了这些国有企业的海外市场，为其在国内市场竞争进一步提供了保护基础，由此不但挤压了其他设备企业的市场空间，使得其只能在狭小的市场空间内激烈竞争，引发了诸多低层次，甚至非商业道德的恶性竞争；同时还造成设备企业间的竞争不公平，获得市场保护的企业创新动力不足，而在过于激烈竞争市场内的企业创新能力不足。

综上所述，地区间的竞争隔断了区域间分工协作的纽带，也弱化了产业链分工和价值链分工的资源和市场规模支撑；地区间的竞争和中央政府的政策扶持所提供的各种资源和市场保护，在产业链和价值链的一些环节集中，增强了价值链结构性和产业链的自我服务模式。这些隔断区域间分工在与产业链分工、价值链分工互动发展的过程中，制约了国内分工网络的发展，造成中国装备制造业二元分工网络深化发展。而二元分工网络的深化发展，造成中国装备制造业市场和资源被分割，进一步抑制了区域间分工与产业链分工、价值链分工互动发展，使得中国装备制造业创新的竞争机制缺损。

第2节　二元分工网络对装备制造业
创新影响：案例分析

在上节从区域间分工与产业链分工、价值链分工之间的互动发展视角，分析了中国体制和政策因素如何推动中国装备制造业二元分工网络形成及对其创新的影响机制基础上，本节将结合案例，进一步分别分析区域间分工、产业链分工和价值链分工发展如何影响中国装备制造业创新。

一、区域间分工视角：区域间竞争对装备制造业分工网络与自主创新的影响

地区产业基础决定地区分工地位进而决定其分工收益，促使落后地区的地方政府有动力独立自主地发展一些在短期内并无比较优势的高技术环节或产业，以期提高自身在未来分工收益谈判中的地位。由此某种程度上会造成国内市场分割，大国市场优势无法得到发挥，并容易出现潮涌现象，使得产能过剩从低端环节向高端环节延伸。这造成各地资源分散，还限制了发达地区的产业升级空间，从而降低了地区间的产业关联效应。尤其在出口成为地方装备制造业发展的重要推动力的情况下，企业参与国际分工网络的预期收益更要大于参与国内分工网络。由此，各地区更热衷于参与国际分工网络而不是建立地区间的分工联系。

以新兴产业为例。目前中国各地为抢得新兴产业发展的先机展开了激烈的竞争，这些新兴产业的发展离不开设备支撑，而这些高端设备主要为发达国

家所垄断，由此各地政府通过设立专项补助资金，鼓励企业引进国外先进设备等方式，使得新一轮先进设备引进成为各地区调整产业结构和产业升级的主要手段。 这使得各地的战略性新兴产业发展模式，其实还是一种引进设备进行加工组装的发展模式，会直接对国内高新设备带来市场挤压，而且从世界各地也在抢先发展新兴产业的背景来看，更激烈的国际竞争很有可能会引发这些行业新一轮的"动态跟随、引进国外先进设备"。 这容易造成新兴产业快速发展却无法带动国内高新装备制造业联动发展的局面，由此将使得中国新兴产业被长期制约在引进先进设备进行代工的发展模式。

而且新兴产业的潮涌现象带来产能过剩，引发区域间企业过度竞争，破坏了区域间合作的基础。 在产业转型升级压力下，各地方政府不顾其产业发展条件，依靠税收优惠、财政补贴和低价土地等手段鼓励新兴产业投资，引发大量企业"一哄而上"。 但由于国内市场容量有限，出口又受阻，导致大量企业开工不足，产能过剩，只能打价格战，造成恶性竞争。 目前，全国 300 多个城市把光伏产业作为发展重点，20 多个省市在搞航空产业园区；全国太阳能光伏电池产能占全球 63%，相对于国内需求来说，光伏电池产能过剩达 95%；已投产 43 家多晶硅企业，仅 6 家企业尚开工生产；风电设备产能利用率低于60%；LED 蓝宝石衬底利用率 36%、LED 外延芯片利用率 51%。 过剩产能迫使设备企业间陷入低层次竞争，不是靠技术赢得市场，而仍然是靠价格占据市场。 显然，这使得区域间企业以竞争为主，严重制约了区域间分工发展，从而也弱化了企业创新的能力和动力。

国际机器人联盟的统计显示，中国 2000—2013 年对产业机器人的采购增长率维持在年均 36% 以上。 2013 年中国采购的产业机器人数量多达 36 560台，较 2012 年增长近 60%，占到全球产业机器人销量（约 16.8 万台）的约1/5，一跃超过日本，成为全球机器人需求第一大国，年度采购量远超日本（26 015台）、美国（23 679 台）。 ①但根据中国机器人产业联盟数据，2013 年中国市场销售的工业机器中，国内企业实现销售 9 597 台，约占 26.25%。 长江证券研报显示，2013 年，外资品牌多关节机器人销量 22 616 台，占中国多关节安装量的 92%。 2013 年 12 月 30 日工信部发布的《关于推进工业机器人发展的指导意见》指出，到 2020 年中国机器人密度（每万名员工使用机器人台数）达到 100 以上，而 2013 年该指标只有 25。 中国庞大的工业机器人潜在市

---

① 日系厂商即将垄断中国机器人产业或重蹈汽车产业境况［EB/OL］.（2023-04-21）［2023-05-06］.http://mil.news.sina.com.cn/2015-01-20/1014818762.html.

场需求，吸引了几乎所有国外的机器人企业涌入中国，中国本土企业也加大投资和研发力度。然而到 2023 年，外资品牌的机器人企业在中国市场的占有率仍高达 70% 左右，且主要集中在电子、汽车等高端行业市场领域，其中瑞士 ABB、日本发那科公司、日本安川电机和德国库卡机器人并称为机器人领域的"四大家族"，这些巨头几乎垄断了机器人制造、焊接等高端领域，其销售份额占中国整体工业机器人市场的 40% 以上；而占据约 30% 中国市场份额的自主品牌工业机器人，主要集中于金属加工、食品饮料、塑料等行业。

以机器人为代表的高端装备制造业已成为装备制造业的核心，以及世界各国产业竞争的焦点，对于这样一个正在迅速兴起的产业，发达国家纷纷从国家层面对机器人产业进行部署，如美国的再工业规划、日本的新产业发展战略、韩国的机器人未来战略及德国工业 4.0 等。中国政府在 2011—2015 年的五年计划中也明确将机器人行业作为发展重点之一，目标是打造 4~5 家国内机器人龙头企业，达到 13 000 台机器人的年生产目标。随着工信部 2013 年 511 号文《关于推进工业机器人产业发展的指导意见》的发布，全国各地陆续出台了机器人产业发展的指导意见，从地方政府到民间资本，都掀起了一股机器人热潮。如广东省 2014 年制定的《广东省信息化发展规划纲要（2013—2020 年）》也提出要"重点突破工业机器人核心技术"。

机器人具有典型"三高"特性，技术密集度高、人才密集度高、资金密集度高。中国企业机器人生产在硬件方面存在诸多短板，在控制系统的数据积累和场景计算等软件方面也很落后。国产机器人的主要零件其实大多采用日本产，关键零部件的进口依赖度高达 90% 以上，整体上与日系厂商的技术水准仍差距甚远。同时，大量跨国机器人生产企业进入，其 90% 以上的机器人型号和 90% 以上在中国市场销售的机器人都实现了本土化生产，市场竞争非常激烈，而中国本土企业技术能力还非常低。面对国际巨头围攻，各地方政府想到的不是加强分工合作，而是争先发展。其结果是，2014 年中国机器人行业增加了 420 多家小型制造商，在建或已经运营的机器人工业园区有 30 多个。本研究调研发现，很多原来生产机床的企业开始进入生产机器人。

在目前中国机器人产业创新能力薄弱，关键部件受制于人，产品可靠性低，产业高端缺乏的情况下，中国政府应该通过各种方式加强合作。正如机器人技术国家工程研究中心副主任曲道奎所认为的，中国应该利用机器人市场的大爆发来发展机器人产业链，包括零部件。机器人未来成功很重要的一个路子就是走整合资源之路。像日本政府，将机器人视为是整个国家成长战略的支柱之一，在制订 5 年计划时，要求产官学合力推进、确保在次世代机器人革命中仍能维持在全球竞争中的优势。而目前中国各地方政府的推动政策，使得地区间的竞争加剧，破坏了合作基础，还有可能使得中国机器人行业重走汽车、光伏产业的老路，行业过度竞争，企业创新能力散失。

二、价值链分工视角：政策性倾斜造成装备制造业内生性创新不足

中国装备制造业的龙头企业多为国有企业，这些龙头国有企业居于国内价值链的主导者地位。为了培育具有国际竞争力的龙头企业，中国政府推出了装备制造业兼并重组政策。2009 年出台的《装备制造业调整和振兴规划》强调要加快企业兼并重组，促进产业结构优化升级，全面提升产业竞争力；2010 年出台的《国务院关于促进企业兼并重组的意见》中，汽车和机械制造又被列为促进兼并重组的重点行业。但各部委鼓励兼并重组的效果并不明显，尤其是汽车行业的"小、散、乱"状况并没有得到明显改善，由此，2013 年各部委又联合发布了《关于加快推进重点行业企业兼并重组的指导意见》，再次把汽车和船舶列为推进企业兼并重组的重点行业。加快企业兼并重组，有利于形成一些自身研发实力比较强的大型企业集团。但也会发生兼并跟随（bandwagon），即一些企业的兼并行为会导致其他企业在行业中的地位变得危险，其他企业只能也选择兼并。在跨国设备企业大量进入的背景下，兼并重组可能会挤压民营设备企业的发展空间，造成竞争机会不公平，却为跨国设备企业提供整合的机会。而且通过兼并重组可能带来的经营规模经济和范围经济效益，也会降低龙头企业转移外包非核心环节的动力，促使其通过非市场交易方式来形成组织内的配套能力。而没有完善的分工网络，即使通过政策力量培育了几个大型企业集团，这种单个企业与基于全球生产网络的跨国公司之间的竞争也是无助于其国际竞争力和自主创新能力的提升的。

近年来，中国装备制造业兼并重组再次引起社会关注的是，在华跨国并购出现了新的趋势，其目标主要集中在经济效益好、具有较强行业优势以及较高资源价值的大型和特大型国有企业。典型的如中国工程机械行业，2003 年其最大的凿岩机械和风动工具制造企业沈阳凿岩机械被阿特拉斯·科普柯并购，实质上变成了外商独资企业的配套车间；2005 年其排名第七的山工机械被卡特彼勒收购 40% 股份，被纳入卡特彼勒的生产经营体系；2005 年其龙头企业徐工机械被凯雷集团并购 85% 股份；2007 年其第四大轮式装载机制造企业山东临工被沃尔沃收购 70% 股份。在油嘴油泵行业，2004 年其排头兵无锡威孚被德国博世收购后，中国的油嘴油泵行业几乎全部被跨国公司并购、控股。

在轴承行业，2003 年其首家上市公司西北轴承在合资企业中的股份被外方德国 FAG 公司全部收购，失去了铁路货车轴承品牌和占中国铁路货车轴承 25％ 的市场。 在化工机械行业，2005 年在行业占据举足轻重地位的锦西化机的核心部门透平机械分厂被西门子合资并购了 70％股份后，其核心技术被束之高阁，品牌被弃用。

由于技术落后，为引进跨国公司技术，政府试图通过合资、并购国有企业等方式让渡我国市场。 同时，为保证本土设备企业能从中获得学习机会，政府往往还需要通过政府采购、政府项目扶持等方式来扶持国有企业。 典型的如我国的电力设备行业，为通过与跨国公司合作，促进其向我国本土发电设备企业转移技术，我国发电设备行业的三大巨头分别进行合资和技术合作：上海电气与西门子、哈电集团与 GE、东方电气与三菱。 为此，我国大型发电站的设备基本被这三大组合公司所包揽，其他中小企业的发展和创新空间被大大挤压。 而这三大国有企业也很难获得最新的技术，技术水平虽然有很大提高，但由于与跨国公司的差距还比较大，自主创新能力仍然不足。 更主要的是，在结构性的网络中，大企业居于核心地位，占据资源优势，促进价值链分工的动力较小。 当政府为扶持这些大企业以增强其国际竞争力，政策性倾斜会由于价值链分工不足而使得资源更进一步集中在大企业的体系内，创新的资源和动力无法通过分工网络进一步传导、扩散，使得网络的结构性更趋紧密，小企业创新的风险和成本增大，只能通过参与国际分工网络获得国际代工机会来谋发展；而大企业虽然技术水平提升但内生性创新不足。 由此，造成整个行业的创新更多地体现为容易为市场接受的技术效率提高，而非不确定性较强的创造性破坏与技术进步。

在国家"走出去"战略的推动下，各个地方也积极出台相关的补贴政策来推动当地企业"走出去"并购海外公司。 这使得中国一些装备制造业掀起了跨国并购的热潮。 据 Deloitte（德勤）《中国装备制造业海外拓展新阶段》报告，2012 年前三季度，中国装备制造业企业海外并购交易额占中国制造业海外并购交易总额的 45％。 典型的如竞争激烈的机床行业，已逐渐从前期的技术引进转向通过并购国外公司来提升其参与全球竞争的技术和市场基础。 大连机床集团于 2002 年、2003 年、2004 年先后跨国并购了美国英格索尔生产系统公司、美国英格索尔曲轴加工系统公司、德国兹默曼公司三家国际知名机床生产商，为扩大产品出口，2007 年又在意大利组建了 DMTG 欧洲有限公司，并购了德国瑞马机器制造与贸易有限公司。 沈阳机床集团、哈尔滨量具刃具集团股份有限公司，在完成国内一系列重组、整合之后，分别于 2004 年和

2005 年成功并购德国希斯公司、德国凯狮公司。 2004 年上海明精机床公司先后收购了德国沃伦贝格公司(控股 53.6%)和日本池贝公司(控股 65%)。 2004 年秦川机械发展股份有限公司并购了美国联合工业公司,控股 60%。 2005 年北京第一机床厂收购德国阿尔道夫·瓦德里希科堡机床厂有限责任公司。 2006 年杭州机床集团收购德国 Abaz&b 磨床公司 60% 的股份。 这些实施国外并购的企业几乎代表了国内机床行业的水平,其并购的对象也基本是掌握核心技术的跨国公司。 通过跨国并购,中国机床企业能直接获得核心技术,在并购企业的国家建立分支机构,还能利用跨国公司的知名品牌、国际通道及管理团队,构建起全球化网络和国际化运营体系。 但实际上,国内机床企业所并购的跨国公司都面临经营问题,并购后的整合难度往往较大、费用高。 而且国内机床企业并购后并不能把所获得的技术直接应用到国内生产中,这导致很多国内机床企业并购后不但没有获得技术水平的大提升,反而面临财务危机。如杭州机床集团 2006 年收购德国 Abaz&b 磨床公司后,企业经营陷入困境,最终在 2011 年被东力控股集团有限公司收购。 还有沈阳机床集团,在并购希斯后,重组了云南 CY 集团、控股交大昆机,在沈阳建设大中型镗铣床制造基地,形成沈阳、昆明、欧洲三足鼎立的产业集群。 然而,沈阳机床集团旗下的子公司之间不但不合作,还进行激烈的价格竞争。

可见,这种政策推动下的"走出去"跨国并购,企业掌握了更多资源,却不能率先转型、不能在技术引领上有更多作为,容易造成行业内的技术同构、低水平竞争,企业整体经济效益低下。 这种在国外资源获取中的严重透支,不但降低了龙头设备企业在国内整合资源、升级国内分工网络的能力,也因其利润下降而使得技术创新成为空谈。

三、产业链分工视角:纵向控制对装备制造业分工网络与自主创新的影响

中国一些设备行业,其产业链中的某一行业处于垄断地位,为延伸垄断势力实施产业链纵向控制,形成了行业分割和自我服务的产业链模式。 这使得其他企业无法通过产业链上下游联动发展而获得自主创新所需的技术支撑或市场支撑,只能集中于一些细分市场进行激烈竞争,或进入国际分工网络,从事低端环节的代工。 而集中了竞争优势资源的垄断企业,为了与跨国公司竞争,只能从国际分工网络引进关键零部件与关键技术。 由此造成了中国装备制造业自主创新资源分散与被动嵌入全球分工网络。

在中国,上游高技术或服务部门多为国有企业,在国家政策扶持等条件下

获得发展。 但其为了保护自身垄断优势，可能会实施战略性隔绝机制，只向特定的设备供应商扩散技术或让渡竞争优势。 还有一些下游企业，因某些特定优势而居于市场垄断地位，为了延伸其垄断势力，可能实施某种程度的选择性、封闭性或有意图排斥的战略，通过各种纵向约束只向特定的上游企业购买设备，造成纵向市场圈定效应。 这一方面使得被排斥在外的中小型设备企业市场空间狭小，只能激烈竞争，打价格战；另一方面由于纵向市场圈定效应，造成一些低效率的设备企业因为有一定的市场份额保障，也能生存下来，这些非市场竞争中生存下来的企业，不但创新能力低，还因为"劣币驱逐良币"，恶化市场竞争秩序，制约了分工网络的发展。 实际上政府采购、政府保护在很多时候也具有纵向市场圈定效应，这使得中国汽车企业数量多，企业无法获得规模经济效应，从而汽车企业创新能力低下，进一步制约了汽车零部件企业发展，导致大量汽车零部件企业生产假冒伪劣产品。

近年来，中国南车集团和北车集团的快速发展引起了全世界的关注。 无疑，中国铁道部成功的技术引进模式和政府大规模投资建设高速铁路所提供的市场，是南车集团和北车集团快速发展的关键原因所在。 实际上，由于铁路系统的高度垄断，其通过各种方式与上游南车、北车集团等实施产业链纵向控制；国家大力扶持铁路客运上游设计院技术发展，上游设计院利用技术优势捆绑相关设备。 这种上下游纵向捆绑的产业链模式，使得多数设备和相关零部件交易的市场化程度降低，约束了分工网络的发展。 显然，在中国动车行业发展的初期，由于缺乏核心技术水平，这种产业链纵向捆绑有助于资源和市场在南车集团和北车集团集中，从而带来技术在短期内获得突破。 但需要看到的是，中国动车还未掌握最核心的技术，最重要的软件和程序都掌控在跨国公司手里，甚至为了能够跟外方的技术平台衔接，一些原本非核心的部件也需要付出比国产同类产品大得多的代价来购得。 例如，网格控制系统、牵引电动系统、车轮等技术还未攻破，高铁轴承技术仍然只被日本、瑞典等国掌握，中国还需依赖进口。[①] 可以说，中国动车在国际市场的竞争力主要还在于价格优势，创新是中国动车发展的重要驱动力。 而动车上下游纵向捆绑的产业链模式，使得动车的分工网络主要分布于南车集团和北车集团旗下的子公司，这使得动车零部件企业的发展受到制约，最终可能成为约束整个动车行业发展的瓶颈。

---

① 中国高铁关键零部件,至今仍依赖进口,被外资赚 10 倍差价[EB/OL].(2022-09-20)[2023-05-06].https://baijiahao.baidu.com/s? id=17444876083310316618&wfr=spider&for=pc.

第 3 节　二元分工网络下国际贸易对中国装备制造业技术发展的影响

一、问题提出

Rosenberg(1963)曾经提出一个引人深思的问题,为何欧美等发达国家的劳动力资源相对缺乏促进了劳动力节约型技术(labor-saving technology)的发展,而发展中国家的资本相对缺乏却无法促进资本节约型技术(capital-saving technology)的发展? 他分析认为,所有创新——不管是带来新产品还是降低已有生产的成本,都需要资本品部门提供新的机器。 发达国家技术创新主要出现在资本品部门,其相对发达的资本品部门能够为劳动力节约型技术的发展提供必要的技能和机器。 发展中国家由于自身资本品部门发展滞后,无法为技术进步提供必要的技能和能力;且多数发展中国家主要依赖从国外进口机器,无法发展进一步技术进步所主要依赖的如技能、知识、设施和组织能力等技术基础。 因此,装备制造业的技术进步,被视为一国技术发展的发动机(Greenwood et al.,1997)。

由于具有比较优势,多数 R&D 密集型的发达国家是机械设备的主要生产国和出口国,在 1980 年,发展中国家进口的机械设备,大约 85% 来自发达国家;1960—1991 年期间,G7 国家的机械设备贸易额占其商品贸易额的 50%(Mazumdar,2001;Boilean,2002)。 改革开放以来,通过进口设备、生产和出口劳动密集型的生活消费品进而电子消费品,中国成为“第四个世界工厂”。 在这过程中,出口结构低和高度依赖机械设备进口一直被视为制约中国经济高端发展的重要因素。 但实际上自 1998 年以来,中国出口结构开始提升,装备制造业出口占全国货物出口总额的比重开始超过 30%,2005 年中国装备制造业首次实现贸易顺差,其出口占全国货物出口总额的比重达到了 50%。 但中国机械设备出口的增多并没有减少机械设备进口,其进口占全国货物进口总额的比重基本稳定在 50% 左右。 根据第三章分析,本土设备企业对国际分工网络的偏好是造成设备进出口贸易大规模发展的一个重要因素,那么在二元分工网络格局下,装备制造业高进出口对本土设备企业到底是带来市场替代效应还是技术溢出效应? 为此,需要对中国装备制造业国际贸易的技术发展效应进行深入研究。

在开放条件下，除了本国 R&D，国际 R&D 溢出（包含国际贸易、FDI、技术转移、国际专利授权等）也是一国技术发展的重要途径（Coe et al.，1995；Keller，1998；Wei et al.，2006；Krammer，2010）。一些学者分析了国际贸易对中国行业技术进步的影响。Fu（2005）对中国 26 个制造业 1990—1997 年的数据进行分析发现，出口并没有显著促进各行业的全要素生产率增长。Wei 和 Liu（2006）对中国制造业企业 1998—2001 年数据的实证分析表明，企业 R&D 和出口具有正的行业间生产率溢出效应。李小平等（2008）对中国 32 个工业行业 1998—2003 年的数据进行分析发现，出口和生产率增长的关系并不显著，但进口显著地促进了工业行业的全要素生产率增长和技术进步。高凌云等（2010）对 2003—2007 年中国三位码工业行业的月度面板数据分析发现，进口对全要素生产率和技术效率均产生了"负溢出效应"，进口竞争通过提高工业行业的技术效率而促进了全要素生产率的发展。钱学锋等（2011）利用中国制造业 1995—2005 年数据分析表明，大部分上游行业进口种类的增加对中国制造业全要素生产率的进步有显著的促进作用（水平效应），而大部分行业自身进口种类的增加未能有效促进全要素生产率水平的提高（直接竞争效应）。

以上研究都是基于中国整个工业行业的分析。相对于消费品，资本品由于内含更多的技术，被视为物化于贸易流的 R&D 溢出的重要载体（Eaton et al.，2001），这意味着资本品贸易①与非资本品贸易对技术进步的影响可能是不同的，因此需要区分资本品与非资本品贸易对技术进步的影响。Xu 和 Wang（1999）对 21 个 OECD 国家 1983—1990 年数据的分析验证了，资本品进口对进口国全要素生产率有积极效应，而非资本品进口和所有进口总额对进口国全要素生产率没有影响。Kim 等（2009）对韩国 1980—2003 年数据分析发现，资本品和消费品进口对韩国全要素生产率有显著正效应，原料进口没有显著效应。这些研究虽然区分出了资本品但都是分析其进口对一国总体全要素生产率的影响。实际上，资本品贸易对本行业和下游行业的技术发展影响可能是不同的。装备制造业作为为下游行业提供装备和技术支持的行业，机械设备的进口可以为下游行业带来先进工艺和技术，往往有利于下游行业的技术发展；但其对装备制造业本身来说，同时会带来技术溢出和竞争效应，其影响效应更复杂。机械设备大量出口可能会对下游行业的发展产生资源挤出效应，不利于技术发展；但可能会由于市场规模扩大而带来的规模效应和学习效应而促进装

---

① 资本品可以区分为机械设备和非机械设备（如厂房等建筑物），由于非机械设备是非贸易性的，因此资本品贸易指的就是机械设备贸易。

备制造业的技术发展。 因此，不但资本品与非资本品的进口和出口的技术发展效应可能不同，资本品贸易对本行业和下游行业的影响效应也可能不同。

基于装备制造业作为制造业基础其技术进步的重要性，以及第三章分析所表明的，本土设备企业对国际分工网络偏好造成的进出口贸易快速发展，本部分将专门研究中国装备制造业进、出口贸易的快速增长对装备制造业技术发展的影响。 这不但有助于拓宽国际贸易理论的研究视角，也将为装备制造业具体政策提供有益的指导。

二、资本品贸易与行业技术发展

产业特性会影响其贸易的技术效应。 进口消费品主要带来竞争效应；物化于机械设备中的技术被称为专有投资技术（investment-specific technology），从发达国家进口的资本品，相比于发展中国家国内生产的产品，其技术水平更高，因而技术转移效应更强（Greenwood et al.，1997；Kim et al.，2009）。 而且进口的设备往往还捆绑有各种形式的"知识"，如设计图、安装支持、质量控制软件、培训工程师和监管员等服务，这可以在短期内提升进口国的效率，并在长期内增强进口国的吸收能力，因此进口机械设备被视为一国技术发展的重要源泉（Cavallo et al.，2010）。 不少实证研究都表明，发展中国家通过从技术领先国进口高质量和多种类的设备，获得了技术进步，从而对缩短其与发达国家的技术差距带来了积极作用（Grossman et al.，1991；Mazumdar，2001）。实际上，机械设备进口对一国技术发展的促进作用还在于，机械设备作为资本品，其进口能直接增加一国资本存量积累，对一国尤其是发展中国家增强技术创新基础具有重要作用。 Lee（1995）对 89 个国家 1960—1985 年数据的实证分析表明，从 OECD 国家进口的机械设备通过增强资本积累的效率加快了一国尤其是发展中国家的增长率。 Cavallo 和 Landry（2010）的研究也发现，1967—2008 年期间，进口的机械设备由于提升了美国设备和软件存量的 30%～40%，为提升美国生产率提供了 20%～30%的贡献率。 此外，由于设备的技术具有集成性和复杂性，每一单台套产品都是由成百、上千，甚至上万的零部件组成的，每个零部件要求的材质、加工工艺、质量标准都不尽相同，因此装备制造业具有装配型特性，设备企业进口中间品可以通过学习效应、中间投入多样化和产品质量提升来提高全要素生产率（Amiti et al.，2007）。

但是，由于默示性知识很难物化于设备中，进口设备的技术溢出效应可能很小（Kim et al.，2008）。 尤其是发展中国家设备企业由于自身吸收能力比较弱，从发达国家进口的物化于机器设备的技术，可能由于与发展中国家的技术和技能水平不相匹配，因而并不能提升发展中国家的技术水平（Acemoglu et al.，2001）。随着国际分工的深化，逐渐形成了发展中国家生产低质量设备或环节、发达国家生产高质量设备或环节的分工模式，这使得发展中国家的"干中学"效应十分有限，而发达国家的"干中学"效应强，技术快速发展带来设备质量不断提升、价格趋于下降，导致发展中国家长期陷入进口高质量设备而不是试图自己生产的困境，学习效应也因此受到抑制（Stokey，1991）。尽管近十年来发达国家从发展中国家进口设备的规模也有较快发展，但有研究表明，从发展中国家进口会降低企业生产低技术产品的相对利润，由于企业无法轻易地处置被套牢的劳动力和资本，创新和生产新产品的影子成本（shadow cost）下降，即降低了创新的机会成本，因此会激励企业创新；而从发达国家进口由于不会降低旧产品相对于潜在的创新产品的价格，因而无法激励企业创新（Bloom et al.，2011）。这意味着，设备进口产生的不同的创新激励机制，可能进一步拉大发展中国家与发达国家设备企业之间的技术和创新能力差距。而且从发达国家进口机械设备还可能因为市场替代效应和竞争效应而对发展中国家的高端设备发展造成挤出效应，从而抑制装备制造业技术发展（陈爱贞 等，2008）。

机械设备作为技术和资本密集型的资本品，与消费品相比，其出口也可能带来更积极的技术效应。机械设备出口增多促使更多资源往装备制造业集中，将通过出口结构提升推动产业结构横向升级；同时，出口促使资源从无效率企业流向更有效率的企业，提升整个行业的专业化水平和生产率，有助于产业结构纵向升级。技术的集成性和生产环节的装配性，决定了设备企业间专业化分工的重要性。Rosenberg（1963）强调对机械设备行业而言，专业化分工比企业规模更重要。专业化分工需要比较大的市场规模做支撑，出口为机械设备行业的专业化分工提供了更大的市场规模，促进了企业的专业化生产。而且，随着设备技术复杂化，创新成本递增，出口所扩大的市场规模，能分摊创新的高固定成本，提高企业创新回报率，促进企业贸易引致型创新（trade-induced innovation）（Melitz et al.，2012）。而作为技术相对落后的发展中国家，与发达国家相比，其在技术密集型产品上的技术差距要大于劳动密集型产品，因此设备出口通过竞争效应提升行业效率、通过技术溢出和学习效应带来知识积累的效应往往更强（Grossman et al.，1991；Lileeva et al.，2010）。

但实际上，不同国家和地区的资本品出口对技术发展的影响并不一样。如根据 Aw 等（2000）的研究，中国台湾地区电子设备和电气机械以及运输设备业1986 年和 1991 年的企业数据表明，出口企业生产率比非出口企业高，出口促进了企业生产率提高；韩国同样行业 1983 年、1988 年和 1993 年的企业数据表明，出口企业生产率比非出口企业高，但没有证据表明出口促进了企业生产率的提高。 一些学者认为，出口的地理结构和产品结构有重要影响。 出口到高收入地区由于学习效应和创新动力更强，能更大程度地提升出口企业生产率（Loecker，2007）。 出口高生产率产品会驱动资源从低生产率产品往高生产率产品转移，带来更高的效率提升和技术进步（Hausmann et al.，2007）。 但由于需求多样化，出口到高收入地区的设备也可能是低技术含量的；尽管机械设备作为技术密集型产品，其生产率相对比较高，但同类设备间有质量差异，两个出口同样设备的国家，专门生产、出口高质量设备的国家往往增长更快（Minondo，2010）。 专门生产、出口低质量设备的国家由于产品质量提升空间大，其增长的空间也大，但提升过程往往是漫长而曲折的。 如针对中国、菲律宾等发展中国家出口机械设备等高技术产品比重比较高的现象，一些学者研究指出，发展中国家所从事的是这些高技术产品中的劳动密集型环节的生产，这不但无助于发展中国家的技术发展，还可能造成其与发达国家的技术差距拉大（Srholec，2007）。

综上所述，资本品贸易并不必然促进行业技术发展，其还受进出口设备的质量、竞争效应和一国产业发展状况等因素的影响。 因此，需要具体国家（地区）具体分析。

三、中国装备制造业技术发展状况

（一）全要素生产率测算及其分解方法

经济学界普遍采用全要素生产率（total factor productivity，TFP）来代表广义的技术进步。 目前国内外大量文献采用随机前沿分析法（stochastic frontier analysis，SFA）和数据包络分析法（data envelopment analysis，DEA）来测算全要素生产率。 SFA 是一种参数方法，它的基本思想是利用生产函数和随机扰动项构造出生产前沿，通过极大似然法估计出各个参数值，这种方法可以很好地处理误差，考虑随机因素对效率的影响，结果的稳定性较高。 但SFA 需要明确假设生产函数的具体函数形式和分布，对于样本量较少的实证研究而言，存在较大的问题。 DEA 方法是一种非参数方法，根据投入—产出数据，直接利用线性规划来估算前沿生产函数和距离函数，不需要假设生产函数形式，避免了较强的理论约束。 但因其假设不存在随机误差的影响，同样会影响效率估计的有效性。 两种方法各有优劣。 基于 DEA 方法的Malmquist 生产率指数能够很好地分解出技术进步与技术效率变化的影响，本研究采用 DEA 方法。

本研究把装备制造业每个细分行业看作一个生产决策单位，运用由 Färe 等(1994)改造的 DEA 方法来构造在每一时期各行业的最佳生产前沿面。把每一个行业的实际生产与最佳生产前沿面进行比较，从而对技术效率和技术进步变化进行测度。行业的技术效率可以通过两个途径估计：一个是基于投入的技术效率，即在一定产出下，实际投入与潜在的最小投入之比来估计；二是基于产出的技术效率，即在一定的投入组合下，实际产出与潜在的最大产出之比来估计。本研究使用基于投入的技术效率，把 Malmquist 生产率指数 TFPCH 设定为，在 t 期的技术条件下从 t 到 $t+1$ 期的全要素生产率的变化率，和在 $t+1$ 期的技术条件下从 $t+1$ 到 t 期的全要素生产率的变化率的几何平均值。同时，Malmquist 全要素生产率 TFPCH 可以分解为相互独立的两个组成部分——技术进步和技术效率增进：

$$TFPCH = EFFCH \times TECHCH \tag{1}$$

技术效率变化指数 EFFCH 测度两时期之间每个观察对象对最佳实践边界的追赶程度；技术进步变化指数 TECHCH 测度两个时期之间技术边界的移动。其中技术效率变化可以分解成两个部分——纯效率变化 PECH 和规模改变带来的效率变化 SECH：

$$EFFCH = PECH \times SECH \tag{2}$$

(二)测算结果

为比较，本研究利用各行业每年的工业总产值、固定资产净值年均余额、劳动人数计算了 1993—2016 年中国 33 个工业行业和装备制造业的 Malmquist 生产率变化指数及其分解出的技术效率变化指数与技术进步增长指数，如表 5-1 所示。

表 5-1　中国工业行业和装备制造业历年 Malmquist 生产率指数及其分解

年份	全要素生产率指数(TFPCH)		技术进步指数(TECHCH)		技术效率指数(EFFCH)		纯技术效率指数(PECH)		规模效率指数(SECH)	
	工业	装备	工业	装备	工业	装备	工业	装备	工业	装备
1993—1994	0.868	0.943	0.984	0.865	0.883	1.090	0.938	1.041	0.941	1.047
1994—1995	0.808	0.789	0.806	0.931	1.003	0.848	1.047	0.918	0.958	0.924
1995—1996	0.951	0.905	0.764	0.874	1.245	1.035	1.027	1.020	1.212	1.015
1996—1997	0.992	1.016	1.127	1.168	0.880	0.870	0.933	0.932	0.943	0.933

续表

年份	全要素生产率指数（TFPCH）		技术进步指数（TECHCH）		技术效率指数（EFFCH）		纯技术效率指数（PECH）		规模效率指数（SECH）	
	工业	装备	工业	装备	工业	装备	工业	装备	工业	装备
1997—1998	0.946	1.059	0.992	1.128	0.954	0.938	0.870	0.866	1.097	1.084
1998—1999	1.090	1.109	0.908	1.127	1.200	0.984	1.117	0.986	1.074	0.998
1999—2000	1.090	1.184	0.976	1.273	1.116	0.930	1.055	0.948	1.058	0.981
2000—2001	1.091	1.123	1.174	0.936	0.930	1.200	0.987	1.140	0.942	1.052
2001—2002	1.112	1.177	1.240	1.109	0.897	1.062	0.991	1.053	0.905	1.008
2002—2003	1.165	1.158	1.193	1.203	0.977	0.963	1.001	0.948	0.976	1.015
2003—2004	1.216	1.215	1.177	1.162	1.033	1.045	1.005	1.043	1.028	1.002
2004—2005	1.028	1.060	1.120	1.043	0.918	1.017	1.020	1.014	0.900	1.002
2005—2006	1.083	1.138	1.137	1.147	0.953	0.991	0.989	0.998	0.964	0.993
2006—2007	1.129	1.128	1.297	1.048	0.870	1.076	0.971	1.083	0.896	0.994
2007—2008	0.923	0.948	1.110	1.015	0.832	0.934	0.926	0.931	0.899	1.004
2008—2009	1.019	1.017	0.981	1.083	1.039	0.939	1.003	0.953	1.037	0.985
2009—2010	0.952	0.981	1.079	0.969	0.883	1.013	0.954	1.012	0.925	1.001
2010—2011	1.144	1.155	1.100	1.083	1.040	1.067	1.006	1.031	1.033	1.035
2011—2012	1.119	0.946	3.777	0.946	0.296	1.000	0.477	1.014	0.622	0.986
2012—2013	0.951	1.046	0.363	1.039	2.618	1.006	1.979	0.999	1.323	1.007
2013—2014	0.948	0.995	0.873	1.023	1.086	0.973	1.006	1.006	1.080	0.967
2014—2015	0.941	1.109	1.012	1.165	0.930	0.951	0.970	0.936	0.958	1.017
2015—2016	0.992	0.976	0.887	0.941	1.119	1.037	1.059	1.026	1.056	1.011
平均	1.019	1.046	1.046	1.050	0.975	0.996	0.991	0.994	0.984	1.003

1993—2016 年，装备制造业 6 个行业的全要素生产率平均增长 4.6%，高于工业行业的平均增长率 1.9%。 其中，装备制造业技术进步增长率为 5.0%，略高于工业行业的平均增长率 4.6%；但 2000 年之后，装备制造业多数年份的技术进步增长率低于工业行业。 装备制造业和工业行业的技术效率增长率都为负，具体来看，装备制造业技术效率下降主要源于纯技术效率下降；工业行业技术效率下降则源于纯技术效率和规模效率同时下降。 从图 5-1 和图 5-2 可以直观看出，装备制造业和工业行业的三种指数变化趋势基本是一致的：全要素生产率和技术进步指数基本呈现先上升后下降的趋势；技术效率指

数多数年份都在低于 1 的水平下徘徊且低于技术进步指数。 总的来看，中国工业行业和装备制造业的全要素增长率提高都主要依赖于技术进步，但 2002 年之后，技术进步指数总体上都呈现下降趋势。 技术效率体现的是采用新技术的能力，是充分利用技术来获得相应的高潜在产出水平的能力，技术效率增长达到一定水平后，需要技术进步来带动技术效率的进一步提升。 因此，如果技术进步增长趋缓或停滞，将影响技术效率的提升，从而抑制装备制造业全要素生产率增长。

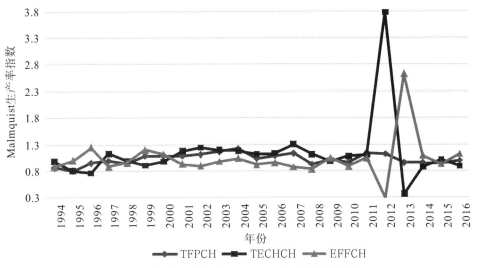

图 5-1　中国工业行业 Malmquist 生产率指数变动

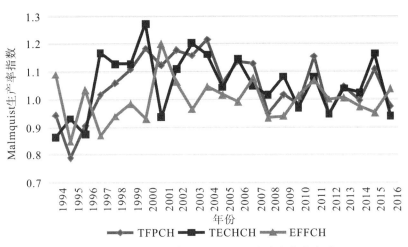

图 5-2　中国装备制造业 Malmquist 生产率指数变动

四、实证分析

(一)计量模型

借鉴 Coe 和 Helpman(1995)、Fu(2005)等学者的思想，国内 R&D 和国际 R&D 溢出是影响一国行业技术发展的两大重要因素，其中国际 R&D 溢出主要包括进口、出口和 FDI。中国装备制造业外资比重很高，2010 年，外资企业销售收入占整个行业的比重为 45.1%，中国机械工业进、出口贸易中 FDI 企业所占比重分别高达 56.2% 和 53.3%。[①] 人力资本和物质资本(physical capital)是一国资本积累的重要内涵(Lee, 1995)，其中物质资本主要反映行业对设备和厂房的投资情况。企业规模可能反映企业效率(Fu, 2005)。为此，本研究计量分析模型如下：

$$TH_{it} = a_0 + a_1 IM_{it} + a_2 EX_{it} + a_3 FDI_{it} + a_4 RD_{it} + a_5 K_{it} + \\ a_6 S_{it} + a_7 H_{it} + \varepsilon_{it} \tag{3}$$

其中，TH 表示行业技术发展，分别以 Malmquist 全要素生产率变化指数 TFPCH 及其技术效率变化指数 EFFCH 和技术进步变化指数 TECHCH 表示。IM 和 EX 分别为出口和进口，用进、出口额与行业总产值的比值表示。贸易额和总产值分别用销售价格指数和工业品出厂价格指数折算为 1993 年不变价。RD 表示国内研发投入，用各行业 R&D 支出与行业增加值的比值表示，R&D 支出包括开发新技术经费、技术改造经费、技术引进经费、消化吸收经费和购买国内技术经费等五项。K 表示(物质)资本投入，用固定资产净值与劳动人数比值表示。固定资产净值用固定资产投资价格指数折算为 1993 年不变价。S 表示企业规模，用行业总增加值比行业总企业数表示。FDI 为衡量外资企业进入程度的变量，用行业外资企业销售收入占行业总销售收入的比重来表示。H 为人力资本，以行业科学家、工程师人数和行业总就业人数的比值表示。ε 为随机扰动项。

为进一步区分装备制造业进口中成套设备和中间品的影响效应，本研究在公式(3)的基础上把进口分解为中间品 IM-INTER 和成套设备 IM-WHOLE 再进行回归：

---

① 中国机械工业年鉴编辑委员会.2011 中国机械工业年鉴[M].北京:机械工业出版社，2011:543.

$$TH_{it} = a_0 + a_1 IM\text{-}INTER_{it} + a_2 IM\text{-}WHOLE_{it} + a_3 EX_{it} +$$
$$a_4 FDI_{it} + a_5 RD_{it} + a_6 K_{it} + a_7 S_{it} + a_8 H_{it} + \varepsilon_{it} \tag{4}$$

本研究的研究期间为 1993—2010 年，选取装备制造业 6 个行业为样本。行业的进、出口数据来自 UN-COMTRADE 数据库。将国际贸易标准分类（SITC，Rev.3）的贸易数据调整为中国工业行业标准分类（CICC）的贸易数据。贸易数据用年均人民币对美元汇率换算成人民币计价，再以消费价格指数将其折算为 1993 年不变价。R&D 支出、行业科学家和工程师人数来自历年《中国科技统计年鉴》。参照李小平（2007）的方法，以当年消费物价指数和固定资产投资价格指数的加权平均值来表示 R&D 价格指数，其权重分别为 0.55 和 0.45，然后将各行业的 R&D 支出平减为不变值。其他数据均来自历年《中国统计年鉴》。

（二）面板数据的单位根检验与协整检验

本研究综合采用 LLC、IPS、ADF-Fisher 和 PP-Fisher 四种检验方法进行面板单位根检验。如表 5-2 所示，各解释变量和控制变量水平值的检验均不能拒绝存在面板单位根的原假设，而一阶差分后均为一阶单整序列，满足面板协整检验的要求。

表 5-2　面板单位根检验

变量	LLC 检验	IPS 检验	ADF-Fisher 检验	PP-Fisher 检验
TFPCH	−10.53***	−10.11***	0.02	30.27***
D(TFPCH)	−6.97***	−16.73***	3.95***	79.07***
TECHCH	4.07***	−6.41***	1.67**	69.61***
D(TECHCH)	−15.49***	−8.47***	5.20***	182.35***
EFFCH	−2.82***	−3.56***	−0.70	29.88***
D(EFFCH)	−6.28***	−10.10***	1.56*	82.85***
IM	−110.00***	−66.59***	−0.02	10.63***
D(IM)	−7.41***	−7.20***	11.10***	78.91***
EX	−17.91***	−10.68***	2.84***	13.57***
D(EX)	−10.19***	−7.87***	3.34***	73.99***
FDI	−0.43	3.40	7.57***	−0.02
D(FDI)	−5.22***	−5.28***	1.98**	9.11***
RD	−270.00***	−1.02	−1.12	−1.77
D(RD)	−94.92***	−5.67***	8.14***	43.30***
K	6.40	2.94	1.54*	−2.23
D(K)	−4.99***	−2.95***	5.39***	12.51***

续表

变量	LLC 检验	IPS 检验	ADF-Fisher 检验	PP-Fisher 检验
S	-0.83	1.92	-1.42	-1.55
$D(S)$	-7.93^{***}	-6.67^{***}	9.70^{***}	13.98^{***}
H	-2.14^{**}	-0.43	-1.82	-0.05
$D(H)$	-8.34^{***}	-9.67^{***}	2.13^{**}	43.51^{***}
IM-INTER	15.54	-1.26	1.02	3.52^{***}
D(IM-INTER)	-79.73^{***}	-4.56^{***}	6.05^{***}	68.11^{***}
IM-WHOLE	3.33	-4.27^{***}	3.91^{***}	13.89^{***}
D(IM-WHOLE)	-7.64^{***}	-7.67^{***}	4.11^{***}	71.50^{***}

注：（1）D 表示一阶差分。（2）各变量据其图形确定是否有常数项和时间趋势，并根据 Schwarz 准则自动确定滞后期数。（3）***、** 分别表示在 1% 和 5% 的显著性水平上拒绝存在面板单位根的原假设。

本研究采用 Pedroni 提出的 7 个检验统计量和 Kao 提出的 ADF 统计量，来检验主要变量之间是否存在长期均衡稳定的协整关系。在样本期间较短（T<20）时，Panel ADF 和 Group ADF 的检验效果较好，而 Panel v 和 Group rho 的检验效果较差。由于本实证研究的样本期间为 17 年，主要依据 Panel ADF 和 Group ADF 的检验结果，其余统计量作为参考，来判断变量之间是否存在协整关系。

先对公式（3）模型进行协整分析，分别检验各生产率变化指数与进口、出口之间是否存在长期均衡关系。结果如表 5-3 所示，Panel PP、Panel ADF、Group PP 和 Group ADF 四个统计量均能在 1% 的显著性水平上拒绝"变量间不存在协整关系"的原假设。同时，Kao 面板协整检验结果也能在 1% 的显著性水平上拒绝原假设。据此可判断变量之间存在协整关系。

表 5-3　面板协整检验结果 1

检验方法		检验变量及统计值		
		TFPCH, IM, EX	TECHCH, IM, EX	EFFCH, IM, EX
Pedroni 检验	Panel v	-2.02^{**} (0.0217)	-2.96^{***} (0.0016)	-1.62^{*} (0.0531)
	Panel rho	-2.70^{***} (0.0035)	-4.34^{***} (0.0000)	-2.02^{**} (0.0215)
	Panel PP	-7.87^{***} (0.0000)	-33.90^{***} (0.0000)	-8.58^{***} (0.0000)
	Panel ADF	-3.92^{**} (0.0000)	-4.89^{***} (0.0000)	-5.49^{***} (0.0000)
	Group rho	-1.95^{**} (0.0253)	-3.28^{***} (0.0005)	-1.62^{*} (0.0529)
	Group PP	-9.29^{***} (0.0000)	-34.92^{***} (0.0000)	-9.39^{**} (0.0000)
	Group ADF	-3.99^{***} (0.000)	-3.74^{***} (0.0001)	-6.87^{***} (0.0000)
Kao 检验	ADF	-3.18^{***} (0.0007)	-4.55^{***} (0.0000)	-3.44^{***} (0.0003)

注：（1）***、** 分别表示在 1% 和 5% 的显著性水平上拒绝不存在协整关系的原假设。（2）括号内为 P 值。

然后对公式（4）模型进行协整分析，分别检验各生产率变化指数与中间品进口、整机进口以及出口之间是否存在长期均衡关系。由表 5-4 协整检验结果可知，Pedroni 检验的 Panel PP、Panel ADF、Group PP 和 Group ADF 四个统计量及 Kao 检验的 ADF 统计量都能拒绝"变量间不存在协整关系"的原假设，证明各变量之间存在长期均衡关系。

表 5-4　面板协整检验结果 2

检验方法		检验变量及统计值		
		TFPCH, IM-INTER, IN-WHOLE, EX	TECHCH, IM-INTER, IN-WHOLE, EX	EFFCH, IM-INTER, IN-WHOLE, EX
Pedroni 检验	Panel v	−2.45 *** (0.0072)	−2.62 ** (0.0043)	−2.12 ** (0.0171)
	Panel rho	−1.35 * (0.0884)	−2.89 *** (0.0019)	−0.96(0.1682)
	Panel PP	−8.25 *** (0.0000)	−24.38 *** (0.0000)	−9.70 *** (0.0000)
	Panel ADF	−3.86 *** (0.0001)	−6.33 *** (0.0000)	−3.11 *** (0.0009)
	Group rho	−0.89(0.1873)	−1.98 ** (0.0236)	−0.69(0.2467)
	Group PP	−10.07 *** (0.0000)	−36.08 *** (0.0000)	−11.15 *** (0.0000)
	Group ADF	−4.28 *** (0.0000)	−9.69 *** (0.0000)	−4.12 *** (0.0000)
Kao 检验	ADF	−3.18 *** (0.0007)	−10.45 *** (0.0000)	−3.46 *** (0.0003)

注：（1）*** 表示在 1% 的显著性水平上拒绝不存在协整关系的原假设。（2）括号内为 P 值。

（三）回归结果分析

本研究分别对公式（3）和（4）进行回归，结果分别如表 5-5 和表 5-6 所示。固定效应模型和随机效应模型的选取根据 Hausman 检验值而定，由于所有回归结果 Hausman 值都在 1% 水平上显著，所有的模型都选择固定效应。

表 5-5　回归结果 1

变量	TFPCH	TECHCH	EFFCH	
常数项	0.8799 *** (14.39)	0.8805 *** (7.35)	0.2291 ** (2.26)	0.8669 *** (13.85)
IM	0.4782 *** (4.48)	0.3064 ** (2.33)	0.2291 ** (2.26)	0.1992 * (1.73)
EX	−0.5589 *** (−4.17)	−0.5619 * (−1.80)	−0.1861 ** (−2.19)	−0.1409 (−0.94)

续表

变量	TFPCH	TECHCH	EFFCH	
FDI	0.3659 *** (3.02)	0.9269 *** (2.86)	0.0448 (0.36)	0.0378 (0.30)
RD	−2.0524 *** (−5.68)	−1.6774 *** (−3.94)	−0.6478 ** (−1.96)	−0.6004 * (−1.67)
K	0.1628 ** (2.03)	−0.1631 (−1.48)		0.1466 * (1.75)
S	−0.2386 ** (−2.39)	−0.3187 ** (−2.63)	0.0584 (1.01)	−0.0141 (−0.14)
H	2.6671 ** (2.35)	3.1783 ** (2.16)	1.8741 ** (2.28)	0.8894 (0.80)
F	13.93	4.07	2.80	2.80
Prob$>F$	0.0000	0.0000	0.0113	0.0113
R^2	0.5092	0.3702	0.1818	0.1818
模型	固定效应	固定效应	固定效应	固定效应

注：***、**、* 分别表示在 1%、5%、10% 的水平上显著；R^2 为只反映组内差异的 within R^2。

表 5-6 回归结果 2

变量	TFPCH	TECHCH	EFFCH
常数项	0.8800 *** (14.31)	1.0736 *** (17.17)	0.8056 *** (8.41)
IM-INTER	0.4786 *** (3.20)	0.3705 *** (2.73)	0.2578 ** (1.92)
IM-WHOLE	0.4781 *** (4.30)	0.3557 *** (2.98)	0.2182 * (1.86)
EX	−0.5591 *** (−3.79)	−0.6273 *** (−4.03)	−0.1176 (−0.73)
FDI	0.3660 *** (2.96)	0.4966 *** (3.34)	0.0288 (0.22)
RD	−2.0524 *** (−5.64)	−1.8721 *** (−4.94)	−0.7748 ** (−2.19)
K	0.1627 ** (1.99)	0.0786 (0.87)	0.1526 ** (1.95)

续表

变量	TFPCH	TECHCH	EFFCH
S	-0.2385^{**} (-2.38)	-0.3189^{***} (-2.86)	-0.0148 (-0.14)
H	2.6673^{**} (2.33)	1.4644 (1.26)	2.3902^{**} (2.46)
F	12.06	5.21	2.45
Prob$>F$	0.0000	0.0000	0.0196
R^2	0.5092	0.3239	0.1834
模型	固定效应	固定效应	固定效应

注：$***$、$**$、$*$ 分别表示在 1%、5%、10% 的水平上显著；R^2 为只反映组内差异的 within R^2。

表 5-5 和表 5-6 的回归结果表明，装备制造业的所有进口，促进了技术进步和技术效率，进而促进了全要素生产率的提升。区分中间品和成套设备，其进口影响效应不变，中间品进口影响效应略大于成套设备。实际上成套设备进口还可以进一步区分为投入下游行业中的机械设备和投入装备制造业中的"工作母机"，由于中国在许多领域的关键设备，尤其是大型成套技术相对比较低，高新设备技术还高度依赖于进口，因此，对设备企业而言，前者主要带来竞争效应和技术溢出效应，后者主要带来技术转移。综合来看，成套设备进口可以通过物化的技术和设备的使用带来技术进步和技术效率的提升，促进行业全要素生产率的提升。中间品则是直接投入设备企业生产过程中，主要通过中间投入多样化和产品质量提升来提高企业全要素生产率。根据 UN-COMTRADE 数据计算，中国设备进口中来自美、日、德、英、法、韩的比重 1993 年为 60.8%，2010 年还高居 51.0%；装备制造业中间品进口占行业总进口比重 1993 年为 32.9%，1997 年开始超过 50%，2010 年达到 59.2%；其中中间品进口中来自美、日、德、英、法、韩的比重 1993 年为 60.1%，2010 年还高居 44.0%。可见，中间品进口通过与国内廉价要素相结合，提升成套设备质量。这种技术进步和全要素生产率提升是由中间品直接植入的。主要从发达国家进口的成套设备与国内中低端设备形成了错位竞争，使得竞争效应小于技术溢出和转移效应。这与钱学锋等（2011）的研究结论一致，他们的研究表明上游行业进口成套设备的主要目的是促进国内制造业的发展，并与国内行业形成互补关系，因此，上游行业进口种类的增加自然就表现出促进制造业全要素生产率的水平效应。

　　总体来看，出口对中国装备制造业技术发展的影响效应为负。 这表明设备虽然作为技术和资本密集的资本品，但其生产与出口抑制了本行业技术进步和技术效率的提升，造成全要素生产率下降。 这可能主要有以下几种原因：

　　(1)中国设备出口企业并不遵循生产率高的企业自我选择进入出口市场的机制，根据 Li 和 Yin(2010)测算，中国装备制造业出口企业的全要素生产率低于非出口企业。 因此，中国设备出口无法带来资源配置效应，随着出口规模增大，更多资源流向低生产率企业，造成了资源配置的非效率。

　　(2)不可否认，改革开放以来，中国设备出口应该对企业学习和技术发展带来了积极效应，但这种"出口中学习"的效应可能存在边际收益递减。 对比表 4-7 和表 5-2 可以发现，1994 年以来，随着设备出口规模的扩大，装备制造业全要素生产率也同步增长，2005 年出口规模超过进口规模，装备制造业全要素生产率开始趋于下降。 可见，当出口贸易已经达到一定规模时，随着出口规模的进一步扩大，学习的边际收益可能趋于下降。 此外，根据 UN-COMTRADE 数据计算，中国设备出口到美、日、德、英、法、韩的比重从1993 年的 43.5% 上升到 1998 年的 50% 后下降到 2010 年的 37.1%。 当企业出口锁定在中低端设备及其出口市场从发达国家往发展中国家扩张，其学习效应会下降，企业创新动力也降低。

　　(3)中国出口的设备以中低端为主，且加工贸易所占比重较大。 Amiti 和Freund(2010)测算发现，尽管中国设备出口量增长迅速，但 1992 年以来中国设备的技术含量提升主要来自中间品进口，扣除这一因素，中国装备制造业的技术含量没有提升。 由于大量资源集中于中低端设备的生产与出口，对高端设备造成了资源挤出效应，导致整个行业技术升级的锁定效应。

　　一方面，FDI 对中国装备制造业全要素生产率和技术进步有促进作用，对技术效率作用不显著。 这说明随着中国本土设备企业的发展，外资进入带来的正的市场外部性可能开始超过竞争效应。 另一方面，FDI 进入增多，直接造成整个装备制造业国有比重从 1993 年的 50.9% 下降到 2010 年的 20.8%，极大地促进了整个行业的市场竞争，有利于技术进步。 FDI 对技术效率作用不显著，主要是技术效率的提升还需要管理、制度等"软"技术创新提供支持，技术效率比较难通过溢出渠道促进装备制造业技术效率的提升；同时，由于在华的 FDI 设备企业偏重于加工贸易，[①]这种两头在外的发展模式导致国内其他

---

　　① 中国机械工业加工贸易出口额的 86.1%、进口额的 83.4% 由外资企业完成；外资企业出口额中加工贸易比一般贸易为 1.8。见《2011 中国机械工业年鉴》第 544 页。

设备企业的学习效应比较低。

国内 R&D 投入对技术发展的影响显著为负，表明 R&D 支出比例越高的行业，生产率提高反而越少。这与张海洋（2005）、李小平（2007）得出的结论一致，他们认为这可能是使用 R&D 资源无效率所致。本研究认为这还可能与 R&D 投入方向也有关。创新投入除了 R&D 投入还有人力资本、创新协作、技术机会和管理支持等（Fu，2005），R&D 投入的增多可能会对其他创新投入带来资源挤出效应，如果这种 R&D 投入是无效率的，其资源挤出效应会对创新产出带来消极作用。资本对技术效率和全要素生产率有促进作用，对技术进步作用不显著，说明随着物质资本投资的增多，企业规模扩大所带来的规模经济效应和机器设备增加所带来的劳动效率提高，可以促进技术效率的提升；但物质投资能否促进技术进步还取决于其与人力资本的融合程度，以及是否投资于设备技术含量的提升。由于引进先进"工作母机"要么成本太高要么受出口国限制，因此多数设备企业物质资本增多更多的是出于生产规模扩大所需而不是技术提升，具体表现为物质资本中投资于先进"工作母机"的比例比较低，[①]因而对技术进步作用不显著。企业规模对技术进步和全要素生产率有抑制作用，对技术效率有负效应但不显著。正如 Rosenberg（1963）所强调的设备企业专业化分工比企业规模更重要。中国设备企业平均规模（增加值）从 1993 年的 312.4 万元增长到 2010 年的 3 593.6 万元，增长了 10.5 倍，追求规模扩张阻碍了企业专业化分工发展，对技术进步带来了抑制效应。总体来看，人力资本对中国装备制造业技术进步和技术效率进而全要素生产率有较强的促进作用。

五、结论与对策

本研究在用 DEA 方法将中国 6 个装备制造业 1993—2010 年的全要素生产率增长分解为技术效率和技术进步增长的基础上，分别就出口和进口对生产率增长的关系进行了实证分析。研究发现，1993—2010 年中国装备制造业的全要素生产率呈现先上升后下降的趋势，但是其增长主要依赖于技术进步增长而不是技术效率增长，而且其增长并没有表现出比整个工业行业更显著的水平。装备制造业出口对其技术发展有抑制作用；中间品和成套设备进口对中国装备

---

① 如龙头设备企业一重、二重，其设备新度系数分别只有 44.5% 和 43.6%。设备新度系数是用来衡量设备的新旧程度，即设备的老化程度＝净值/原值。引自陈爱贞.全球竞争下中国装备制造业升级制约与突破[M].北京：经济科学出版社，2012：22.

制造业技术发展都有积极效应。 同时发现，FDI 对中国装备制造业全要素生产率和技术进步有促进作用，对技术效率作用不显著；国内 R&D 投入对其技术发展的影响显著为负；人力资本对装备制造业技术进步和技术效率进而全要素生产率有显著的促进作用；资本对技术效率和全要素生产率有促进作用，对技术进步作用不显著；企业规模对技术进步和全要素生产率有抑制作用，对技术效率有负效应但不显著。 可见，中国装备制造业一方面进口国外高端设备获取知识和技术溢出，另一方面却疲于占据国外中低端市场，把自己锁定在低端分工水平上而抑制了技术进步。 因此，需要对中国装备制造业现有的国际贸易模式和自身发展模式进行反思。

中国装备制造业出口规模扩张带来了出口结构升级，并带来了产业结构的横向升级。 其对装备制造业技术发展的抑制效应主要源于其集中于中低端设备的生产与出口，对高端设备造成了资源挤出效应，从而带来产业结构纵向升级的锁定效应。 显然，消极地以限制、减少机械设备出口对待"技术负效应"是不可取的，重要的是产业政策需要从着力于产业结构横向升级往产业结构纵向升级推进，从而带动贸易政策从促进出口结构升级往出口质量结构升级推进。 基于装备制造业技术密集和产业链条长的产业特性，产业结构纵向升级需要立足于企业自身内部 R&D 和企业间专业化分工协作。 加快现代企业制度建设，提升设备企业 R&D 质量和效率，从而提高企业 R&D 的生产率回报率，是企业增强自身内部 R&D 能力的关键。 表 5-1 规模效率指数表明尽管中国装备制造业产业规模增长快速，但基本没有获得外部规模经济效应；计量结果也表明，企业规模效应为负。 因此，需要通过体制和政府政策模式改革以及企业战略调整，促使企业从追求企业规模往完善企业间分工网络转变。出口质量结构升级除了需要以产业结构纵向升级为基础，还需要积极推动中国出口导向型贸易发展模式的转型。 如何改变这种现行的贸易模式还需要更多学者进行更深入的研究，本研究认为具有导向性的是，贸易政策应从以产业或产品为分类单位往所承担的业务活动（business activity）技术含量和附加值高低转换。

尽管目前国内关于中国机械设备对进口的依赖度比较高的争论颇多，但机械设备进口的技术效应是显著的。 Mazumdar（2001）计量分析也发现，对发展中国家来说，进口的机器设备技术水平相对比较高，对经济增长有积极作用；物质资本投资中来自国内的机器设备投资比重提高会由于对国外设备的替代，产生资源配置失效而降低技术水平，从而抑制经济增长。 中国在生产和出口机械设备规模迅速扩张的同时，还大量进口机械设备，一方面是由于很多先进设备和重大成套设备的技术和生产中国还没掌握，只能依赖进口，这是由中国发展阶段所决定的。 这些先进设备进口会带来技术溢出效应，同时也会对中国本土设备企业造成高端设备市场的窃取效应。 在中国装备制造业现有发展阶段，只能在提升进口设备质量结构基础上，通过产学研联合等 R&D 联盟方式，提高自身的吸收能力，增强进口学习效应和技术溢出效应。 另一方面，中间品进口增多也是造成中国装备制造业高进口的原因。 本书第三章第四节对中国装备制造业中间品进口、FDI 和出口进行误差修正模型分析，发现出口每增加 1％，中间品进口增加 1.187％，表明存在显著的"为设备出口而进口中间品"现象。 这意味着中间品进口通过组装又很快出口，其主要通过"技术模块植入"方式提升全要素生产率，技术溢出效应和学习效应比较弱，对国内设备企业的直接替代效应比较强，因此应减少用于加工出口的中间品进口。而进口结构的调整有赖于中国出口导向型贸易发展模式的转型。 有学者认为，实施选择性的"以进口促出口"的新贸易发展模式，将会为中国贸易的持续和稳定发展提供内生动力源泉（钱学锋 等，2011）。 在此过程中，相关部门还应该出台政策推动跨国公司与本土设备企业的技术合作以及构建开放的共性技术研发服务平台，以联盟攻克关键基础零部件（如轴承、液压件、密封件等）和基础机械产品（如数控系统、发动机）的技术瓶颈。

随着中国本土设备企业的发展，其与跨国公司竞争、合作的能力增强，学习能力提升，因此能获得 FDI 正的技术效应。 但随着一些本土设备企业试图往高端设备环节攀升，其与跨国公司之间的竞争将由错位竞争往面对面竞争转换，FDI 的技术效应将可能下降，甚至可能因为竞争增强而抑制本土设备企业的创新。 因此，增强与跨国公司的互动和融合，应该一方面以跨国公司带动本土企业；另一方面以本土企业推动跨国公司，在此过程中，本土设备企业需要积极提升自身技术能力，完善国内分工网络。 为此，需要谋求提升人力资本投资与自身 R&D 投入、物质资本投入之间的融合程度，这是设备企业提升自主创新能力的内在基础所在；同时，需要积极完善升级国内分工网络，通过国内分工网络集聚创新所需资源，增强与跨国公司互动、融合的能力，这是设备企业提升自主创新能力的外在基础所在。

第 6 章

突破分工网络制约：新能源汽车上下游产业链联动发展

中国虽然已经成为传统汽车的生产和消费大国，但由于没有掌握核心技术，一直无法突破国内品牌汽车与外资品牌汽车之间的二元分工网络制约。2010 年，中国前瞻性地将新能源汽车列为七大战略性新兴产业之一，使得中国在动力电池、电动机以及电控等新能源汽车核心技术方面，几乎与国外同时起步；同时，中国政府也重视下游充电基础设施建设和需求刺激，从而通过上下游产业基础发展而促进了整个新能源汽车产业链的联动发展。

第 1 节　新能源汽车行业的特性

一、新能源汽车相较于传统汽车的行业特性

汽车工业反映一个国家的科技发展水平，也是一国工业基础及经济支柱的重要组成部分。传统的汽车工业是一个复杂的系统技术，其产业发展往往涉及冶金、石油、化工、纺织、电子、建材等多个相关产业，因此，汽车行业的进步对于中上游产业的发展将会起到极大的带动效应。传统汽车产业的发展一般需要经过大量的时间和经验积累，而中国在传统汽车领域起步较晚，在技术层面和品牌效应等方面远远落后于日本及西方发达国家，巨大的差距使得中国传统汽车产业在改革开放后投入巨大但依然举步维艰。正如本书第二章所分析的，虽然中国汽车工业通过中外合资、技术购买等手段取得了一定的技术进步，但是购买的技术也往往是国外企业所淘汰的落后技术，核心技术依然掌握在外国企业的手中，难以实现中国汽车技术的巨大突破。这使得中国虽然是传统汽车的生产大国和消费大国，但始终无法突破国内品牌汽车与外资品牌汽车处于竞争分立势态的二元分工网络。

新能源汽车一般分为纯电动汽车、插电式混合动力汽车、燃料电池汽车三大类。相比于传统汽车，新能源汽车有以下几方面的不同。首先，它的电动力结构相对简单，可以避免受制于发动机、变速器等落后于人的困境，在技术上，新能源汽车技术的进步很大程度上是动力电池技术的进步。其次，相比于配套传统汽车的加油站，新能源汽车的配套充电设施更加分散，对基础设施建设以及快速充电技术的要求更高。最后，作为可以替代化石能源的产品，新能源汽车面向未来的技术，在能源危机阴影的笼罩下，它拥有更加广泛的应用场景和需求市场。新能源汽车已经成为全球汽车行业转型发展的主要方向，全球汽车产业从燃油车向新能源汽车的转变对于汽车产业落后的中国来说是机遇也是挑战。

2021年，全球动力电池总出口额达688.2亿美元，其中，中国大陆占284.3亿美元，约为全球动力电池出口额的41%。同年，全球纯电动汽车出口额为554.6亿美元，中国大陆占86.0亿美元，约为全球新能源汽车出口额的16%[①]，显示出中国大陆新能源汽车行业在海外市场的实力。此外，中国大陆的新能源汽车市场同样表现出色，2022年产销分别完成705.8万辆和688.7万辆，连续8年位居全球第一[②]，市场规模不断增长，呈现良好的发展势头。

二、新能源汽车产业链特性

新能源汽车行业重新构建了不同于传统汽车的产业链条，上游主要包括（锂、钴、镍、石墨、氢、稀土等矿）→（电解液、正负极材料、隔膜）→（电池、电控、电机、电路系统），中游为新能源汽车生产商，下游为充电桩、储能、应用市场等。

（一）产业链上游：矿资源和动力电池

动力电池是新能源汽车行业发展的基石，作为新能源汽车最重要的零部件，占整车成本的30%～45%。而决定锂电池关键性能的是正极材料，其原料成本占总成本约九成。常见的正极材料可以分为三元材料、磷酸铁锂、锰酸锂、钴酸锂。三元材料需要用到镍钴锰金属资源和锂盐等原料，磷酸铁锂涉及铁和磷矿资源的开采及锂盐。其中锂是最重要的原材料，锂矿主要分布于智利、澳大利亚和阿根廷，2020年储量分别占全球的41.10%、14.30%和

---

① 数据来源：UN Comtrade Database。
② 数据来源：中国汽车工业协会。

13.20%,中国储量只占 6.30%;① 钴矿储量分布更集中,目前只有刚果(金)、澳大利亚、古巴、加拿大和俄罗斯等少数几个国家的钴矿才能经济利用,2021年刚果(金)的钴产量占全球比重超过七成。② 锂电池的锂矿和其他金属的供应商也集中于少数企业,主要包括智利化工矿业公司、美国雅宝公司、美国富特矿物公司、天齐锂业等。

从图 6-1 可见,近年来全球锂电池出货量剧增,市场竞争剧增。高性能、高安全、低成本、寿命长是动力电池发展的方向,从目前来看,换材料是一个技术路线,如宁德时代的"去镍、去钴"路线,LG 新能源的"去锂"路线;此外,技术范式之争也是一个技术路线,如从液态电池到半固态电池,再到固态电池。

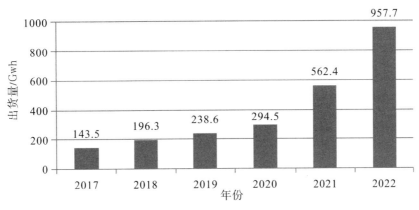

图 6-1　全球锂离子电池出货量

数据来源:EVTank。

(二)产业链中游:整车厂

整车厂是新能源汽车行业的主体,当前主要有两种发展模式,其一,垂直一体化发展模式,即新能源汽车品牌企业同时生产动力电池,典型的如比亚迪、丰田等;其二,非一体化发展模式,即新能源汽车品牌企业自己不生产动力电池,主要通过市场采购或合作方式来获得动力电池,典型的如特拉斯和广汽等;其三,混合发展模式,即新能源汽车品牌企业的动力电池,部分由旗下企业供应,部分由供应商供应,如宝马、大众等。但随着新能源汽车市场需求潜力和市场竞争趋增,后两种发展模式的新能源汽车品牌企业纷纷入局电池赛道,如

① 数据来源:美国地质调查局,矿物商品摘要。
② 数据来源:杨卉芃,王威.全球钴矿资源现状及开发利用趋势[J].矿产保护与利用,2019,39(5):41-49,55.

2022 年 10 月起相继被爆出，宝马投资 100 亿扩建沈阳动力电池生产，广汽投资 109 亿元开始自研电池产业化，蔚来耗资 20 亿元成立蔚来电池，小鹏汽车也传出要自造电池的传闻。

（三）产业链下游：市场需求刺激与基础配套

基于新能源汽车行业发展事关能源安全和环境保护问题，同时，其市场面临已有的传统汽车的竞争，因此，基本上各国政府均出台了不同程度的政策措施，来提升新能源汽车消费和基础设施配套。 其中，日本早在 1965 年就启动了对电动车的研制计划，1993 年日本政府实施的"世界能源网络"计划，对新能源汽车配套基础设施(一般是对充电设备的购置)进行补贴。 2006 年日本政府发布的《二〇三〇年的能源战略》对符合规定的混沌动力新能源汽车的购置补贴最大可以高达售价的 50％。① 2009 年美国政府也推出"车辆补贴退款计划"，通过补贴鼓励消费者把大排量旧车置换为省油环保的新能源汽车；中国政府在"十二五"规划中就提出将新能源汽车产业作为重点发展领域。 随后，相继推出了一系列扶持政策，如新能源汽车购车补贴、免征购置税、充电设施建设奖励等。 欧洲市场对新能源汽车发展的政策扶持相对较晚，如德国联邦政府 2016 年 5 月出台新能源汽车补助措施来刺激消费。

第 2 节　新能源汽车产业链发展的上下游技术支撑

传统燃油车的主要零部件是内燃机和发动机等，新能源汽车的核心部件主要是电机、动力电池和电控技术，其发展路线不同于传统的内燃机技术。 类似于发动机在传统汽车中的核心地位，动力电池是新能源汽车的心脏，其技术路线和技术发展水平直接决定了新能源汽车的续航里程、节能效率以及安全可靠性、充电时长和成本。 也正因此，在新能源汽车领域有句俗语"得动力电池者得整车"。

传统燃油车的发动机性能的提升需要依靠精密机械工艺和加工经验，而动力电池主要是电化学、材料方面的问题，动力结构相对简单，所需的研发投资不如发动机高。 技术发展范式不同和进入门槛较低，为中国汽车企业摆脱发

---

① 日、德两方为了发展新能源汽车产业提供了哪些措施？［EB／OL］.（2022-10-22）［2023-01-10］.https：//baijiahao.baidu.com/s？id＝17473833804046648383&wfr＝spider&for＝pc.

动机、变速器等落后于人的困境，以及与发达国家处于同一起跑线提供了良机。 2012 年 9 月，中央财政安排专项资金 40 亿元，重点支持全新设计开发的新能源汽车车型及动力电池等关键零部件。 此外，中国先后启动了 863 计划"电动汽车"重大科技专项、"节能与新能源汽车"重大项目等，投入科技经费近 20 亿元。 建立起以混合动力、纯电动、燃料电池汽车为"三纵"，以动力总成控制、驱动电机、动力电池等关键零部件为"三横"的"三纵三横"战略研发布局，形成了整车零部件企业协同研发，标准检测平台和应用示范为支撑载体的研发创新体系。①

而且，动力电池的技术路线和技术发展水平也影响成本。 电池的构成主要包括正负极材料、隔膜和电解液，这四大部分也是构成动力电池成本的主要来源，尤其是正负极材料不仅在成本构成中占据着重要的地位，同时也是解决续航里程问题的关键。 从图 6-2 不难看出，锂产品价格波动大，2020 年以来价格在高位波动，尤其是俄乌战争和电池需求上升，进一步加剧了钴、锂和镍等原材料价格的飙升，其中 2022 年 5 月锂价格比 2021 年初高出 7 倍以上。②

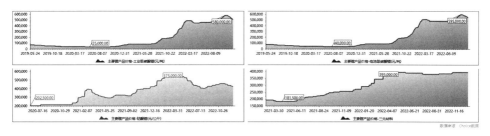

图 6-2　2019—2022 年主要锂产品价格变化

数据来源：choice 金融端。

中国生产了世界锂离子电池产量的四分之三，拥有 70％的正极产能和85％的负极产能；超过一半的锂、钴和石墨 加工和精炼能力位于中国。 中国的锂原料约 70％依赖进口；钴原料 94％进口自刚果（金）。③ 而锂电池价格自2013 年以来一路下滑，到 2022 年才开始有所回升（见图 6-3）。 在关键矿资源高对外依赖和锂电池一路下滑的情况下，中国新能源电池和新能源汽车还能保持较强的国际竞争力，最重要的在于技术创新，中国电极、电解液等关键基础技术已

① 我国 25 个城市示范推广节能与新能源汽车 2.74 万辆［EB/OL］.(2013-01-06)［2023-01-10］.http://www.gov.cn/jrzg/2013/01/06/content_2305839.htm.

② 数据来源：IEA《2022 年全球电动汽车电池供应链》。

③ 数据来源：中国海关数据库、全球贸易数据库。

达到国际先进水平。

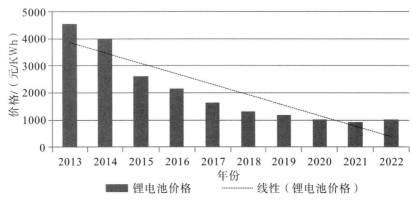

图 6-3　锂电池价格变动趋势

数据来源：Bloomberg。

　　2022 年中国企业国内动力电池装机量 261GWh，其中宁德时代全年装机量 119GWh，市场占有率约 45％，稳居全国第一，排在第二名的比亚迪以 63.2GWh 的装机量占有了全国 24％的市场份额（见表 6-1）。排名前二的两家厂商一共占据了近七成的国内市场，但其发展路线却不相同，比亚迪生产的动力电池以自给为主，宁德时代则为国内大多数的新能源汽车生产商供货，其主要客户包括特斯拉、吉利、上汽等汽车厂商[①]。2020 年，比亚迪研发的刀片电池提高了磷酸铁锂电池的能量密度，缩小了其与三元材料电池间的差距，冲击了行业对锂电池主流技术的判断。2021 年 4 月比亚迪将旗下新能源纯电动乘用车全系换装刀片电池。也因此，如表 6-1 所示，比亚迪装机在国内的市场份额从 2020 年的 14％，上升到 2021 年和 2022 年的 17％和 24％。

表 6-1　2020—2022 年中国动力电池厂商装机份额

单位：％

年份	宁德时代	比亚迪	中创新航	国轩高科	其他
2020	48	14	6	5	27
2021	50	17	6	5	23
2022	45	24	6	5	20

数据来源：GGII。

　　行业技术竞争激烈，使得转向三元锂电池的宁德时代也重视起对磷酸铁锂

---

①　数据来源：GGII。

电池的研发,基于提高空间利用率的思路研发麒麟电池,同时提高了磷酸铁锂电池和三元锂电池的能量密度。 因此,动力电池厂商的技术创新与升级,在推动中下游产业链发展的同时,也带来了更加激烈的竞争。 为了减小由未来技术突破方向不确定性可能带来的损失,头部厂商的研发投入将不断提高,进一步抬高了行业的进入门槛(见图 6-4)。 此外,随着动力电池原材料价格的升高,厂商的利润空间被进一步压缩,技术水平越来越成为其盈利的关键因素。

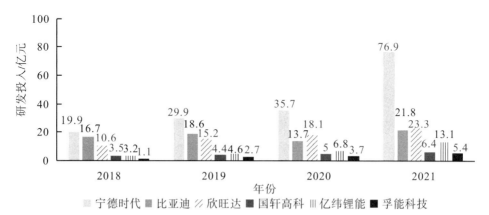

图 6-4　中国动力电池厂研发投入

数据来源：亿欧。

在产业链的下游部分就是充电桩,新能源汽车的正常行驶需要靠充电桩补充电力。 为了解决充电慢的问题,中国企业在大功率充电、换电等方面进行了创新。 虽然这些创新目前来说还不够成熟,却给未来充电技术的发展指明了方向。 大功率充电技术可以通过高电压实现电量的快速补充,但它不仅需要充电桩做出改变,还要求动力电池行业提高电池能量密度,且上下游行业标准需要统一,目前各充电桩和动力电池厂商还在探索中。 另外一种创新是换电模式,即用户可以在充电站直接换上已经充满的电池,由此可以省去等待充电的时间。 换电模式理论上可以完全解决充电慢的问题,但目前在统一制造标准、完善法律法规、配套商业模式等方面还存在一定的障碍,需要一定程度的政府支持和市场规模才能实现。

在新能源汽车这样一条新的赛道上,中国没有了在发动机、变速器、品牌效应等方面的劣势,如果在这些领域实现技术突破就可以实现弯道超车,打造出新能源汽车的国际知名品牌。 而且从经济发展层面来看,新能源汽车能够实现多个技术领域的联动和综合应用,使能源、技术、产业以及交通领域实现多维度高度融合。

第3节　新能源汽车产业链发展的下游需求支撑

除了技术方面的特性，与传统汽车相比，新能源汽车在市场方面的特性也是其发展迅速的原因之一。 新能源汽车因其面向未来的产业特点而受到各个国家政策的大力支持，下游市场规模扩大能极大激励中上游企业创新（Matsuyama et al.，2022）；中国超大规模的市场需求激活了新能源汽车行业技术创新的"正反馈"机制（安同良 等，2023）。 中国政府在 2009 年就发布《关于开展节能与新能源汽车示范推广试点工作的通知》，对北京、上海和重庆等 13 个试点城市公共服务领域购置新能源汽车给予补助；2010 年和 2011 年又分别发布了《关于私人购买新能源汽车补贴试点的通知》《关于调整节能汽车推广补贴政策的通知》。 2012 年国务院发布《节能与新能源汽车产业发展规划（2012—2020 年）》，开启了中国新能源汽车行业发展的新纪元。 2013 年，新能源汽车试点在全国 28 个城市展开，此后，国家和地方连续出台鼓励充电设施建设、免征车辆购置税、补贴生产销售、给予电价优惠、新能源牌照优待路权等扶持政策。

这些政策顺应了时代发展的趋势，充分发掘了中国人口规模巨大的优势，扶持产业、促进消费，极大地促进了新能源汽车行业的发展。 再加上新能源汽车本身技术的日益成熟，新能源汽车在使用过程中的能耗较小、成本相对燃油车较低，极大影响了消费者在购买汽车时的决策。 由此，从 2012 年到 2022 年的十年间，中国新能源汽车销量实现了巨大的飞跃（见图 6-5），国内庞大的市场需求以及政府的大力支持，促使中国新能源汽车上下游企业不断进行技术突破，逐步发展为世界一流企业。

此外，新能源汽车为数字技术的发展提供了良好的载体，具有广阔的应用场景和多样化的市场需求。 正如国务院办公厅在《新能源汽车产业发展规划（2021—2035 年）》中提到的，"新能源汽车融汇新能源、新材料和互联网、大数据、人工智能等多种变革性技术，推动汽车从单纯交通工具向移动智能终端、储能单元和数字空间转变，带动能源、交通、信息通信基础设施改造升级，促进能源消费结构优化、交通体系和城市运行智能化水平提升，对建设清洁美丽世界、构建人类命运共同体具有重要意义"[①]。

---

① 国务院办公厅.新能源汽车产业发展规划（2021—2035 年）［EB/OL］.（2020-10-20）［2022-12-16］.http://www.gov.cn/gongbao/content/2020/content_5560291.htm.

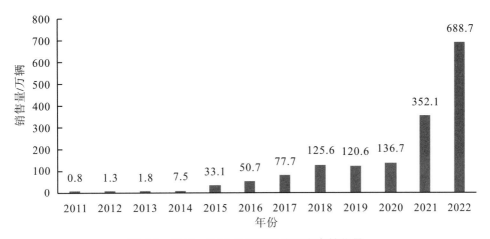

图 6-5 2011—2022 年中国新能源汽车销售量

数据来源：中国汽车工业协会。

新能源汽车以电力的形式供能，而汽车智能化需要的各类传感器、控制器等也需要电力维持运行，因此相比于传统汽车，新能源汽车可以实现能源在动力系统、控制系统之间的高效分配。此外，电控系统接入无人驾驶等智能操作系统中是电信号对电信号的传递，信息传递效率高，可以实现系统对整车状态的高效控制。因此，新能源汽车在汽车智能化、网联化方面具有较大优势。如图 6-6 所示，新能源商用车销售量受新冠肺炎疫情影响较大，随着疫情逐渐平稳，新能源商用车销售量在逐步回升。

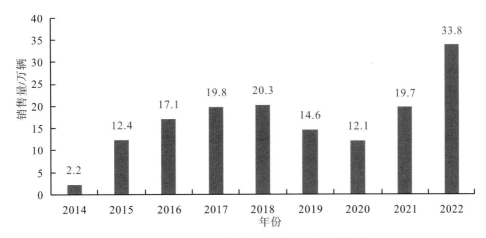

图 6-6 2014—2022 年中国新能源商用车销售量

数据来源：新能源商用车市场信息联席会、中国汽车工业协会。

正是新能源汽车与智能化的紧密联系使得其应用场景逐步扩展，但限于目前汽车的智能化水平以及充电基础设施的完善程度，新能源汽车的商用主要还是在特定场景中，比如矿山、港口物流、工程作业等领域，随着新能源汽车技术上的不断进步，其低碳、低成本的行驶模式在商用领域将更加具有吸引力。消费主体的不断扩大、各种新兴商业模式的崛起，以及政策对于新能源汽车的扶持，都成为市场需求刺激该行业发展的强大动力，并以此更多地挖掘出新能源汽车的发展潜力。新能源汽车的广泛应用和产业提升，不仅能够推进能源加速转型，并有望进一步成为新兴的强劲增长点，助推整个社会经济的转型升级。

第 4 节　中国新能源汽车产业链的突破

一、产业链上下游联动发展

中国新能源汽车的突破发展得益于其产业链上下游产业基础的发展，上游动力电池等核心技术突破发展，以及下游市场需求规模扩大和充电桩等基础设施建设加快，通过技术拉动与市场推动双重驱动中国新能源汽车规模化发展和竞争力提升。也正是在该产业链基础上，从 2016 年起，中国新能源汽车补贴力度开始逐步降低，并在 2022 年 12 月 31 日终止新能源汽车的补贴政策。在这过程中，2020 年由工业和信息化部装备工业一司指导，中国汽车工程学会牵头组织编制的《节能与新能源汽车技术路线图 2.0》正式发布，进一步将提升关键核心技术自主化水平和形成协同、高效、安全、可控的产业链作为重点目标。2020 年，充电基础设施建设被列为中国"新基建"七大领域之一，2023 年 4 月 28 日中共中央政治局召开会议，进一步着力强调要加快推进充电桩、储能等设施建设和配套电网改造。

（一）产业链上游的发展

1.动力电池的技术范式

消费者在挑选新能源汽车时，动力电池是一个很重要的参数。动力电池技术直接决定汽车的续航里程、节能效率以及最为重要的安全问题，因此，提升动力电池的性能是决定新能源汽车发展的重要基础。企业需要在动力电池的产品制造装备、工艺水平、检测能力、产品可靠性和一致性等方面不断改进,以提升续航里程和能量,并降低电池制造成本。 而动力电池的技术竞争也体现在技术范式上。

实际上日韩企业更早开始动力电池的研发,从智慧芽全球专利检索数据库(PatSnap)与大为 innocent 专利数据库不难发现,中国企业在动力电池领域的发明专利申请,大多数是在 2010 年之后。 日本的丰田早在 2008 年就全力布局固态电池技术,并在 2012 年发布了硫化物固态电池,其硫化物电解质让固态电池电导率首次超过液态电池,但固态电池的技术瓶颈一直没突破,无法进行量产装车;韩国企业 LG 和三星则是两条腿走路,并将更多研发资源投向锂电池技术。 中国企业则是将绝大多数研发资源投向锂电池技术,这帮助中国企业绕过了以日本企业为主的固态电池专利约束。 虽然中国企业锂电池发明专利起步较晚,而且也面临国外企业的激烈竞争,其中锂电池领域三大巨头松下、LG 化学、三星 SDI,不仅专利数量遥遥领先,而且拥有全球优质客户。 如松下与特斯拉保持良好的合作关系;LG 化学作为动力电池行业的后起之秀,是现代、通用、雷诺、日产等车企重要的动力电池供应商。 即使在核心技术被日韩企业把控的发展背景下,得益于中国庞大的市场需求规模和政府的政策支持,以及大量民营企业进入市场展开竞争等,中国企业在动力电池领域的技术发展快速,2016 年后,中国企业在锂电池领域的相关技术专利申请出现了爆发式增长。

然而,动力电池的技术范式之争还在继续。 2023 年 6 月丰田在"改变汽车未来"为主题的技术说明会上,强调其将维持"全方位电动化"的战略,并宣布挑战于 2027—2028 年将全固态电池投入实际应用,其续航里程可达 1 000公里,这将带来动力电池市场新的洗牌。 根据 incoPat 专利数据库数据,当前固态电池专利最多的前十大企业,日本占 7 家,韩国占 3 家,其中日本丰田汽车公司、丰田株式会社和丰田自动车株式会社三家专利占比 47%。 中国企业在固态电池上的专利拥有量与日韩企业还有很大的差距,可能面临新的考验。

2.动力电池正极材料的技术突破

(1)三元材料的稳定发展。 电池中的锂离子主要来自正极材料,电池的能量密度也主要取决于正极材料。 正极材料有很多种,如磷酸铁锂、锰酸锂、钴酸锂和三元锂等,其中三元锂又可分为镍钴锰(NCM)和镍钴铝(NCA),其中镍钴锰三元电池,根据不同元素的相对占比可进一步细分为 NCM333、NCM523、NCM622、NCM811,由于三元材料使用了钴等贵金属,其造价相对较高。 磷酸铁锂在中国储量丰富,在成本较低的同时能保证较高的安全性能，因此在早期动力电池生产中，磷酸铁锂是主要原材料。 然而根据 2017 年工信部发布的《汽车产业中长期发展规划》，由于现阶段的磷酸铁锂比容量正极远无法达到一定标准，出现了由三元材料代替磷酸铁锂成为动力电池正极材料的主要原材料的趋势。

在动力电池的续航里程问题之外，最受关注的是动力电池的安全性能问题，目前业内对三元材料最大的质疑是三元材料的安全性能不及磷酸铁锂材料。 根据相关资料，虽然动力电池安全性的基础取决于正极材料的安全性，但正极材料的安全性并不直接等同于电池的安全性；同样，动力电池的安全性也不直接代表动力电池系统的安全性。 装载在新能源汽车上的一整套动力电池系统，其安全性取决于整个动力电池系统内的各功能单元，如电池箱、电池模块、热管理系统、电源管理系统和安全控制模块等。 从电池层面来看，电池安全性能还受正极材料、电解液、隔膜和负极材料的性能优劣的影响。 具体来看，由于存在低电压下析锂形成锂枝晶的问题，石墨负极的安全性不如钛酸锂负极；相比普通隔膜，陶瓷隔膜由于具有优异的耐高温性能，能更好地阻止电池短路；电解液也可以通过加入阻燃剂、改变溶剂种类等方法改进其安全性。

可见，在选择正极材料的同时，企业还可以在电池系统等层面进行技术创新，以提升续航里程和动力电池系统的安全性。 特斯拉所采用的 NCA 动力电池，作为一种广义的三元材料，虽然 NCA 材料的安全性能远不如镍钴锰三元材料，仅接近于钴酸锂材料，但其技术提升同样可以保障电池的安全性。 在该领域，中国出现了当升科技、杉杉股份、深圳天骄、天津贝特瑞等专业发展企业。

(2)基于不同正极材料的技术路线。 为了能够打消普通消费者对于三元材料所生产的正极材料的安全性能的顾虑，工信部在 2016 年 3 月宣布暂缓三元材料在商用客车(大巴车)动力电池上的使用，而在普通乘用车(货用车、家用车等)方面，三元材料仍可作为动力电池正极材料的主要原材料加以使用。 根据实地调研得到的反馈，工信部这一举动更多的是从安全角度考虑，因为客车人多门少，发生意外造成乘客伤亡的可能性更大，而乘用车人少门多，安全系数更高。 因此采用这种方式能更好地兼顾续航和安全问题。 从表 6-2 可以看出，目前各新能源汽车龙头企业的电池技术路线，磷酸铁锂和三元锂在整车厂电池的使用各有千秋。

表 6-2　各新能源汽车厂动力电池技术路线

汽车厂	比亚迪	上汽	北汽新能源	江淮	启辰晨风	吉利	奇瑞
动力电池技术路线	磷酸铁锂、磷酸锰铁锂、三元锂	磷酸铁锂、三元锂、氢燃料电池	磷酸铁锂、三元锂	磷酸铁锂、三元锂	锰酸锂	磷酸铁锂、三元锂	三元锂

资料来源：根据公开资料整理。

3.动力电池负极材料的技术突破

负极材料是由负极活性物质碳材料或非碳材料和黏合剂、添加剂混合后，均匀涂布在铜箔两侧后，经干燥、滚压而成的。负极材料有碳类材料和非碳类材料，其中碳类材料主要有石墨和无定形碳，主要包括天然石墨、人造石墨、中间相碳微球(硬碳)和软碳等；其他非碳负极材料则主要有硅基材料、锡基材料、钛基材料以及氮化物等。性能优异的负极材料一般具备较高的比能量，相对锂电极的电极电势低，其充放电反应的可逆性能更好，并与电解液兼容性好。天然石墨容量较高且工艺简单、成本较低，但循环性能较差；相比较而言，人造石墨工艺复杂、成本略高，但循环较好且安全性能较高；中间相碳微球石墨在倍率性能上高于天然石墨与人造石墨，因此热稳定性和化学稳定性较好，但其制作工艺复杂、成本较高。硅碳类复合材料容量比要远高于石墨类负极，国内储量丰富，但由于在反应过程中锂容易嵌入硅晶胞，导致材料膨胀容量迅速下降，循环寿命较低。综合比较成本与性能，当前全球负极材料总出货量中，天然石墨和人造石墨的占比分别为 55％和 35％，中间相碳微球占比 7.4％，钛酸锂、锌、硅合计占比约 1％。①

较长一段时间以来，负极材料市场被日本企业垄断，持续增大的市场需求驱使日本企业在日本扩大产能。但 2010 年后，情况出现逆转，具有低成本优势的中国企业，如贝特瑞、杉杉科技等，在技术方面后来居上，开始逐渐扩大负极材料市场，使得大量日本企业的本土产能下降，不少日本企业不得不把产能转移到中国。大量的企业聚集使得中国负极材料产能从 2011 年开始便逐年放量，负极材料生产线在中国的大量聚集使得中国成为主导负极材料产业的生产大国，这在一定程度上为中国企业提供较低成本的负极材料提供了良好的宏观环境。

① 钜大 LARGE.锂离子电池负极材料深度研究［EB/OL］.(2021-05-17)［2022-12-18］.
http://www.juda.cn/news/190615.html.

相对于人造石墨和 MCMB 等产品，天然石墨的制造成本明显更低，从技术方面来讲，更多地采用天然石墨也能降低负极材料制造成本。 目前，主要使用负极材料的产品中，各种碳负极材料之间可以两两复合，或者三者复合；碳负极材料也可以与合金类负极材料复合使用。 因此，几乎所有的锂离子电池制造商都在采用含有天然石墨的复合负极材料以降低电池制造成本。 随着全球锂电池市场的爆发，对材料成本、加工性能、能量密度、循环寿命、快充倍率等因素的综合要求提升，人造石墨逐步成为锂电池负极材料的首选。 中国上市公司璞泰来、杉杉股份、中科电气、翔丰华等占据着绝对的市场地位，负极材料整体的竞争格局和人造石墨相差不大，前五大公司均为璞泰来、杉杉股份、凯金新能源、贝特瑞和中科星城。[①]

（二）产业链下游需求市场的发展

中国新能源汽车市场需求规模的扩张，主要有三个层面的驱动力：

1.政府政策

为推动消费者从传统汽车转向新能源汽车，2009 年以来中国政府出台了一系列政策进行支持和引导。 免征车辆购置税、购车置换补贴等多项优惠降低了消费者的购买成本，减轻了购买压力；易于上牌、不限行等政策利好，提高了个人购买新能源汽车的意愿。 需求侧增长促进了中国新能源汽车规模化发展和技术创新，用户对新能源汽车的接受度越来越高，市场认可和需求的提升，为中国成为全球最大的新能源汽车消费和制造大国提供了强大的市场支撑。

充电桩产业是新能源汽车行业发展的保障，受产业链供给端和需求端的双重推动而快速增长。 从需求端来看，需求侧增长拉动了对充电桩的需求。 相比于加油站，充电桩不需要大量空间储存能源，也不需要考虑易燃物的储存条件，因此其分布更加分散。 同时，由于现阶段技术水平的限制，相比于传统汽车加油的速度，新能源汽车充电速度较慢，市场对充电桩数量的要求也就更高，因此，如何同时在分散的地点安全运营大量的充电基础设施，对新能源汽车的下游产业来说是一个全新的挑战。

从供给端来说，新能源汽车的优惠政策使其产量上升，政策红利不断向产

---

① 钜大 LARGE。锂电池负极材料行业市场现状和发展前景分析：天丝石墨 VS.人造石墨，谁更具潜力？［EB/OL］.（2023-03-22）［2023-04-06］. http://www.juda.cn/news/294370. html.

业链下游转移,推动了产业链下游的建设与发展。 根据国家能源局提供的数据,2022 年,中国充电基础设施累计数量达到 520 万台左右,其中,公共充电基础设施累计数量达到 180 万台左右;私人充电基础设施累计数量超过 340 万台①,远远超过国内加油站的总数。 数量庞大而分散的充电设施为该行业多种多样的技术创新和运营模式创新奠定了坚实的基础。

2.行业应用场景

共享汽车、自动驾驶租赁及物流车等新兴商业模式正不断创新发展。 新能源汽车企业也正从单一地提供汽车产品,逐渐地向产品、服务、充电和运营等多个环节组合和新型商业模式转变。 其中,共享汽车作为典型共享模式下的新产物,将共享汽车与新能源相结合起来,也大大推动了新能源汽车的发展及其相应市场的扩张;而在共享汽车的大概念中,分时租赁也成为一种更为灵活有效的共享模式,分时租赁进入中国市场的时间点正好是国内新能源汽车的起步发展期,一些企业希望通过分时租赁推广自身的新能源车型,所以以新能源车型成为中国分时租赁市场的绝对主导车型。 此外,面对未来综合要求更高的应用场景,如航空航天、国防军工等领域,动力电池将会引来更加激烈的技术竞争,这也将进一步推动新能源汽车领域的飞跃发展。

随着欧洲能源政策的落地实施,欧洲市场可能将是全球最有活力的需求市场,一些新的应用场景也可能出现。 这吸引了中日韩新能源汽车企业开始在欧洲建厂投产,其中,据韩国《东亚日报》报道,宁德时代在德国图林根州设立生产基地,现代汽车集团将与 LG 新能源和韩国 SK Innovation 旗下电池公司 SK On 在美国建立电动汽车电池合资企业;韩国三星 SDI 正考虑在匈牙利建第三座工厂为宝马生产定制电动汽车电池等。②

3.企业间合作

中国动力电池企业也在加强与新能源汽车车企合作,以更好地服务消费者,从而扩大市场需求容量。 典型的如宁德时代,其与主要客户华晨宝马在车用电池领域展开合作,双方共同开发的高压电池,安全性和寿命均较高;同时,宁德时代还和上汽、北汽、长安、吉利、长城、东南汽车、宇通、海格、金龙、重汽、东风等多家车企展开合作,是国内极少数为国际汽车品牌提供动

---

① 国家能源局发布 2022 年可再生能源发表情况并介绍完善可再生能源绿色电力证书制度有关工作进展等情况[EB/OL].(2023-02-14)[2023-04-06].http://www.gov.cn/xinwen/2023-02/14/content_5741481.htm.

② 三星 SDI 考虑在匈牙利建第三座工厂　为宝马生产定制电动汽车电池[EB/OL].(2023-01-12)[2023-04-06].https://www.ne-time.cn/web/article/28435.

力电池解决方案的供应商。 同时，宁德时代与蔚来汽车等新兴整车企业(包括互联网车企、智能车企等)也积极开展了合作；还与国能电动汽车瑞典有限公司(NEVS)签署了战略合作协议，双方开展了深入的技术交流和研发合作，共建产业生态。

通过上下游的合作，贴近市场、开拓客户群，加快了宁德时代发现和解决各项技术难题的步伐。 与比亚迪一样，宁德时代的动力电池的起点也是磷酸铁锂，但由于宁德时代跟大量的客户合作，其技术路线比比亚迪更早、更坚决地向三元材料转变。 2017年新能源客车市场经历了调整波动，却没有对宁德时代产生太大的影响，原因就在于其已经拓展了乘用车客户量。 可以说，与客户保持紧密合作关系，培育了宁德时代敏锐的市场洞察力和准确的战略定位，也提高了它适应市场变化趋势而调整其产品生产的能力，进而大大提高了它在行业中占据主要地位的能力。

此外，宁德时代还着力于通过产业链延伸来拓展市场。 2015年动力电池进入爆发期，2018年开始这一部分电池进入退役期。 这意味着，随着越来越多动力电池需要报废，以及动力电池回收规则逐渐明确、回收渠道开始规范、动力电池拆解回收技术不断进步，锂电池梯次利用和报废回收的规模将逐年增大。 2015年，宁德时代通过子公司宁德和盛收购了广东邦普69.02%的股权。广东邦普的主要业务是回收利用镍钴锰锂资源，即把废旧锂离子电池中的镍钴锰锂等有价金属，进行加工、提纯、合成，最后生产出锂离子电池材料三元前驱体(镍钴锰氢氧化物)等。 宁德时代收购广州邦普后，便打通了锂电池生产制造和回收利用的闭环，电池报废后进入回收环节，将电芯及相关原料进行回收，提取可利用材料重新整合为可再次利用的电池包，并投入市场中使用。宁德时代将动力电池的梯次利用不仅仅局限于储能基站，把回收来的电池也用在场地车、低速电动车上。 这给宁德时代带来了更加广阔的发展前景，而且也有助于提升其整体实力和抗风险能力。

二、上下游产业基础的支撑作用：基于中国企业和城市数据的实证分析

为了验证新能源汽车的上、下游产业基础对中游新能源车企发展的支撑作用，本书参考万得(WIND)数据库中的新能源汽车产业链数据库，确定新能源汽车的上下游产业，其中电机制造(行业代码3811-3813、3810)、输配电及控制设备制造(行业代码3821-3824、3829)为上游；机动车充电销售(行业代码5267)为下游。 然后，利用企业工商登记注册信息的行业分类码和经营范围筛

选出上下游企业。

1.数据来源和处理

本研究企业数据来自中国工商登记注册企业数据库，该数据库涵盖了1980 年以来在中国注册的所有企业相关信息。 考虑到 2009 年国务院办公厅发布《汽车产业调整与振兴计划》，选取 2008—2020 年间的数据。 根据经营范围关键词剔除了只进行销售和提供配套服务的新能源汽车企业，只保留行业代码为"3612"的整车制造商，共有 465 家新能源汽车制造商。 回归所用的数据，为中国不同城市新能源汽车制造商所在城市的数据。 其中专利数据主要来源于《中国专利数据库》，城市层面的相关数据来源于《中国城市统计年鉴》。

2.模型设定

为验证产业链上下游发展的支撑作用，借鉴陈钊和初运运(2023)的研究方法，基准回归模型设定为：

$$\text{Gowth}_{it} = \alpha_1 \text{UP}_{it} + \alpha_2 \text{DOWN}_{it} + \alpha_3 \text{controls}_{it} + \lambda_i + \sigma_i + \varepsilon_{it} \quad (1)$$

下标 i、t 分别表示城市和年份。 Growth_{it} 表示新能源汽车的企业发展，分别用新能源汽车的企业数量(amount)、产业集群(cluster)和新增专利数(inno)三个维度来衡量。 UP_{it} 和 DOWN_{it} 分别表示 i 城市的上游和下游产业基础。 λ_i 和 μ_i 分别表示城市和年份固定效应；ε_{it} 为随机干扰项。 标准误差聚类到城市层面。

3.主要变量

(1)被解释变量。 分别用城市层面的新能源汽车累积企业数量、新能源汽车产业集群和新能源汽车新增专利数来衡量新能源汽车发展水平。

(2)解释变量。 核心解释变量是新能源汽车企业所在城市的上下游产业基础，利用企业工商登记注册信息，筛选出城市层面的新能源汽车上游企业数量(X_{up})与下游充电桩企业数量(X_{down})；然后借鉴 Leamer(1997)，根据城市 i 的面积($Area_i$)调整城市内部距离 $D_{ii} = \sqrt{Area_i / \pi}$；最后用以下公式得到城市上游产业基础(UP)和城市下游产业基础(DOWN)：

$$\text{UP} = \ln(\frac{X_{up}}{D_{cc}} + 1), \ \text{DOWN} = \ln(\frac{X_{down}}{D_{cc}} + 1) \quad (2)$$

(3)控制变量。 选取城市层面的控制变量，包括：城市生产总值、政府科学技术支出金额、城市实际使用外资金额、城市实际进出口金额。 考虑到新能源汽车对城市公共交通和出租车影响较大，因此也控制城市年末公共汽车和城市年末出租车实有数量。 以上主要变量的描述性统计见表 6-3。

表 6-3　主要变量描述性统计

变量名称	变量说明	均值	标准差	最小值	最大值
amount	城市新能源汽车累积企业数量＋1 的对数	0.3607	0.5554	0	2.8904
cluster	（城市新能源汽车累积企业数量/全国新能源汽车累积企业数量）×100	1.0370	1.5432	0	6.9600
inno	城市当年新增新能源汽车相关专利数＋1 的对数	0.7830	1.2796	0	6.2916
UP	城市新能源汽车累积上游企业数量＋1 的对数	0.1637	0.2621	0	2.2221
DOWN	城市累积充电桩数量＋1 的对数	0.2472	0.5361	0	2.8904
grp	城市当年生产总值＋1 的对数	−1.6190	0.9309	−4.4037	8.1340
tech	城市当年政府科学技术支出＋1 的对数	1.1121	1.5785	−4.9062	6.0720
foreign_capital	城市当年实际使用外资金额＋1 的对数	1.6147	1.1430	0	5.7341
im_export	城市当年进出口数额＋1 的对数	4.8781	1.9174	−1.4100	10.3102
num_buses	城市年末公共汽车营运实有数量的对数	−2.4036	1.0820	−4.9618	3.4625
num_taxis	城市年末出租汽车营运实有数量的对数	−1.5541	1.0248	−3.9528	2.7768

4.基准回归结果

根据 Hausman 检验结果，采用面板固定效应模型进行回归。 表 6-4 第（1）、（3）、（5）列为没有加入控制变量时的回归结果；第（2）、（4）、（6）列为没加入控制变量时的回归结果。 回归结果表明，上下游产业基础发展能显著性地促进中游新能源汽车的企业数量、产业集群和创新发展。

表 6-4　上下游产业基础对新能源车企的影响

变量	(1) amount	(2) amount	(3) cluster	(4) cluster	(5) inno	(6) inno
UP	1.4600*** (0.3707)	0.9215*** (0.3161)	0.5619*** (0.1688)	0.3027* (0.1717)	3.5462*** (0.7795)	2.0638*** (0.6076)
DOWN	6.7503*** (1.0519)	5.5660*** (0.8849)	2.6222*** (0.5930)	2.0122*** (0.6339)	10.5615*** (2.3290)	7.4668*** (1.9719)

续表

变量	(1) amount	(2) amount	(3) cluster	(4) cluster	(5) inno	(6) inno
grp		0.0198		0.0200		−0.0354
		(0.0242)		(0.0156)		(0.0543)
tech		0.0760 ***		0.0257 ***		0.2141 ***
		(0.0145)		(0.0076)		(0.0337)
foreign_capita		0.0187		0.0055		0.0083
		(0.0242)		(0.0127)		(0.0636)
im_export		0.0515		0.0574		0.2153 ***
		(0.0316)		(0.0567)		(0.0683)
num_buses		0.2411 ***		0.0897 **		0.5822 ***
		(0.0548)		(0.0360)		(0.1206)
num_taxis		−0.1183 *		−0.0165		−0.0995
		(0.0614)		(0.0650)		(0.1301)
_cons	0.0594	0.2203	0.0125	−0.0344	0.1050	0.2617
	(0.0559)	(0.2111)	(0.0260)	(0.2026)	(0.1162)	(0.4254)
观测值	1872	1872	1872	1872	1872	1872
R^2	0.3356	0.4264	0.0951	0.1366	0.2716	0.4054

说明：括号内的值为聚类到城市层面的稳健标准误，*、** 及 *** 分别表示 10%、5% 及 1% 的显著性水平，所有回归均控制了年份固定效应和城市固定效应，后表同。

5.进一步分析：考虑政策补贴和补贴退坡的情况

为探寻退坡前后补贴政策是否强化（或弱化）了产业链支撑对中国新能源汽车产业的影响效果，进一步区分"前补贴时代"和"后补贴时代"检验补贴政策对产业链支撑的影响效应，结果见表 6-5 和表 6-6。

表 6-5 第(3)列补贴政策与上游产业基础的交互项对产业集群具有显著性负向影响，第(5)列补贴政策与下游产业基础的交互项对新增专利数也具有显著性负向影响，说明补贴政策在退坡前阻碍了上下游产业基础对新能源汽车产业发挥支撑作用，第(5)和(6)列补贴政策与上游产业基础的交互项对新增专利数具有显著性积极影响，说明补贴政策及时转向引导上游技术发展在一定程度能强化上游产业基础的支撑作用。总体而言，其他列交互项对被解释变量的影响均不显著，说明"前补贴时代"补贴政策并非通过强化产业链支撑对新能源汽车产业发展产生间接影响。

表 6-5 "前补贴时代"补贴政策对产业链支撑作用的影响

变量	(1) amount	(2) amount	(3) cluster	(4) cluster	(5) inno	(6) inno
UP	0.6142**	0.4609*	0.0914**	0.0682	1.4664**	0.9442
	(0.2532)	(0.2676)	(0.0360)	(0.0431)	(0.6562)	(0.6540)
DOWN	1.3066	0.6816	−0.0580	−0.1364	7.2753	4.7891
	(2.1877)	(2.2291)	(0.5108)	(0.5222)	(5.3359)	(5.2600)
subsidy_UP	−0.0006	0.0448	−0.0320*	−0.0238	0.4261*	0.6850**
	(0.1096)	(0.1202)	(0.0172)	(0.0179)	(0.2493)	(0.2803)
subsidy_DOWN	2.4051	2.9913	0.8252	0.8887	−10.1414**	−7.9607
	(2.1474)	(2.1739)	(0.5407)	(0.5595)	(5.0246)	(4.9016)
subsidy	0.1343***	0.1117***	0.0360***	0.0321***	0.3062***	0.1757***
	(0.0264)	(0.0273)	(0.0079)	(0.0080)	(0.0499)	(0.0497)
grp		−0.0016		−0.0033		−0.0392
		(0.0195)		(0.0044)		(0.0495)
tech		0.0135**		0.0030*		0.0873***
		(0.0059)		(0.0017)		(0.0179)
foreign_capita		−0.0052		−0.0028		−0.1805***
		(0.0115)		(0.0027)		(0.0468)
im_export		0.0206		0.0037		0.0753*
		(0.0191)		(0.0057)		(0.0433)
num_buses		0.0095		0.0006		0.0934
		(0.0251)		(0.0065)		(0.0600)
num_taxis		−0.0084		0.0027		0.0135
		(0.0279)		(0.0089)		(0.0631)
_cons	0.0071	−0.0599	0.0000	−0.0117	−0.0464	0.0936
	(0.0286)	(0.1067)	(0.0043)	(0.0309)	(0.0738)	(0.2679)
观测值	1 296	1 296	1 296	1 296	1 296	1296
R^2	0.1888	0.1979	0.1170	0.1225	0.1699	0.2253

表 6-6 第(1)至(5)列补贴退坡与上游产业基础的交互项对被解释变量均具有显著性积极影响，第(1)至(2)列补贴退坡与下游产业基础的交互项对新能源车企数量也具有显著性积极影响，说明新能源汽车补贴减少反而能为上下游企

业发展留存合作空间，逐渐从"政府驱动"转向"市场驱动"，从而强化产业链支撑对新能源汽车产业的积极影响。 根据上文所述，总体上补贴政策难以强化产业链支撑作用，而后期逐渐从"政府驱动"转向"市场驱动"，则在一定程度上有利于强化产业链支撑作用而对中国新能源汽车产业产生持久的积极影响。

表 6-6　"后补贴时代"补贴政策对产业链支撑作用的影响

变量	(1) amount	(2) amount	(3) cluster	(4) cluster	(5) inno	(6) inno
UP	1.5178***	1.3391***	1.1806***	1.0041***	1.4539***	1.0483**
	(0.4057)	(0.4041)	(0.3928)	(0.3835)	(0.5315)	(0.5300)
DOWN	2.1862***	2.2605***	0.8955	0.8631	1.6424	1.6682
	(0.7278)	(0.7346)	(0.6515)	(0.6705)	(1.2129)	(1.2276)
drop_UP	0.4566***	0.4030***	0.2884**	0.2207*	0.4028*	0.2910
	(0.1379)	(0.1424)	(0.1192)	(0.1262)	(0.2083)	(0.2107)
drop_DOWN	2.2409**	2.2849**	0.3399	0.3611	2.5348	2.5748
	(1.0436)	(0.9386)	(0.8329)	(0.8472)	(2.6717)	(3.0048)
drop	−0.4787***	−0.4253***	−0.1536***	−0.0955***	−0.5184***	−0.4062***
	(0.0520)	(0.0539)	(0.0357)	(0.0332)	(0.0905)	(0.0991)
grp		0.0028		0.0011		0.0724
		(0.0277)		(0.0146)		(0.0466)
tech		0.0919		0.1384**		0.0915
		(0.0615)		(0.0554)		(0.1065)
foreign_capita		0.0456		0.0702**		0.1011
		(0.0420)		(0.0327)		(0.0626)
im_export		0.0250		−0.0039		0.1705*
		(0.0631)		(0.0601)		(0.0932)
num_buses		0.2377**		0.2137***		0.1110
		(0.0944)		(0.0757)		(0.1260)
num_taxis		−0.1477		−0.0833		−0.1085
		(0.1117)		(0.0821)		(0.1693)
_cons	0.5209***	0.4540	−0.0033	−0.0051	1.6448***	0.6498
	(0.0978)	(0.3617)	(0.0925)	(0.3426)	(0.1339)	(0.5376)
观测值	576	576	576	576	576	576
R^2	0.4222	0.4394	0.2085	0.2608	0.1926	0.2123

第 7 章

突破二元分工网络促进中国装备制造业自主创新的对策

前面章节分析表明，一方面，跨国设备企业主导的国际分工网络竞争造成市场窃取效应和资源挤出效应，进而诱使大量本土设备企业和零部件供应商愿意进入国际分工网络而不愿进入国内分工网络；另一方面，中国现有体制下，大型装备制造企业以国有企业居多，其分工网络结构性较强，网络外的企业参与分工的壁垒比较高，以及各地方政府产业结构升级压力所诱发的潮涌现象和资源分散，降低了地区间的产业关联效应，导致国内的区域分工网络间处于竞争分立状态。 在某种程度上，这两个层面的制约效应会产生恶性循环，使得中国装备制造业国内分工网络的发展出现低端锁定，从而制约了中国装备制造业的发展。 因此，需要以体制和政府政策模式改革为突破点，通过促进本土企业间分工协作、资源整合来推动国内分工网络发展，以增强与国际分工网络竞争合作的基础，进而在中国装备制造业国内分工网络国际化发展中增强企业创新能力。 另一方面需要企业战略调整，这两方面是互推的，同时也需要国际市场竞争压力来推动。

第 1 节　促进中国装备制造业分工网络发展的战略

一、基于全球价值链视角推动结构优化创新

在全球分工不断深化与新一轮科技革命背景下，基于中国经济结构面临的这些问题，亟需从全球价值链视野来推动结构优化调整。

在方向上，结构优化调整常被理解为政府通过产业政策来挑选、淘汰产业，体现为政府"上什么产业，下什么产业"的意图。 即产业"新"，就是升级，就是创新；产业"旧"，就是维持旧的发展方式，就是转型升级不力。 这

容易诱发战略性新兴产业的"潮涌现象"，也驱使企业不断地、大规模地丢失传统产业的优势。 实际上，一些传统产业事关老百姓的基本生活，有比较稳定的市场需求。 而且在参与国际分工中中国在一些传统产业上已经获得了比较明显的竞争优势，只是这些传统制造业以中小型民营企业为主，不少企业的工艺、技术和设备落后，生产率比较低。 在全球需求市场下滑，中国经济增速放缓和生产成本快速上升及环境约束加大等多重不利因素叠加影响下，传统制造业"融资难、招工难、用地难"问题格外凸显，不少企业只能在低端层面维持运转。 但在新一轮科技革命背景下，传统产业还有很大的技术升级空间，一些传统产业仍然可能培育出新的竞争优势。 此外，基于全球价值链的国际分工背景下，传统制造业中也有像耐克这样的高溢价企业。 因此，结构优化调整指向上应该更加突出先进制造而不是先进制造业。 这意味着，结构优化调整的资源方向不应该基于产业结构进行产业间的水平重组，而应该基于全球价值链进行垂直整合，引导企业把非核心环节剥离，通过同行业同环节企业间的并购等措施，淘汰劣质资源，促进优质资源往优质企业转移、集中，从而使得资源从低端环节往高端环节流动。

在空间上，结构优化调整被形象地比喻为"腾笼换鸟"，即把现有传统的制造业"转移出去"，再把先进企业"转移进来"。 这容易人为地撕裂宛如"生物链"那样呈集聚状态的大中小企业之间已存在的完整的价值链与产业链，也造成巨额的迁移企业成本。 尽管一些地方通过各种优惠政策培育了一些高端产业，但多数企业主要处于高端产业价值链的低端环节，没有自主品牌，技术水平比较低，主要进行贴牌生产或为品牌企业提供零部件或外围部件生产，甚至不少企业完全依赖单一客户，一旦市场需求变化或技术更新换代加快，就面临倒闭或破产的危险。 如苏州大型的知名手机零部件代工企业联建科技和闳晖科技的倒闭，在社会上引起了极大反响。 可见在基于全球价值链的国际分工背景下，先进制造业中也存在大量的代工组装等低端环节企业，因此引进高端产业不等于就引进了先进企业。 而立足现有产业基础，通过延伸全球价值链与产业链，虹吸、整合国内外创新资源，实现向高端产业的中高端环节延伸、链条升级，却是培育高端产业先进企业的可行路径。

在对象上，区域间产业同构化常被地方政府视为结构优化调整的重要问题。 实际上，在基于全球价值链的国际分工条件下，随着技术日趋复杂，产业分工不断深化，链条延长，仅仅基于产业集群基础上的区域内分工，往往容易受市场规模和资源等的约束，制约产业高端发展。 而基于产业集群基础上的区域间分工，不仅能促进资金、技术、劳动、信息等生产要素的低成本跨地区流动，而且能推动产业区域间转移，从而使各次区域按照比较优势和要素禀赋结构进行分工成为可能。 则，这种基于全球价值链进行的区域间分工，虽然从大类行业看，地区间产业同构化，但深入到行业内与产品内看，却是地区间在垂直分工协作基础上形成的价值链分工。 例如，几个地区相近的省市虽然产业一样，但实际上各省市做的是同一行业内的不同环节，相互之间形成了紧密的配套关系。 这种基于全球价值链的区域间分工不但能有效整合各地区资源，提高资源和要素的利用程度，而且在垂直分工协作基础上形成的国内价值链，有利于龙头企业集中资源于研发、设计与服务环节，并通过不断促进某些环节往成本低或配套条件好的地区转移，即通过国内价值链不断往更有优势的地区延伸，把更多的中小企业有机整合，获得学习和发展机会。 尤其是随着技术复杂化与设备更新换代速度加快，产业的研发投入不断增大，区域间分工所促进的市场融合细分，能通过规模经济效应为高研发投入提供资金支持。很显然，如果各地区都追求产业结构差异化，反而容易割裂区域间的前后向产业联系与技术经济关联，在某种程度上会加剧国内市场分割，造成各地方资源分散，使得大国市场优势无法得到发挥。 因此，地方结构优化调整的重点不是产业差异化，而是增强区域间价值链的分工协作。 为此，需要激励国内价值链"链主"根据各地区比较优势，推进价值链在区域间的延伸发展，将价值链的不同环节往不同地区集聚，推动产业转移，实现发达地区往价值链高端攀升，为更多落后地区参与价值链提供机会。

在目标上，产业结构的微观基础是产品结构，提升产品质量、增加产品附加值是结构优化调整的宗旨所在。 一些企业虽然跻身高端产业，但企业自主创新能力弱，主要生产低端产品，进行价格竞争，利润空间不断被压缩。 这一方面会使得高端产业出现本土企业低端化的趋势，另一方面会由于企业主要提供低端产品，门槛低、竞争激烈，企业发展受制于人。 典型的如战略性新兴产业——机器人行业，2016年长三角地区（江浙沪、安徽）已经有1 393家机器人企业，其中安徽省有122家，位列全国第8位，但八成以上的机器人企业做系统集成，主要按客户需求，购买关键零部件，组装机器人；核心零部件和本体机器人，省内生产企业寥寥无几。 这一情况在其他机器人产业发展快速的省市也同样存在，本土企业生产的机器人附加值比较低。 事实上，企业产品质量不高的背后是企业所在的全球价值链分工问题。 核心基础零部件、先进基础工艺、关键基础材料和产业技术基础、差异化服务等基础能力薄弱是制约中国产品质量提升的症结所在，其深层的原因是价值链分工不完善，"链主"难以把自身资源集中于最核心、最有优势的创新环节以形成"极化效应"，引领整个行业的技术创新方向；由此也难以通过价值链建立正式和非正式的学习机制，通过"扩散效应"促进不同环节企业协同创新。 可见，产品质量的提升不是单个企业的事情，而是需要基于全球价值链分工实现不同环节的协同创新。 为此，需要完善、发展本土企业为主导的国内价值链，进而走向全球价值链与全球创新链，配置全球创新资源，为产品质量提升提供价值链支撑。 而该企业组织结构优化在促进大中小企业协调发展、深化分工的过程，也是自主品牌培育和提质增效的过程，进而将带动产业结构自主升级。

在模式上，产业结构调整可以更好地利用新技术和新的商业模式。 如"互联网＋"是利用信息通信技术以及互联网平台，让互联网与传统行业进行深度融合，创造新的发展生态，它代表一种新的社会形态，即充分发挥互联网在社会资源配置中的优化和集成作用，将互联网的创新成果深度融合于经济、社会各领域之中，提升全社会的创新力和生产力。 根据江苏省统战部的问卷调查数据，如表 7-1 所示，2016 年，有 460 多家民营企业结合自身产业特点与互联网相结合开展创新，取得良好效果。 也有 133 家企业表示未开展相关方面的工作，占比17.57％，这些企业没有利用好互联网的效用。 因此，如何鼓励企业结合自身产业特点加强对新技术和新商业模式的利用，是产业结构调整的一个新课题。

表 7-1　江苏省上规模民营企业与互联网融合发展的情况

"互联网＋"创新项目	2016 年企业数/家	占比/％	2015 年企业数/家	占比/％
网络化协同创新	195	25.76	187	26.12
产品智能化	115	15.19	99	13.83
智能化生产	282	37.25	239	33.38
个性化定制	131	17.31	102	14.25
工业企业服务化转型	167	22.06	146	20.39
建立双创服务平台	42	5.55	48	6.70
都没有	133	17.57		

综上所述，结构优化调整不应该是政府选择型，而应该是企业在市场竞争中的选择。 为此，在引导创新驱动的供给侧结构改革中，除了需要发挥资本市场的结构调整功能，大幅度增加企业优质资产的供给，创造激励企业在实业领域专业化发展的宏观环境，更需要形成基于全球价值链的分工协作关系，培育要素充分流动并在不同环节、不同地区合理配置的市场机制。

二、重构价值链推动装备制造创新发展

（一）创新是中国装备制造业发展的引擎

1.在全球竞争中形成高速增长与低自主创新能力并存的局面

我国产业融入国际分工基本遵循"日用消费品—电子消费品—装备制造品"逐级上升的国际产业转移历程。 嵌入全球价值链为我国装备制造业发展提供了条件，2005年我国装备制造业首次实现贸易顺差，其出口占全国货物出口总额的比重达到了50%；2007年，我国装备制造业的总量规模已经居世界第二位；2009年以来，总量规模居世界首位。 尽管我国在诸如百万千瓦级核电设备、新能源发电设备、高速动车组与基础制造装备等重大技术装备上获得了突破，但装备制造业大而不强，关键核心技术与高端发动机、高端机床及量具量仪、高端仪器仪表及控制系统等还依赖国外进口，基础零部件领域中的自动变速器、大型煤机齿轮箱、高档汽车链条、汽车发动机紧固件、高档粉末冶金零件、高速列车制动器和高功率密度减速器等几乎全部依靠进口。

2.国际竞争压力迫使企业转型升级，提升创新能力，抢占制造业新一轮竞争制高点

新一代信息技术与制造业深度融合，正在引发影响深远的产业变革。 制造业服务化和智能化发展，以及3D打印技术的发展，为我国制造业转型升级提供了重大机遇。 然而金融危机后，发达国家提出制造业回归和再工业化，德国的工业4.0、美国的"先进制造业国家战略计划"、日本的"科技工业联盟"和英国的"工业2050战略"等，着力发展高端制造业，加大了对科技创新的投入，加快了对新兴技术和产业发展的布局；同时，发展中经济体如东盟、印度和中南美国家等正以更加低廉的成本优势参与国际分工，将逐步实现对中国制造的供给替代。 在双重国际竞争背景下，尤其是随着技术复杂化与设备更新换代速度加快，我国装备制造业的发展需要以创新为引擎。

（二）现有价值链模式制约装备制造业创新发展

1.装备制造业的两个重要特性

其一，典型的专业供给商行业。 作为制造业的工作母机与中间品，设备的专用性往往比较强，装备制造业的发展内生于下游行业的需求，下游客户是装备制造业价值链中重要的环节。

其二，技术的集成性和复杂性。 每一单台套设备都由成百、上千甚至上

万的零部件组成，每个零部件要求的材质、加工工艺和质量标准都不尽相同，因此装备制造业具有装配型特性，需要由一系列企业按垂直分工的关系形成一条较长的价值链。随着国际分工的深化，越来越多的跨国设备企业主要根据世界不同国家和地区的资源优势和市场潜力，通过 FDI 方式在世界各地建立生产基地，控制核心环节，把非核心环节外包出去，然后将分布于世界各地的价值链环节和增值活动连接起来，构成了生产者主导的全球价值链。这些跨国设备企业整合全球资源的能力强，使得装备制造业技术创新从依赖单个企业或国内资源转向依赖全球资源，由此，使得装备制造业企业间的竞争演变为价值链间的竞争。

2.装备制造业价值链发展对创新的影响

中华人民共和国成立后，在封闭的或自成体系的产业布局背景下，作为战略性行业，我国装备制造业的价值链分工发展滞后。改革开放以来，在出口导向型经济发展的初始阶段，我国日用消费品和电子消费品企业先行以国际代工模式参与发达国家跨国公司主导的全球价值链，为了满足发包商提出的质量要求和各种标准，被迫动态引进国外先进设备。高端设备"需求外溢"造成本土设备企业无法获得下游高端需求的反馈与互动，抑制了我国装备制造业向价值链右端延伸发展，也使得国内价值链的发展缺乏高端需求支撑。此外，由于装备制造业具有高投入、高产业关联度和强吸纳就业能力的特性，对GDP 增长有很强带动的效应，因此，各地方政府都有动力给予当地龙头设备企业各种扶持。这在某种程度上加剧了各地区的资源分散和国内市场分割，大国市场优势无法得到发挥，也降低了中小企业参与国内价值链分工的机会和空间，使得大量设备企业和零部件供应商愿意参与跨国公司主导的全球价值链而不是国内龙头企业主导的国内价值链，从而抑制了我国装备制造业向价值链左端延伸发展，也使得国内价值链的发展缺乏核心技术和基础技术支撑。

国内价值链发展滞后，使得国内价值链"链主"无法集聚各种创新资源，在增大创新资源规模的同时，把自身资源集中于最核心、最有优势的创新环节，形成"极化效应"，由此制约了龙头企业核心技术的发展。同时，国内价值链"链主"也无法通过"扩散效应"，促进装备制造业不同环节的协同创新，这正是我国装备制造业一些关键的基础零部件，如轴承、液压件和密封件等存在满足度低、质量不稳定等问题的原因所在。因此，国内价值链发展滞后使得我国本土设备企业与跨国设备企业间的竞争，是环节对网络的竞争，是单一资源对全球资源的竞争。这种"单兵孤立作战"的竞争模式，注定了我国设备企业无法获得更多学习机会和创新资源，从而也极易被锁定在全球价值链低端环节，只能走粗放式的低端发展道路。

（三）重构价值链促进装备制造业创新发展的思路

1.我国装备制造业的创新发展需要依托国内市场的分工体系

经验表明，凭借国内市场发育而成长，然后进入区域或全球市场的本土企业，在全球价值链中往往会表现出很强的功能升级与部门升级的能力，这在我国的高铁和发电设备等一些行业也得到了验证。因此，我国装备制造业在参与全球价值链的同时，需要立足国内市场，培育发展国内价值链。

作为全球价值链中"全球最具竞争力的代工平台"，我国可以利用自身的大国优势和在位优势，利用国内的产业梯度，将全球价值链中的加工组装环节转移到相对落后的区域，而相对发达的区域则可以"腾笼换鸟"发展全球价值链中的高附加值环节，进而延伸国内价值链，培育具有国际竞争力的全球价值链"链主"。

2.我国设备企业在发展基于内需的国内价值链的同时，还须积极获取全球高级要素

随着设备技术创新变得更加复杂，越来越多的设备企业在信息、通信和交通等技术的支持下，开始突破区域和国家界限，积极地寻求外部资源为己所用。为此，应该鼓励我国装备制造业企业"走出去"，发展本土设备企业主导的全球价值链，走向全球价值链治理，获取全球资源。"一带一路"为我国主导的全球价值链走向全球创新链提供了实践契机。我国具有较强竞争优势且面临产能过剩困境的机械设备、通信干线网络建设和交通基础设施等制造业，是"一带一路"沿线各国所缺乏且急需的，但我国设备企业不应该以单个企业为单位"走出去"，而应该通过价值链延伸来增强与这些国家产业的协同发展，提升创新链的"链主"地位。

三、构建基于产业链的产学研联合与创新机制

产学研联合（industry-science links）是产业链创新的重要源泉，更是一些国家在特定产业保持持续竞争优势的关键所在。我国拥有产业链配套齐全的优势，但一些关键零部件和核心技术对外依赖度高，削弱了我国产业技术自主发展能力和在全球产业链中的地位。作为一个人口和经济大国，我国亟须在关键环节实现创新突破，以增强在全球产业链和价值链中的主导地位。而这些关键环节的技术复杂度决定了需要通过产学研联合来推动产业链联动，即以基于产业链的产学研联合来实现关键环节的创新突破。

（一）基于产业链的产学研联合机制分析

产学研联合作为开放式创新的一种重要模式，不仅是基础研究的理论知识转化成生产力的知识深化和知识产业化的过程，更是产学研之间互惠共进、不断创造新技术新知识并满足市场的互动过程。可以说，产学研联合提供了知识有效转移、资源交换和组织学习的可能，它并不只是技术知识从高校和科研机构向企业的转移，合作过程所创造的新知识和新技术以及企业的知识也在不断地往高校和科研机构转移，提升双方创新能力是产学研联合的宗旨所在。产学研之间研究的互补性是其合作的重要基础，只有良性互动才能促进彼此长期联合，进而推动持续性的创新。

依托斯坦福大学和麻省理工学院促进学术界与产业界合作的美国硅谷和环波士顿的 128 号公路两旁的高科技产业集群，正是产学研联合成功的典范，其成功的重要原因在于其形成了基于产业链的产学研联合，促进了创新链的发展。一方面，居于产业链上游的高校和科研机构提供新技术、新原理和新创意，品牌企业和设计商在进一步的应用开发和中间试验中给高校和科研机构反馈各种信息，促进了高校和科研机构的研发和创新；另一方面，大量相关配套零部件供应商、销售商和金融、第三方服务机构的发展，推动创新向商品化、大规模产业化方向发展，促进了零部件供应商、营销商与相关科研机构的联合发展。上下游技术转移和技术扩散增强了产业关联性，促进了上游更多高校和科研机构进入产业链，进而基于产业链上下游联动增进了高校、科研机构之间的交流、沟通，增强了上下游技术创新的匹配性，提升了产业链创新效率，降低了创新风险。

由于技术知识的默示性，产学研联合的交易成本比较高，制约了产学研联合的参与度，由此也使得产学研联合止步于专利阶段。而一旦形成基于产业链的产学研联合，产业链中不同环节的企业在参与分工合作时将形成较为紧密的上下游联系，即一个环节的企业与高校、科研机构进行产学研联合，会通过技术要求、技术匹配和技术标准等促进上下游企业与不同的高校、科研机构进行产学研联合，这些不同的高校、科研机构通过合作企业的产业链也加强了彼此的沟通、交流，相对稳定的合作关系会降低产学研联合中的创新风险，促使其快速发展，如发达国家产学研联合主要集中于生物、医药、信息和新材料等特定行业内。这些行业一般更倚重于技术驱动型创新而不是市场需求驱动型创新，与高校、科研机构的研发有比较高的契合性，而且集中于特定产业链的知识相似性和社会关系毗邻性，有助于降低交易成本，突破"一对一"的合作约束，推动"一对多"和"多对多"的产学研联合发展，促进"产"与"学"在空间形态上形成地方集群，减少产学研联合中一些有违合法性（legitimacy）的问题出现，带动区域创新链发展。

产学研联合有技术转让、合作开发、共建实体、共同培养研究生以及培训员工等正式模式，也有非正式联系、个人关系基础上的产学研网络等非正式模式，基于产业链的产学研联合，能为产业链上大量的中小供应商提供各种非正式模式的产学研联合，有助于解决创新链衔接和传递的"肠梗塞"问题，提升中小企业技术水平和创新能力，促进上下游联动发展和技术匹配相互促进。一般情况下，专利产业化阶段的费用和风险远比从基础研发到专利阶段要高，而政府的金融支持往往集中于创新环节，虽有专利产业化阶段的贷款扶持，但对单个企业来说风险还是很大。而基于产业链的产学研联合，把整个产业链的创新费用和风险分摊到各个环节，能够激励企业和高校、科研机构持续性创新，推动产学研联合创新成果的产业化转化。

基于产业链的产学研联合，由于较为稳定的产业链关联合作关系能降低产学研联合的交易成本，并通过产业链上下游技术联动而促进创新传递，推动更多产业链环节的企业与高校、科研机构合作，这有助于降低创新成本和风险，激励企业持续性创新，并推动联合创新成果的产业化转化，从而为关键环节的创新突破提供创新链支撑。

（二）面临的问题

由于企业和产业创新能力不足，我国在《国家中长期科学和技术发展规划纲要（2006—2020年）》中特别强调，要以产学研联合的技术创新体系为构建具有中国特色的国家创新体系的突破口。但从发展实践看，我国产学研联合的水平一直比较低，在我国技术合同成交额中高校输出技术合同成交额占比长期维持在2%左右。近年来，中央密集出台了一系列文件和政策，如《国家技术转移体系建设方案》《国家科技成果转移转化示范区建设指引》《关于完善股权激励和技术人员入股有关所得税政策的通知》等，但是效果不很明显。《中国科技成果转化2018年度报告（高等院校与科研院所篇）》表明，根据2017年技术开发、咨询、服务合同金额，江苏省产业技术研究院（26.5亿元）、浙江大学（16.0亿元）、清华大学（15.9亿元）、中国科学院工程热物理研究所（15.9亿元）、东南大学（12.8亿元）、哈尔滨工业大学（11.4亿元）、华南理工大学（10.4亿元）是推进产学研协同创新较为活跃的单位，但产学研联合的规模和范围还比较有限，而且科研机构及高校的技术转移效率依然不高，技术转移错位、匹配性低等现象较为普遍。 其根源就在于，产学研联合没有基于产业链上下游联动发展，造成产业链中关键环节的创新突破缺失创新链支撑。

1.从驱动力看

我国的"产学研联合"大部分是"官产学研联合"，政府是重要的推动者，如围绕国家 2017 年的"科技成果转化三部曲"的贯彻落实，国家有关部门共出台了 20 多个政策文件，30 多个省(区、市)共出台了近 60 项地方配套法规和政策，以促进各地探索多种产学研联合模式。 在政府各种补贴激励和扶持政策推动下，产学研联合的量增加较快，但在这种短期性的强外在驱动力下，产学研联合往往呈现阶段性、追求成果外化的特征。 而没有持续性的产学研联合，合作很难深入，往往不足以降低双方对固有知识和技术范式的依赖性，也造成许多产学研联合的成果止步于专利，而且"专利泡沫"现象严重。此外，政府着力推动的主要是具体项目的产学研联合，无法提供外部激励机制，导致产学研联合主要致力于"项目攻关"而非"联合创新"，产学研联合的技术扩散和技术带动效应较小。

2.从开放度看

随着技术复杂度的增加，以及企业间的竞争已经演变为其所参与的产业链和价值链间的竞争，核心技术和关键零部件的创新突破需要产业链和价值链的支撑。 目前我国大多数"产学研联合"项目还局限于"一对一"，多个龙头企业一起与高校、科研机构联合创新的情况极少；同时，产学研联合要求企业有一定的研发吸收能力，而多数中国企业的人力资本投资不足，与高校、科研机构联合创新的资源基础薄弱，在这种情况下，"一对一"的"产学研联合"制约了创新的规模效应和范围效应，难以形成集群效应，导致产学研联合成本高，大量中小企业无力参与，转向服务外包或技术购买，这影响了产学研联合的开放度，制约了资源在价值链和产业链上的整合度。

3.从合作模式看

近年来，各高校也探索了多种合作模式，但总体还是比较单一，如同济大学的"企业＋高校＋第三方技术转移服务机构"成果转化模式，北京大学的"企业长期投资基础研究＋专利转让"校企协同创新模式，都主要是"从高校向企业转化成果"的"单向"模式，高校、科研机构与企业、产业链的双向互动机制还没有得到完善，这使得产学研联合更主要是形成技术聚合，带来知识协同效应，但无助于提升合作双方探索新知识、新技术范式的创新能力，制约了"产学研联合"的发展高度。

（三）推进思路

我国在一些关键技术领域发展滞后主要源于基础研究薄弱，但实际上政府在这些领域的研发投入并不少，其本质的问题在于产业链联动失效，一方面创新止步于专利阶段，另一方面研发资源局限于少数合作方。 这些核心技术的攻关是一项需要长期研发投入、各环节衔接匹配的重大项目，需要立足产业链上下游的联动发展。 因此，我国亟须促进和发展基于产业链的产学研联合和创新机制，以为关键技术和零部件环节的创新提供创新链支撑。

1.大力发展专业的第三方技术转移机构

立足技术知识和产业特性决定产学研联合的行业偏向的现实，着力在产学研联合潜力大的行业，在推动"产业集群＋高校、科研机构集群"发展的过程中，积极发展各种专业中介机构，为产业链上更多企业参与产学研联合，以及产学研联合供需双方的交互搭建桥梁。

2.着力构建关键技术攻关平台

基于我国在一些关键领域创新能力不足的现实，政府需要着力构建关键技术攻关平台，为竞争前的一般性的产学研联合研究提供支持。 目前，大到精密机床、半导体加工设备、飞机发动机，小到高铁的螺丝钉、电子产业的芯片、微电子链接用的导电金球等，都是我国产业链上的痛点，政府需要在这些关键环节作出战略部署，着力推动"多个龙头企业"联合"多个前沿研发机构"；同时，地方产业链"链长"需要着力于调动产业链上各环节联动发展，突破产业链不同环节在不同区域间分工的障碍，促进产业链延伸发展，为关键环节创新发展提供产业链支撑。

3.积极完善外部激励机制

基于产业链的产学研联合容易带来"搭便车"行为，尤其对那些具有准公共品性质的基础研究成果的利用往往需要龙头企业间的合作和研发机构间的联手，投入大且具有较强的正外部性，因此，若研究成果被研发者以外的企业或个人未经付费而使用，不但企业无法收回投入的成本，科研人员也缺乏动力去创新开发。 为此，需要完善知识产权保护制度，以保护科研人员和企业的权益，维护科技人员研发的积极性；制定相关法律，保障公共研发费用资助的科技成果得到很好转化。

第2节 中国装备制造业二元分工网络突破的路径

基于上文分析，突破中国装备制造业二元分工网络主要可以采取两条路径：一是完善升级国内分工网络，增强其与国际分工网络竞争、对接的能力；二是企业调整战略，积极主动与国际分工网络融合。

一、从内到外：完善国内分工网络以对接国际分工网络

一些发展中国家的经验表明，凭借国内市场发育而成长，然后进入区域或全球市场的本土企业，在全球价值链中往往会表现出很强的功能升级与部门升级的能力(Schmitz, 2004)。 刘志彪等(2009)也指出，在参与国际分工体系的同时，要构建以本土企业为主体、以本土市场需求为基础的国内分工体系。完善升级国内分工网络，是实现本土设备企业与跨国设备企业之间的竞争，由环节对网络的竞争转变为网络对网络竞争的重要基础。 正如前文所分析的，制约中国装备制造业国内分工网络的一个重要因素是，现有体制下大中型设备企业主导的分工网络结构性强，及各地方政府产业结构升级压力所诱发的潮涌现象和资源分散，导致国内区域分工网络间处于竞争分立状态，制约了国内分工网络发展。 因此，体制和政府政策模式改革，是推动中国装备制造业国内分工网络发展的重要突破点。 这个将在本章第三节具体分析。

从分工网络性质来说，从价值链视角出发，价值链驱动力是促进价值链从而分工网络发展的重要引擎。 根据Gereffi(1999)的全球价值链动力机制，作为典型的资本品，设备是知识与技术密集型产品，其价值链属于生产者驱动类型，由生产者投资来推动市场需求。 在购买者驱动价值链中，大型零售商和品牌商作为驱动者，主要通过全球采购和OEM生产等组织模式来控制全球生产网络，其生产环节是一个外包网络体系。 与此不同的是，在生产者驱动价值链中，整机企业(即品牌装备制造企业)不但是整个价值链的领导者，还是生产环节的重要参与者和组织者，控制设计、生产中的核心环节，而把非核心子系统或生产外包给一系列的厂商。

装备制造业价值链的特性是由其行业特性所决定的。 设备作为复杂产品的技术特性决定了其生产过程相对比较复杂，生产工序比较多，需要由一系列的企业按垂直分工的关系来生产不同的环节。 Bell和Pavitt(1993)指出，复杂产品部门通常由规模密集型(scale-intensive)企业领导。 Giuliani等(2005)也

指出，装备制造业作为复杂产品的行业，那些具有高的设计和技术能力、规模密集的企业处于领导地位。可以说，生产者驱动价值链的行业特性决定了，该价值链上的利润主要源自规模、大量生产与技术领先。也正如 Riain(2004) 所指出的，规模经济和生产效率是生产者驱动价值链的核心所在。对多数装备制造业来说，技术领先与生产规模取决于企业在技术的研发与发展、产品与工艺、功能的不断创新等方面的核心能力，它是生产者获得或保持价值链上势力的保证。但随着技术发展和生产模式的演变，技术领先与生产规模的重要性在价值链中的不同环节发生变迁。如在汽车行业，规模经济对零部件企业的重要性逐渐甚于整车企业(Peter，2008)；而且随着技术发展到一定层次，整车汽车的技术关键越来越集中于一些关键零部件。

Riain(2004)认为，Gereffi(1999)的区分忽略了生产网络重要的特征，如图 7-1 所示，即控制技术设计、标准和路径是企业势力的核心要素。为此他提出，多数研发密集型行业的价值链类型属于技术驱动型(technology-driven)。其实对装备制造业来说，Riain(2004)的技术驱动型价值链与 Gereffi(1999)的分类并不矛盾。可以说，像装备制造业这样的技术密集型行业，技术是价值链升级的驱动力，只是随着控制该"战略环节"的价值链驱动者不同，该价值链的驱动类型就不同。如当图 7-1 中的技术标准和平台的控制者是整机企业，该价值链还基本属于生产者驱动价值链；当由整机企业和核心供应商共同控制，该价值链就属于生产者—供应商驱动价值链；当由核心供应商控制，该价值链就属于供应商驱动价值链。

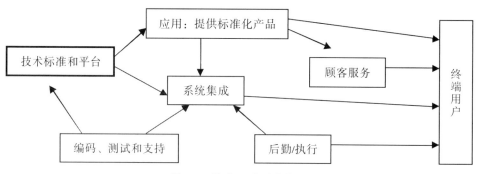

图 7-1　技术驱动型价值链

资料来源：SEÁN O Riain(2004)。

Vernon(1966)分析认为，由于相对落后国家的企业在技术、管理能力和对市场的理解上，客观上都与外资企业有一定的距离，因此，跨国公司转移到国外的生产活动一般要其总部所有和控制。 从装备制造业全球发展来看，生产者驱动价值链主要是按照直接投资的产权关系控制主要环节，因此其对全球价值链的治理能力往往也会更强。 另外，品牌装备制造企业为了通过全球价值链实现自身战略意图，往往必须运用各种途径与机制向价值链中的其他组织扩散组织能力以推进网络关联的形成(Ernst et al.，2002)。 则处于领导地位的品牌装备制造企业不但要通过全球价值链这么一种组织形式把世界各地的供应商和合作伙伴联结起来，而且还需要把自身不断获取的大量默示性、专有性知识持续地扩散转移给价值链内的供应商和合作伙伴。 Pack 等(2001)研究表明，相比于垂直一体化内部的技术转移，跨国公司虽然无法从产权层面制约外包企业，而且转移给外包企业的知识也容易扩散到其他企业中，但跨国公司还是更愿意通过外包方式转移技术知识，这些知识包括产品设计、改善设备调整、包装、操作、原料建议等。 由此，处于价值链内的供应商和合作伙伴能够通过知识、技术溢出效应、专业化分工深化、人力资源汇聚等获取外部经济性所带来的各种好处。 据此，跨国公司主导的全球价值链的整体竞争优势也得以进一步强化。 可见，整个装备制造业升级的引擎是居于领导地位的品牌装备制造企业，这也是其被称为价值链驱动者的原因所在。

尤其是随着技术发展速度的加快，技术标准化"前导型"趋势越来越明显，即往往是标准先行，技术发展沿着技术标准制定的方向进行，且两者速度一致，甚至有时标准超越了技术创新本身的发展水平(Swann，2000)。 这种现象在高新技术领域更典型。 因此，中国政府着力于推进企业兼并重组、重点扶持重大项目，通过培育龙头企业来培育价值链链主，其方向是对的。

然而，随着技术发展，全球价值链中的"战略环节"会发生变迁，一方面如 Sturgeon(2002)研究发现，美国电子产业已经发展为模块化生产体系，先前的生产者转向产品发展和品牌营销环节，而把生产环节转包给庞大的统包采购供应商(turnkey suppliers)或 OEM 企业，使得该价值链从生产者驱动型往购买者驱动型转移；另一方面，随着整机企业把更多的生产环节外包，其在全球价值链附加值中的比重趋于下降，核心零部件企业在全球价值链中的重要地位逐渐上升，即装备制造业价值链的核心技术有逐渐往关键零部件集中的趋势。如丰田通过控股方式把包括日本电装、爱信精机、丰田自动织机等全球汽车零部件巨头纳入其零部件一级供应商体系内。 这些一级供应商具有很强的产品开发能力、系统集成能力。 这使得以丰田为代表的日系汽车企业，其全球价值链从生产者驱动转向生产者—供应商驱动类型。 可见，零部件是组成整机产品的基础，决定着整机的质量、可靠性和发展水平。 从中国装备制造业的发展情况来看，基础材料和关键零部件是中国整机的技术瓶颈。 如中国的工程机械行业近几年来发展很快，但一项调查报告显示，中国国产工程机械的使用方普遍认为，使用周期短、液压件容易漏油、发动机动力不足、部分元件易损是中国工程机械质量的致命弱点(成梦林，2007)。

而且随着装备制造业技术的高速发展，如何把这些高新技术在制造环节低成本地实现，成为装备制造业中一些分行业的发展重点和难点，尤其是当设计要突破物理极限的时候，制造能力便成为最关键和核心的问题。 这使得一些装备制造业的核心技术以及关键技术越来越集中在制造环节。 目前，限制中国装备制造业价值链升级的最基本的阻碍还是，中国装备制造业技术能力低，尤其体现为研发能力和工艺能力低。

因此，要发展中国装备制造业国内分工网络，一方面要培育龙头整机企业，增强其整合资源的能力；另一方面，需要着力于培育大型零部件供应商，增强其攻破技术瓶颈的能力。 这意味着，中国装备制造业价值链的发展既要增强主导者的驱动力，也要促进一些装备制造业价值链从生产者驱动型往生产者—供应商驱动型转换，增强关键零部件的主导地位和驱动力作用。

二、从外到内:对接国际分工网络以带动国内分工网络发展

(一)对接国内分工网络以带动国内分工网络发展的思路

根据前文分析，完善升级国内分工网络伴随的是体制不断完善的过程，因此，在该过程中，企业也需要不断调整战略，积极主动地与国际分工网络对接、融合。 但本书前面分析也表明，改革开放以来，中国装备制造业企业也在积极参与跨国公司主导的国际分工网络，只是由于自身技术能力低，主要以国际代工模式参与国际分工网络中的低端环节。 Peter(2008)指出，生产者主要与高层次供应商直接联系，它们之间的价值链治理模式表现为关系型；低层次供应商即二、三级以及更低的供应商，它们与一级供应商之间的关系主要是市场形式的外包—接包关系，或其他更紧密形式的关系，它们之间的价值链治理模式表现为俘获型。 这种分层次的价值链环节关系，使得生产者与一级供应商之间的合作更紧密，一级供应商能获得更多的学习和升级机会。 但低层次的供应商与高级供应商之间只是外包—接包关系，价值链治理模式主要是俘获型。 从中国装备制造业实际来看，外资代工企业大部分居于高层级供应商、低层级供应商、合作伙伴层面，本土代工企业除了极少数通过合资方式进

入高层级供应商层面外，有一部分进入了低层级供应商层面，而还有一部分则是通过承接外资低层级供应商再发包的方式进入全球价值链的边缘，与高层级供应商没有直接接触。

在这种俘获型的价值链治理模式中，高级供应商为了控制设备、零部件的质量和成本，以及满足设备差异化要求，会通过生产工艺指导、人员培训等方式监督和扶持中国本土装备制造企业进行工艺升级与产品升级机会，但功能升级或链的升级机会几乎没有。而且跨国公司为了防止核心技术外溢，也通过组织控制模式来抑制中国本土企业进入其高端环节。这使得大量本土设备企业堆积在低端环节进行激烈竞争，只能是利润空间不断被摊薄，往高端升级的难度大，被锁定在了低端环节，使得本土设备企业间的关系主要是竞争为主，合作变得更加困难。此外，国际分工网络中的主导者所实施的战略隔绝机制，也使得国际分工网络与国内分工网络之间进一步分立。

可见，中国装备制造业企业要通过与国际分工网络对接、融合来拉动国内分工网络发展，需要跨越国际代工角色，以较高端形式参与国际分工网络，提升在国际分工网络中的地位和主动性。而基于目前中国装备制造业目前较低的国际竞争现实，合作是一个不可回避的选择。但合作方式也需要超越改革开放以来的引进技术和"以市场换技术"的模式，需要提升在合作中的地位和学习机会。为此，不同行业或不同地区的设备企业，可以探索各种合作模式。比如福建省，由于受地理条件和装备制造业产业基础限制，设备企业参与国际分工网络的基础比较薄弱。但福建省设备企业可以借助与台湾的地缘，延伸两岸装备制造业价值链形成海峡区域价值链，对接国际分工网络。

（二）基于福建装备制造业的案例分析

20 世纪 70 年代以来，台湾承接了装备制造业国际产业转移，快速融入了国际分工网络中。刚开始台湾装备制造业主要集中在收录机、电视机、家用电器以及键盘、鼠标等计算机外围设备，随后逐渐升级到台式电脑、笔记本电脑、IC 设计、半导体晶圆代工、IC 封装、光电器件等，同期台湾的石油化工、精密机械方面也有较显著的进步。目前，电子信息、半导体、通讯产业是台湾制造业中的支柱产业，精密零组件、微处理机、通讯关键零组件、高画质视讯产品、生物科技产品、复合材料等也成为具有发展潜力的关键产业。而且在这过程中，台湾加工出口工业开始逐步向高附加值的产业升级，单一的加工出口区逐渐向多功能园区转型，如表 7-2 和 7-3 所示，出现了科学工业园区（1980 年）、物流中心（2000 年）、自由贸易港区（2003 年）、农业科技生物园区

(2004年)等。 其中北部自新竹科学园区沿着高速公路至台北形成电子产业集群，是台湾高科技电子产业最密集的区域，聚集着集成电路、电子零组件及3C代工厂商，彼此之间呈现竞争与合作关系，共同构建台湾电子产业上中下游一贯的生产链；中部地区形成工具机械产业集群，主要聚集一批具有国际竞争能力的台湾工具机产业，形成以中小企业为主的中心卫星工厂体系；南部形成钢铁机电产业集群，政府正在加快科学园区发展，扶植电子信息与生物科技等高科技产业发展。

表 7-2　台湾加工出口区一览表

加工出口区名称	建设时间	面积/公顷
台中加工出口区	1971 年	26
中港加工出口区	1997 年	177
云林丝织园区	2015 年	268
南梓加工出口区	1971 年	97.8
高雄加工出口区	1966 年	72
高雄软件科学园区	2000 年	7.9
成功物流园区	2001 年	46.6
小港空运物流园区	2013 年	54.5
临广园区	1999 年	9
屏东加工出口区	2001 年	124.1

资料来源：根据相关资源整理。

表 7-3　台湾科学园区一览表

园区名称	园区组成	面积/公顷	建设时间	园区简况
新竹科学工业园区	新竹园区	632	1980 年 12 月	设置半导体业、电脑业、通信业、光电业、精密机械产业与生物技术产业，全球半导体制造业最密集的地方之一
	竹南园区	178.85	1999 年 7 月	设置光电产业、通信产业及生物科技产业
	宜兰园区	592	2005 年 1 月	通信知识服务园区和一般科学工业园区
	新竹生物医学园区	38.3	2005 年年底	以医学中心为核心
	铜锣园区	350	2007 年 2 月	
	龙潭园区	106	2004 年 1 月	

续表

园区名称	园区组成	面积/公顷	建设时间	园区简况
南部科学工业园区	台南园区	1 038	1995年5月	设置半导体、光电厂商、生物技术、通信、精密机械、计算机及外围产业
	高雄园区	570	2004年7月	
	高雄生物科技园	约8.5		
中部科学工业园区	台中园区	413	2002年9月	设置光电、精密机械、半导体等产业
	虎尾园区	96	2002年9月	设置光电、生物科技等产业
	后里园区	246	2002年9月	设置光电、半导体及精密机械等产业

资料来源：根据相关资源整理。

然而，2008年以来，受到国际金融危机影响和台湾地区市场规模限制，台湾经济面临转型升级困境，这对福建装备制造业是个机会。台湾装备制造业相比于福建有三大优势：一是技术优势，虽然台湾技术与西方发达国家相比还略逊一筹，但台湾装备制造具有很强的技术模仿创新能力与技术产业化能力；二是企业管理优势，主要表现在精细化管理和管理执行力方面，对装备制造业企业来说，往往是细节决定成败，执行力决定成败，目前大陆多数装备制造业企业由于管理能力弱，制约了其产品升级能力；[①]三是国际市场网络优势，台湾设备企业较早进入国际分工网络，在国际分工网络中具有较重要的市场地位。

福建是最早吸引台商投资的省份，但20世纪90年代以来，台湾对中国大陆的投资逐步从劳动密集型向科技型、服务型、内销型转变，台资投资重点逐步从广东、福建向人力资源比较丰富、行业配套条件比较强、交通运输条件优越、投资环境比较好的江苏、上海、浙江转移。而随着海峡西岸经济区提出及最终成为国家战略，台商又开始将投资目光转向海西。2007年，海峡西岸国际采购与区域物流配送中心、晶蓝半导体光电产业基地先后在泉州晋江奠

---

① 本书作者在调研中发现，由于设备生产工序复杂，且设备企业多数规模大，整个生产过程管理非常重要。实际上中国装备制造业内的多数本土企业技术水平和设计能力与外资企业相差并不大，但本土设备企业生产的设备档次就是不如外资企业，其中很重要的原因就是生产过程的细节管理不到位，造成本土设备企业生产的设备紧密度和稳定性比较差。而同样的员工，在外资企业生产出的设备和零部件紧密度要高于本土企业，也不是因为工作母机和技术水平不同，最根本的还是管理水平不同。而管理水平的学习，由于比较难模仿，很多时候其比技术水平的学习更难。

基；2008 年，美旗控股、台达电子等 40 多家台湾大企业组团赴泉州考察，涉及光电、机械、造船等诸多高端产业。 目前以闽江口、湄洲湾、厦门湾等区域为主的闽台装备产业对接区已逐步形成，台湾优势产业如电机、数控机床、农业机械、木工机械、食品机械、纺织机械等开始往福建转移。

福建省装备制造业产业集中度较高，产业空间布局较为合理，初步形成一批极具地方特色的产业集群。 机械装备产业作为福建省三大主导产业之一，已经形成了福州汽车产业集群、厦门汽车产业集群、厦门工程机械产业集群、龙岩工程机械产业集群和福安电机电气产业集群。 电子信息产业也是福建省三大主导产业之一，已经形成了福州显示器产业集群、福厦计算机及外设产业群、厦漳视听设备产业集群、厦漳移动通信产业集群和厦门半导体照明产业集群。 此外，福建省船舶业也发展迅速，已形成了以马尾船厂、冠海船厂、华东船厂为龙头的闽江口造船集中区，以白马船舶工业园为主的三都澳造船集中器，以泉州船厂为主的湄洲湾造船集中区，以厦船重工、友联船厂为主的厦门湾造船集中区，产品主要出口至东盟、挪威和中国香港等。 厦门通过引进太古飞机工程公司及配套企业，形成了亚太地区最大的波音系列大型民用飞机维修、改装基地。 福建装备制造业产业集群外向度普遍较高，逐步融入全球价值链。 这几年，福州显示器、厦漳视听、福厦计算机及外设制造、厦门半导体照明等产业集群的出口比重均超过 50％。 其中福建机电产品 2012 年出口额 354.2 亿美元，是 2005 年 157.2 亿美元的 2.3 倍，占福建省 2012 年总出口额的 36.2％；2022 年福建省机电产品出口 4 648.6 亿元，占比为 38.3％。

然而，尽管福建装备制造业已经形成了多个具有一定规模的产业集群，但总体来看，产业集群的规模还是偏小，企业规模不大，配套还不够完善。 龙岩市工程机械产业基地建设取得显著成效，但与国内、世界知名产业基地和知名企业相比还有相当大的差距，存在着总量不大、配套不够、创新不强、外向度低、竞争能力较弱、拳头产品较单一、专业化协作配套不够、国际化程度低、基地平台建设滞后等问题。 福建装备制造业集群技术对外依赖度还比较高。 如汽车产业集群的龙头企业主要是合资企业，跟随配套企业也以外资企业居多；工程机械产业集群的龙头企业虽然是本土企业，但关键零部件还依赖进口，同时也以出口和海外上市等模式实现国际化发展。

比较来看，闽台机械工业互补性较强。 除两地劳动力、资源等优势互补外，闽台两地机械工业规模相当，福建在工程机械、中小型水力发电设备、输变电配电设备、大型重型机械、橡胶机械等方面技术领先于台湾，而台湾机械制造业在模具、电子生产设备、塑料机械、木工机械、切削机床、成型机床等领域具有世界级水平，且国际市场知名度、占有率、品牌效应强于福建省。台湾机械制造业出口以工具机即机床为主，是全球第 6 大生产基地。 但台湾市场狭小，发展空间有限，台湾机械产业将面临产业结构调整，进一步向外扩张、向外转移。 为此，福建装备制造业可以通过产业对接①、福建设备企业到台湾进行各种方式投资②等方式形成海峡区域价值链，也可以通过分工合作促进海峡区域价值链形成。 如装备制造业中的新兴产业，闽台两地都处于萌芽期和发展初期，闽台两地应该寻求分工合作以求共同发展。 还有一些领域，闽台两地各有发展优势，也应该通过加强分工合作以进一步增强国际竞争力。如台湾在差别化纤维、高档织物面料织染及后整理加工的生产技术、设备上比大陆更优，特别是在染整设备的生产上，在全球占有一定的市场地位，大陆的一些纺织企业经常从台湾进口相关设备。 近几年福建省纺织业发展较快，形成石狮、晋江、长乐等纺织集群，产业规模大，化纤、纱线、坯布、纬编针织、染整和服装等产能均居全国前列。 两地可以以价值链为基础，加强新材料和新技术的开发与应用合作。

第 3 节　促进中国装备制造业分工网络发展的对策

理论分析表明，完善的分工网络，能通过区域间分工与产业链分工、价值链分工之间互促共进，为装备制造业创新提供资源和市场支撑。 对中国省级投入产出数据的测算分析表明，中国装备制造业企业参与国内分工网络程度下降，参与国际分工网络趋势增强，二元分工网络特征明显。 本土企业主导的国内分工网络与发达国家跨国公司主导的国际分工网络差距大，是中国装备制造业二元分工网络形成的直接原因，但体制和政策因素是推动二元分工网络深

---

① 福建装备制造业与台湾的产业对接，并不一定仅仅限于装备制造业的直接对接，也可以是与台湾装备制造业生产者服务业的对接。如台湾信息咨询产业已经相当发达，咨询服务几乎涉及社会生活的方方面面，而且运作规范，专业化程度高，具备融资、技术、管理的优势，这些是福建装备制造业发展所缺乏的。

② 福建设备企业到台湾直接投资，主要有两种模式：一是设立营销窗口。台湾的对外营销网络较为发达，企业到台湾建立营销平台可以更好地收集国际市场信息，通过台湾的营销网络"借船出海"，更好地进入国际市场。二是建立研发设计平台。台湾人才结构与大陆不尽相同，为橄榄形，即高级人才和劳动力比较短缺，而中间层次的专业技术人才相对过剩，产品开发设计力量较为雄厚。

化的更深层因素，由此造成中国装备制造业创新机制缺损。 这正是造成中国装备制造业在出口、参与国际分工和国内投资快速增长带动产业规模高增长的情况下，企业与产业创新能力却没有提升的重要根源。 因此，中国装备制造业的创新发展，当务之急需要打破二元分工网络结构，实现国内分工网络与国际分工网络对接、竞争。 而基于分工网络发展特性，打破二元分工网络结构的重要突破口是，推动区域间分工与价值链分工、产业链分工互动，完善升级国内分工网络。 为此，既需要突破区域间分工、价值链分工和产业链分工的各制约点，拉动区域间分工与价值链分工、产业链分工互动发展；更需要完善装备制造业竞争机制，反推区域间分工与价值链分工、产业链分工互动发展。为此，如图 7-2 所示，需要一系列、多层次的对策措施，借助国际竞争压力，推动中国行政力量和市场力量互动来完善中国装备制造业分工网络。

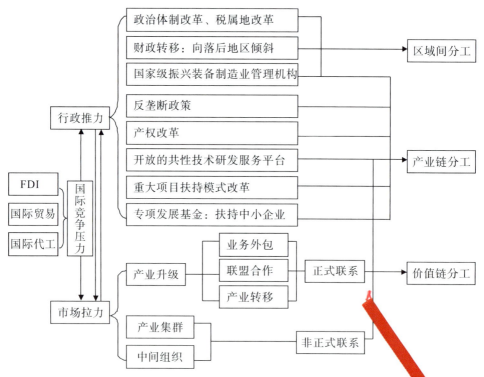

图 7-2　推动中国装备制造业分工网络完善升级的对策

一、推进"主辅分离"改革：打破产业链和价值链自我服务的发展模式

中国装备制造业，尤其是其国有龙头企业的自我服务发展模式，不但制约

了装备制造业产业链和价值链的发展，也阻碍了装备制造业区域间分工的发展，造成资源配置低效，弱化了中国装备制造业创新的网络基础。因此，剥离副业集中资源于主业，尤其是剥离并发展生产性服务业，延长产业链和价值链，为更多装备制造业企业提供专业、高效的服务，带动产业链关联发展，是中国装备制造业产业链分工发展的关键。然而，尽管"大而全"的"服务内置化"发展模式带来服务专业化水平低、投入高产出低的非效率问题，但是推进"主辅分离"改革，将龙头装备制造业企业内的物流、计量检测、后勤服务等具有社会公共性的生产性服务环节剥离、分立却面临种种困难。装备制造企业不愿意剥离出生产性服务环节的主要原因在于：其一，生产性服务环节剥离后成立商业性质企业，相比内置于工业性质企业内，不但税负增加大约8%，其水、电、土地等生产要素价格也会大幅增加；其二，目前中国信用体系还不健全，知识产权保护体系也不完整，造成生产性服务业交易成本高，增加了装备制造业生产性服务业务剥离后公司化发展的风险；其三，虽然这些生产性服务环节内置于装备制造企业的效率低，但国有企业体制制约降低了企业改革的动力和活力，政府补贴也进一步减轻了企业剥离生产性服务环节以提高效率的压力。因此，首先，政府需要出台相应的优惠政策和激励政策，弥补生产性服务业独立发展的成本，鼓励企业剥离生产性服务环节以促进装备制造业产业链和价值链的发展；其次，政府除了创造良好的市场交易环境，降低交易成本，还应该降低生产性服务业进入壁垒，引入竞争机制，以生产性服务业的发展机会来吸引装备制造业分立出生产性服务业务；再次，政府应该合理调整扶持政策，把装备制造业推向市场，由市场竞争压力来推动其剥离辅业以集中资源于主业，促进价值链和产业链分工的发展。

此外，中国装备制造业价值链分工除了需要开放的共性技术研发服务平台、改革重大项目扶持模式和联合专项发展基金等行政力量来培育更多企业参与分工的能力外，也需要通过发达地区产业转移外包更多业务、产业集群和中间组织等市场力量，来加强企业间的各种正式和非正式联系。

二、调整政府扶持模式:形成产业链分工协作的外部激励机制

国有企业产权优势和政府政策补贴、专项项目等扶持措施，是中国装备制造业价值链结构性强和产业链纵向控制的最主要诱因之一。不可否认，政府的这些扶持措施，有助于培育大规模型的价值链主导者，以及攻克关键和核心技术。但是，一方面，大量企业被这些掌控主要资源的企业主导的价值链边

缘化，只能在有限空间内激烈竞争，或受其产业链纵向压榨，利润空间小，由此引发了大量恶性竞争行为，企业创新的动力和能力散失；另一方面，这些掌控主要资源的龙头企业，由于有产权优势和政府保护，创新动力弱，而且这些资源集中被扶持的企业，增加了产业链和价值链结构的紧密性，导致无法通过价值链传递创新资源和创新动力。 因此，政府需要处理好"点与面"的关系，即如何引导资源整合到关键"节点"，同时又能推动创新的资源和动力往更广的"面"传递。 因为对整个装备制造业来说，核心企业的创新能力固然起着领头的重要作用，但大量中小企业的创新能力是整个行业创新的基石，也直接决定了核心企业所能集聚的创新资源。

由此，一方面，政府应减少对企业的直接补贴，改革重大项目和专项扶持模式，着力于建设开放的共性技术研发服务平台，着力攻克基础零部件技术难题；推动产学研联合，集聚各种资源共同攻克关键和核心技术难题，实现"极化效应"和"点"突破。 另一方面，要出台有效措施，促使集中资源攻克后的创新效应能通过各种机制传递到更多企业，形成极化后的"扩散效应"和"面"推进，促进分工网络的完善发展与市场竞争的良性发展。 其中产学研联合应该成为主推措施。 但实际上发达国家也存在"欧洲悖论"（european paradox)问题，[①]这与目标冲突有关，高校和科研机构的基础研究多数是技术推动型，企业的应用研究则是市场拉动型。 为此，在美国、英国等发达国家，政府是产学研联合的发起者和主要推动力量，并着力建设推动产学研联合的制度和政策环境，为推动产学研联合提供外部激励机制。[②] 中国装备制造业产学研联合除了面临同样的问题，还因为政府资助的产学研联合攻关项目期限短，企业和高校、科研机构很难深入合作，使得研发专利很少商业化，造成创新止步于专利的现象。 因此，中国政府应该借鉴发达国家经验，完善知识产权和金融体系等制度和政策环境、成立中间组织、引入第三方模式等，形成外部激励机制，改善合作条件；还应该改变产学研联合攻关项目资助模式，适当延长项目期限，并延伸扶持环节，深化金融体系等以对专利市场化环节给予贷款扶持和相关政策扶持。

因此，政府制定相关政策，需要有分工网络中产业关联与环节互动的思

---

① 所谓"欧洲悖论"，即在欧洲出现的高校、科研机构的高水平研究与它们对产业创新的低水平贡献之间的不对称现象。

② 如美国 1980 年颁布的《拜杜法案》（Bayh-Dole Act)，把受联邦基金资助的研究成果的产权授予高校和科研机构，从而有效地激励高校和科研机构对自己的研究成果进行商业化。

维。 装备制造业的激励政策要与相关行业政策协调互动，一方面充分利用其他行业的调整、发展机会，制定积极政策，互促共进，增强产业关联与产业支撑；另一方面，政府在制定其他行业相关政策时，需要考虑其是否会对装备制造业的市场需求造成转移与挤出效应等；而在制定装备制造业激励政策时，也要从产业关联角度，考虑是否会抑制其他行业（如生产者服务业）发展从而传导影响装备制造业的自主创新。 为此，政府也需要考虑调整出口导向战略，降低下游企业动态引进技术的压力，突破市场份额小对本土装备制造企业技术创新的市场约束，实现技术追赶与市场份额追赶。 而由于影响中国装备制造业产业链分工联动发展的重要因素是垄断优势和政策倾斜所造成的纵向控制，因此需要实施反垄断政策和产权改革来打破上下游垄断控制；需要通过国家级的振兴装备制造业管理机构、开放的共性技术研发服务平台等，来促进上下游资源流动、共享；需要着重改革重大项目扶持模式，并联合专项发展基金等，加大对中小设备企业的扶持，增强其参与分工的竞争力。

三、推动企业间跨区域并购重组:促进基于国内价值延伸的区域间分工协作

区域间的竞争所导致的市场和资源分割其实是一种"囚徒困境"的局面（陆铭 等，2009）。 为此，需要进行政治体制改革，约束政府直接干预装备制造业发展的行为，通过税属地改革和中央财政转移等，激励发达地区产业转移和落后地区参与分工；需要设立国家级的振兴装备制造业管理机构，统一负责规划和组织协调地区间装备制造业布局。 同时，该管理机构还统一负责规划和组织协调国家重大装备的研制、开发与引进工作，协调重点工程项目与重大技术装备的联合，加强对重大技术装备攻关的统筹协调力度，有助于促进产业链间的分工协作。

更重要的是，要通过企业资源重组来"倒逼"区域间分工协作。 尤其在目前由于过度投资带来产能过剩的局面下，政府应及时出台有效措施，引导企业间跨地区并购重组，以此推进价值链在区域间的延伸发展，构建以本土设备企业为主和立足国内市场的国内价值链。 而且企业间跨地区并购重组将有助于打破地方政府保护，培育市场竞争机制，激励国内价值链主导者根据各地区比较优势，将价值链不同环节往不同地区集聚，推动产业转移，实现发达地区往价值链高端攀升，为更多落后地区参与价值链提供机会，促进区域间分工协作。 而基于大多数装备制造业配套企业都是从低端起步，技术含量低，创建自主品牌和研发的实力弱的现状，政府也需要着力引导中小配套企业间并购重

组，增强其参与分工的能力。

重大装备在一个国家中占据战略性地位，但其技术难度大、成套性强，基于中国装备制造业的水平相对落后，政府除了通过设立重大装备研发基金对企业实施的首台、首套重大装备研制生产予以资金支持外，更应该通过搭桥等方式，引导、鼓励中国装备制造业分工网络内的企业间分工协作，以及跨地区分工网络的合作，联手攻克技术难题。比如，基于福建装备制造业的区域特点，要着力培育发展闽台机械产业对接专业园区，加快推进闽台装备制造业分工网络对接、融合；同时，要加强与台湾有关同业公会、企业的沟通联系，发挥台湾机械装备的技术及市场优势，重点推进台湾电机、数控机床、农业机械、木工机械、食品机械、纺织机械等产业转移及其分工网络对接。

四、联合内部改革和外部竞争压力：完善装备制造业竞争机制

在以上各项措施中，"主辅分离"改革、政府扶持模式调整和企业间跨地区并购重组都将有助于打破各种保护和垄断，拉动区域间分工与价值链分工、产业链分工互动发展，从促进市场竞争。但这种单向的拉力可能会因为某一环节的阻力而使得进程缓慢或不利于市场竞争机制的完善，因此，政府还需要：

（1）调整"战略性行业"发展模式为"战略性环节"发展模式，将政府扶持目标从行业或企业，转向制约中国装备制造业发展的基础零部件和关键技术环节，由此将政府扶持对象从整机企业往基础零部件和关键配套企业转移，培育不同市场主体公平竞争的基础，增强企业参与国际竞争的能力；

（2）推进国有企业体制改革，把国有设备企业推向市场，鼓励不同产权所有制企业间的并购、合作，形成有效的市场进入、退出机制；

（3）借助《反垄断法》来解决产业链和价值链垄断问题，形成有效的市场竞争环境；

（4）通过鼓励装备制造业企业"走出去"和以各种模式"引进来"国外高端装备制造业各环节企业，借助国际竞争压力，促进装备制造业竞争机制形成，从而进一步反推区域间分工与价值链分工、产业链分工互动发展，促进企业创新，增强中国装备制造业与国际分工网络竞争、融合的实力。

此外，需要借助国际竞争压力，推动中国行政力量和市场力量互动来完善中国装备制造业分工网络。在全球竞争派生的企业生产模式和贸易模式下，中国装备制造业形成了依赖技术引进构造核心技术的发展模式，企业技术水

有所提升，但技术能力还比较落后，出现"有产权，无知识；有技术，无能力"的现象。 因此，政府政策的着力点不应该是增强其技术改造力度，而是通过各种途径提供企业学习机会，并致力于专业人才的培养。 为此，政府需要相应调整引资战略，在引进外资的过程中，需要综合考虑跨国公司是否会从分工网络层面对本土装备制造企业的自主创新造成竞争挤压。

参考文献

ACEMOGLU D，ZILIBOTH F，2001.Productivity differences［J］. The quarterly journal of economics，116(2)：563-606.

ADAROV A，2021. Interactions between global value chains and foreign direct investment：a network approach ［R］. WIIW Working Paper，204.

AGHION P，BLOOM N，BLUNDELL R，et al.，2005.Competition and innovation：an inverted-U relationship［J］. The quarterly journal of economics，120(2)：701-728.

AHUJA G，2000.The duality of collaboration：inducements and opportunities in the formation of interfirm linkages［J］. Strategic management journal，21：317-343.

AHN J B，HAN H，HUANG Y，2018.Trade with benefits：new insights on competition and innovation［R］. IHEID working papers，No. HEIDWP07-2018.

AMITI M，KONINGS J，2007.Trade liberalization，intermediate inputs，and productivity：evidence from Indonesia［J］. The American economic review，97(5)：1611-1638.

AUTOR D，DORN D，HANSON G H，et al.，2020.Foreign competition and domestic innovation：evidence from US patents［J］. American economic review：insights，2(3)：357-374.

AW B Y，CHUNG S，ROBERTS M J，2000.Productivity and turnover in the export market：micro-level evidence from the Republic of Korea and Taiwan (China)［J］. The world bank economic review，14(1)：65-90.

BALASSA B，2013.The changing international division of labor in manufactured goods［J］. World bank reprint series，114.

BAPTISTA R，SWANN P，1998.Do firms in clusters innovate more［J］. Research policy，27：525-540.

BATHELT H，MALMBERG A，MASKELL P，2004. Clusters and knowledge：local buzz，global pipelines and the process of knowledge creatin [J]. Progress in human geography，28：31-56.

BAZAN L，NAVAS-ALEMAN L，2004.The underground revolution in the Sinos Valley：a comparison of global and national value chains [J]. in：Hubert Schmitz (ed.)，Local Enterprises in the Global Economy，chapter 5，Edward Elgar Publishing.

BELL M，PAVITT K，1993. Technological accumulation and industrial growth：contrasts between developed and developing countries [J]. Industrial and corporate change，2(2)：157-210.

BLOOM N，DRACA M，REENEN J V，2011.Trade induced technical change? The impact of Chinese imports on innovation，IT and productivity [R]. NBER Working Paper,No. 16717.

BOILEAN M，2002. Trade in capital goods and investment-specific technical change [J]. Journal of economic dynamics and control，26(6)：963-984.

BRANSTETTER L G，FISMAN R，FOLEY C F, et al.，2007. Intellectual property rights，imitation，and foreign direct investment：theory and evidence [R]. NBER Working Paper,No. 13033.

BRIDGE G，2008.Global production networks and the extractive sector：governing resource-based development [J]. Journal of economic geography，8：389-419.

CAVALLO M，LANDRY A，2010.The quantitative role of capital goods imports in US growth [J]. American economic review：papers & proceedings，100：78-82.

CHANG S J，CHUNG C N，MAHMOOD I P，2006.When and how does business group affiliation promote firm innovation? A tale of two emerging economies [J]. Organization science，17(5)：637-656.

CHEN H，CHEN T -J，1998.Network linkages and location choice in foreign direct investment [J]. Journal of international business studies，29：445-468.

CHEN L C，2008. Building technological capability through exploiting informal local and global knowledge linkages：the case of machine tool industry in Taiwan [R]. Paper to be presented at the 25th celebration conference.

CHEN T -J, CHEN H, KU YING-HUA, 2004.Foreign direct investment and local linkages [J]. Journal of international business studies, 35: 320-333.

YEH CHING-CHIANG, CHANG PAO-LONG, 2003.The Taiwan system of innovation in the tool machine industry: a case study [J]. Journal of engineering and technology management, 20: 367-380.

COE D, HELPMAN E, 1995.International R&D spillovers [J]. European economic review, 39(5): 859-887.

DALIA M, 2006.A new international division of labor in Europe: outsourcing and offshoring to Eastern Europe [J]. Journal of the European economic association, 4: 612-622.

DICHEN P, FORSGREN M, MALMBERG A, 1994.The local embeddedness of transnational corporations [M]. Globalization, Institutions and Regional Development in Europe: Oxford University Press.

DICHEN P, 2003.Global Shift [M]. London: Thousand Oaks/New Dehli: Sage Publications.

EATON J, KORTUM S, 2001. Trade in capital goods [J]. European economic review, 45(7): 1195-1235.

EGGER H, EGGER P, 2003.On market concentration and international outsourcing [J]. Applied economics quarterly, 49: 49-64.

ELKAN R, V, 1996.Catching up and slowing down: learning and growth patterns in an open economy [J]. Journal of international economics, 41: 95-111.

ERICKSON C L, JACOBY S M, 2003.The effect of employer networks on workplace innovation and training [J]. Industrial and labor relations review, 56: 203-223.

ERNST D, 2001. Global production networks and industrial upgrading: a knowledge-centered approach [J]. East-west center working papers economics series, 25: 25-55.

ERNST D, KIM L, 2002.Introduction: global production networks, information technology and knowledge diffusion [J]. Industry and innovation, 9: 147-153.

FÄRE R, GROSSKOPF S, LOVELL C A K, 1994. Production frontiers

［M］. Cambridge：Cambridge University Press.

FEENSTRA R C，GORDON H H，1996. Globalization，outsourcing，and wage inequality［J］. American economic review，86(2)：240-245.

FERNANDES A M，PAUNOV C，2013. Does trade stimulate product quality upgrading?［J］. Canadian journal of economics，46(4)：1232-1264.

FIELER C，ESLAVA M，XU D Y，2018. Trade，quality upgrading，and input linkages：theory and evidence from Colombia［J］. American economic review，108(1)：109-146.

FRACASSO A，VITTUCCI MARZETTI G，2014. International R&D spillovers，absorptive capacity and relative backwardness：a panel smooth transition regression model［J］. International economic journal，28(1)：137-160.

FU X，2005. Exports，technical progress and productivity growth in a transition economy：a non-parametric approach for China［J］. Applied economics，37(7)：725-739.

GEREFF G，2009. Development models and industrial upgrading in China and Mexico［J］. European sociological review，25：37-51.

GEREFFI G，1999. International trade and industrial upgrading in the apparel commodity Chain［J］. Journal of international economics，48：37-70.

GEREFFI G，HUMPHREY J，STURGEON T，2005. The governance of global value chains［J］. Review of international political economy，1：78-104.

GIULIANI E，PIETROBELLI C，RABELLOTTI R，2005. Upgrading in global value chains：lessons from Latin American clusters［J］. World development，33：549-573.

GRANOVETTER M，1985. Economic action and social structure：the problem of embeddedness［J］. American journal of sociology，91：481-510.

GREENWOOD J，HERCOWITZ Z，KRUSELL P，1997. Long-run implications of investment-specific technological change［J］. The American economic review，87(3)：342-362.

GROSSMAN G，HELPMAN E，1991. Innovation and growth in the world economy［M］. Cambridge MA：MIT Press.

GROSSMAN G M，SHAPIRO C，1987. Dynamic R&D competition［J］. Economy journal，97，372-387.

HAKURA D，JAUMOTTE F，1999. The role of inter- and intra industry trade in technology diffusion ［R］. IMF Working paper.

HARRISON B，1994. Lean and mean：the changing landscape of corporate power in the age of flexibility harvard university press ［M］. Cambridge，MA.

HARRYSON S，2004.日本的技术与创新管理——从寻求技术诀窍到寻求合作者［M］.北京：北京大学出版社.

HAUSMANN R，HWANG J，RODRIK D，2007. What you export matters ［J］. Journal of economic growth，12，1-25.

HENDERSON J，DICKEN P，2002. Global production networks and the analysis of economic development ［J］. Review of international political economy，9，436-464.

HENDRY C，BROWN J，DEFILLIPPI R，2000. Regional clustering of high technology-based firms：opto-electronics in three countries ［J］. Regional studies，34，129-144.

HOBDAY M，2005. Firm-level innovation models：perspectives on research in developed and developing countries ［J］. Technology analysis & strategic management，172,121-146.

HUMMELS D，ISHII J，KEI M Y，2001. The nature and growth of vertical specialization in world trade ［J］. Journal of international economics，54，75-96.

HUMPHREY J，SCHMITZ H，2002. How does insertion in global value chains affect upgrading in industrial clusters ［R］. Working paper for IDS and INEF，36，1017-1027.

JAFFE A B,1986.Technological opportunity and spillovers of R&D：evidence from firms' patents，profits and market value ［R］. NBER Working Paper，1815$_{SEP}^{L}$.

JAVORCIK B S，2004. Does foreign direct investment increase the productivity of domestic firms? in search of spillovers through backward linkages ［J］. The American economic review，94，605-627.

JOHANSON J，MATTSON L，1987. Inter organizational relations in industrial systems：a network approach compared with the transactional cost approach ［J］. International studies of management & organization XVII，

34-48.

KAPLINSKY R，2000. Globalization and unequalisation：what can be learned from value chain analysis？ ［J］. Journal of development studies，7，117-146.

KELLER W，1998. Are international R&D spillovers trade-related？ analyzing spillovers among randomly matched trade partners ［J］. European economic review，42，1469-1481.

KIM L，1991. Pros and cons of international technology transfer：a developing country view ［M］. In：Agmon，T，von Glinow，MA（eds，）. Technology transfer in international business. Oxford University Press，New York：223-239.

KIM S，LIM H，PARK D，2009. Imports，exports and total factor productivity in Korea ［J］. Applied economics，41，1819-1834.

KIM Y-Z，LEE K，2008. Sectoral innovation system and a technological catch-up：the case of the capital goods industry in Korea ［J］. Global economic review，37，135-155.

KINCH N，1992. Entering a tightly structured network：strategic visions or network realities ［M］. In Forsgren M，Johanson J（eds.），managing networks in international business，gordon & breach：new york.

KITCHING J，BLACKBUM R，1999. Management training and networking in small and medium-sized enterprises in three european regions：implications for business support ［J］.Environment and planning c：government and policy，17，621-635.

KRAMMER S，2010. International R&D spillover in emerging markets：the impact of trade and foreign direct investment ［J］. The journal of international trade & economic development，19，591-623.

LANZ R，MAURER A，2015. Services and global value chains：servicification of manufacturing and services networks ［J］. Journal of international commerce economics & policy，06（03）：1550014.

LARSSON S，MALMBERG A，1999. Innovations，competitiveness and local embeddedness：a study of machinery producers in Sweden ［J］. Geografiska annaler，81，1-18.

LAWRENCE R，WEINSTEIN D，1999. Trade and growth：import-led or export-led? evidence from Japan and Korea [R]. NBER working paper No. 7264.

LEE J-W, 1995. Capital goods imports and long-run growth [J]. Journal of development economics, 48, 91-110.

LEE J-D, PARK C, 2006. Research and development linkages in a national innovation system: factors affecting success and failure in Korea [J]. Technovation, 26,104-105.

LEE K, LIM C, 2001. Technological regimes, catching-up and leapfrogging: findings from the Korean [J]. Industries research policy, 30, 459-483.

LEMOINE F, UNAL-KESENCI D, 2004. Assembly trade and technology transfer: the case of China [J]. World development, 32, 829-850.

LOECKER J D, 2007. Do exports generate higher productivity? Evidence from slovenia [J]. Journal of international economics, 73, 69-98.

LUGOVSKYY V, SKIBA A, 2015. How geography affects quality [J]. Journal of development economics, 115, 156-180.

MADSEN B, 2007. Technology spillover through trade and TFP convergence: 135 years of evidence for the OECD Countries [J]. Journal of international economics, 2, 464-480.

MARKUSEN A, 1996. Sticky places in slippery spary: a typology of industrial distriets [J]. Eeonomic geography, 72, 293-313.

MARK P, DALLAS S P, TIMOTHY J S, 2019. Power in global value chains [J]. Review of international political economy, 26(4): 666-694.

MASKELL P, MALMBERG A, 1999. Localized learning and industrial competitiveness [J]. Cambridge journal of economics, 23, 167-185.

MATSUYAMA K, USHCHEY P, 2022. Destabilizing effects of market size in the dynamics of innovation [J]. Journal of economic theory, 200,105415.

MAZUMDAR J, 2001. Imported machinery and growth in LDCs [J]. Journal of development economics, 65, 209-224.

MCMILLAN J, 1990. Managing suppliers: incentive systems in Japanese and US industry [J]. California management review, 32, 38-55.

MELITZ M J , TREFLER D, 2012. Gains from trade when firms matter [J]. The journal of economic perspectives, 262, 91-118.

MESSNER D, 2004. Regions in the 'world economic triangle' [J]. in SCHMITZ, H (ed.), Local enterprises in the global economy: issues of governance and upgrading [M]. Cheltenham: Edward Elgar.

MINONDO A, 2010. Exports' quality-adjusted productivity and economic growth [J]. The journal of international trade & economic development, 19 (2): 257-287.

MORRISON N J, KINLEY G, FICERY K L, 2008. Merger deal breakers: when operational due diligence exposes risk [J]. Journal of business strategy, 29(3): 23-28.

MOSER P, 2012. Innovation without patents-evidence from the world fairs [J]. Journal of law and economics,55(1):43-74.

NADVI K, HALDER G, 2005. Local clusters in global value chains: exploring dynamic linkages between Germany and Pakistan [J]. Entrepreneurship and regional development, 17(5): 339-363.

NELSON R, WINTER S, 1982. An evolutionary theory of economic change [M]. Cambridge: Harvard University Press.

NOLAN P, ZHANG J, LIU C H, 2008. The global business revolution, the Cascade effect, and the challenge for firms from developing countries [J]. Cambridge journal of economics, 32: 29-47.

NOOTEBOOM B, 2000. Trust as a governance device [R]. Cultural factors in economic growth, 44-68.

ÓRIAIN S, 2004. The politics of mobility in technology-driven commodity chains: developmental coalitions in the Irish software industry [J]. International journal of urban and regional research, 28(3): 642-663.

PACK H, SAGGI K, 2001. Vertical technology transfer via international outsourcing [J]. Journal of development economics, 65: 389-415.

PARK J, LEE K, 2014. Do latecomer firms rely on 'recent' and 'scientific' knowledge more than incumbent firms do? Convergence or divergence in knowledge sourcing [J]. Asian journal of technology innovation, 23: 129-145.

PARTHASARATHY B, AOYAMA Y, 2006. From software services to R&D services: local entrepreneurship in the software industry in Bangalore, India [J]. Environment and planning, 38: 1269-1285.

PAVITT K, 1984. Sectoral patterns of technical change: towards a taxonomy and a theory [J]. Research policy, 13: 343-373.

PIORE M, SABLE C, 1984. The second industrial divide: possibilities for prosperity [M]. New York: Basic Books.

PODOLNY J M, PAGE K L, 1998. Network forms of organization [J]. Annual review of sociology, 24: 57-76.

PONCET S, 2005. A fragmented China: measure and determinants of Chinese domestic market disintegration [J]. Review of international economics, 13: 409-430.

PORTER M, 1990. The competitive advantage of nations [M]. The Free Press.

PORTER M, 1998. Clusters and the new economics of competition [J]. Harvard business review, 76: 77-90.

QUINN, 1992. Intellegent Enterprise [M]. New York: The Free Press.

ROSENBERG N, 1963. Capital goods, technology, and economic growth [J]. Oxford economic papers, 15: 217-227.

ROSENFELD J, 1997. Greenspace: comparative perspectives on pegional sustainability [J]. Public management, 79: 4-10.

RUTTEN R, BOEKEMA F, 2007. Regional social capital: embeddedness, innovation networks and regional economic development [J]. Technological forecasting and social change, 74: 1834-1846.

SAXENIAN A, 1991. The origins and dynamics of production networks in Silicon Valley [J]. Research policy, 20: 423-37.

SCHERER F M, 1967. Market structure and the employment of scientists and engineers [J]. American economic review, 57(3): 524-531.

SCHMITZ H, 1999. Global competition and local co-operation: success and failure in the Sinos Valley Brazil [J]. World development, 9: 1627-1650.

SCHMITZ H, 2004. Local upgrading in global chains: recent findings [J]. Institute of development studies, 6: 2-7.

SCHNEIDER P H, 2005. International trade, economic growth and intellectual property rights: a panel data study of developed and developing countries [J]. Journal of development economics, 78(2): 529-547.

SRHOLEC M, 2007. High-tech exports from developing countries: a symptom of technology spurts or statistical illusion [J]. Review of world economics, 143(2): 227-255.

STABER U, 2001. The structure of networks in industrial districts [J]. International journal of urban and regional research, 25: 537-552.

STOKEY N L, 1991. The volume and composition of trade between rich and poor countries [J]. The review of economic studies, 58(1): 63-80.

STURGEON T J, 2002. A new American model of industrial organization [J]. Industrial and corporate change, 11: 451-496.

TICHY G, 1998. Clusters: less dispensable and more risky than ever [J]. Clusters and regional specialization, 1:211-225.

UNCTAD, 1999. Trade and development report [M]. Geneva: UN Publications.

VERNON R, 1966. Comprehensive model-building in the planning process: the case of the less-developed economies [J]. The economic journal, 76 (301): 57-69.

WATANABE C, ASGARI B, 2003. Dynamic interactions between assimilation capacity, technology spillovers, sales and R&D intensity: the case of electrical machinery industry in Japan [J]. Technovation, 23: 15-34.

WEI Y, LIU X, 2006. Productivity spillovers from R&D, exports and FDI in China's manufacturing sector [J]. Journal of international business studies, 37(4): 544-557.

WERNERFELT B A, 1984. A resource-based view of the firm [J]. Strategic management journal, 5(2): 171-180.

WESTPHAL L, KIM L, DAHLMAN C, 1985. Reflections on the republic of Korea's acquisition of technological capability. In: ROSENBERG N, FRISCHTAK C (Eds.), International technology transfer: concepts, measures, and comparisons [M]. New York: Praeger.

WILLIAMSON O, 1975. Markets and hierarchies [M]. New York: The Free Press.

Xu B, WANG J M, 1999. Capital goods trade and R&D spillovers in the OECD [J]. Canadian economics association, 32(5): 1258-1274.

YAMASHITA N, 2007. The impact of production fragmentation on industry skill upgrading: new evidence from Japanese manufacturing [D]. Hitotsubashi University Discussion Paper，No.202.

Yeats A J，2001. Just how big is global production sharing？［J］. ARNDT S W，KIERZKOWSKI H（eds.）：Fragmentation，new production patterns in the world economy［M］. Oxford：108-143.

YONG A，1928. Increasing return and economic progress［J］. Economic journal，38：527-542.

CHANG Y S，2002. Learning-by-doing as a propagation mechanism［J］. American economic review，92：1498-1520.

YOUNG A，2000. The razor's edge：distortions and incremental reform in the people's republic of China［J］. Quarterly journal of economics，115（4）：1091-1135.

安同良，姜舸，王大中，2023.中国高技术制造业技术测度与赶超路径：以锂电池行业为例［J］.经济研究(1):192-208.

陈爱贞，刘志彪，吴福象，2008.下游动态技术引进对装备制造业升级的市场约束：基于我国纺织缝制装备制造业的实证研究［J］.管理世界(2):72-81.

陈爱贞，赵冬颜，2022.出口目的地、市场竞争与资本品质量［J］.中国工业经济(9):140-158.

陈敏，桂琦寒，陆铭等，2008.中国经济增长如何持续发挥规模效应？：经济开放与国内商品市场分割的实证研究［J］.经济学(季刊)(1):125-150.

陈钊，初运运，2023.新兴企业进入与产业链升级：来自中国无人机行业的证据［J/OL］.世界经济(2):85-107.

成梦林，2007.关于我国工程机械行业发展的问题及提升对策研究［J］.特区经济(8):232-233.

戴翔，2015.中国制造业国际竞争力：基于贸易附加值的测算［J］.中国工业经济(1):78-88.

傅志寰，2016.关于我国高铁引进与创新的思考［J］.中国铁路(10):1-4.

陆铭，陈钊，2009.分割市场的经济增长：为什么经济开放可能加剧地方保护［J］.经济研究(3):42-52.

崔万田，2004.中国装备制造业发展研究［M］.北京：经济管理出版社.

范德成，杜明月，2018.高端装备制造业技术创新资源配置效率及影响因素研究：基于两阶段 StoNED 和 Tobit 模型的实证分析［J］.中国管理科学(1):13-24.

高凌云，王洛林，2010.进口贸易与工业行业全要素生产率［J］.经济学(季刊)

（2）:391-414.

葛顺奇，罗伟，2015.跨国公司进入与中国制造业产业结构：基于全球价值链视角的研究［J］.经济研究(11):34-48.

何禹霆，2006.中国装备制造业的产业组织模式：基于CCOP范式的研究［M］.北京：经济管理出版社.

洪勇，苏敬勤，2007.发展中国家核心产业链与核心技术链的协同发展研究［J］.中国工业经济(6):38-45.

胡春力，2002.重构生产组织：发展中国装备工业的新思路［M］.北京：中国计划出版社.

黎继子，刘春玲，蔡根女，2005.全球价值链与中国地方产业集群的供应链式整合［J］.中国工业经济(2):118-125.

李凯，李世杰，2004.装备制造业集群网络结构研究与实证［J］.管理世界(12):68-76.

李凯，李世杰，2005.装备制造业集群耦合结构：一个产业集群研究的新视角［J］.中国工业经济(2):51-57.

李廉水，周彩红，2007.区域分工与中国制造业发展：基于长三角协整检验与脉冲响应函数的实证分析［J］.管理世界(10):64-74.

李小平，卢现祥，朱钟棣，2008.国际贸易、技术进步和中国工业行业的生产率增长［J］.经济学(季刊)(2):549-564.

李转少，2008.徐工阳谋［J］.中国机电工业(7):20-26＋1.

林桂军，何武，2015.中国装备制造业在全球价值链的地位及升级趋势［J］.国际贸易问题(4):3-15.

刘平，2006.中国装备制造业国际竞争力研究［M］.北京：中国财政经济出版社.

刘仁杰，1999.分工网路：剖析台湾工具机产业竞争力的奥秘［M］.台北：联经出版事业公司.

刘思明，侯鹏，赵彦云，2015.知识产权保护与中国工业创新能力：来自省级大中型工业企业面板数据的实证研究［J］.数量经济技术经济研究(3):40-57.

刘志彪，张少军，2008.中国地区差距及其纠偏：全球价值链和国内价值链的视角［J］.学术月刊(5):49-55.

刘志彪，张杰，2009.从融入全球价值链到构建国家价值链:中国产业升级的战略思考［J］.学术月刊(9):59-68.

路风，余永定，2012."双顺差"、能力缺口与自主创新：转变经济发展方式的宏观和微观视野［J］.中国社会科学(6):91-114＋207.

陆铭，陈钊，2009.分割市场的经济增长［J］.经济研究(3):42-52.

卢洋，梅阳，2007.全球价值链中的产业集群发展研究［J］.当代财经(4):
　　95-97.

吕国庆，曾刚，顾娜娜，2014.基于地理邻近与社会邻近的创新网络动态演化
　　分析：以我国装备制造业为例［J］.中国软科学(5):97-106.

牛泽东，张倩肖，2012.中国装备制造业的技术创新效率［J］.数量经济技术经
　　济研究(11):51-67.

钱学锋，王胜，黄云湖，2011.进口种类与中国制造业全要素生产率［J］.世界
　　经济(5):3-25.

任曙明，张静，2013.补贴、寻租成本与加成率：基于中国装备制造业企业的实
　　证研究［J］.管理世界(10):118-129.

沈坤荣，耿强，2001.外国直接投资、技术外溢与内生经济增长：中国数据的计
　　量检验与实证分析［J］.中国社会科学(5):82-93,206.

史丹，2000.装备工业技术进步对我国经济发展的影响［J］.中国工业经济(8):
　　43-49.

孙晓华，李传杰，2010.有效需求规模、双重需求结构与产业创新能力：来自中
　　国装备制造业的证据［J］.科研管理(1):93-103.

唐海燕，张会清，2009.产品内国际分工与发展中国家的价值链提升［J］.经济
　　研究(9):81-93.

唐未兵，傅元海，王展祥，2014.技术创新、技术引进与经济增长方式转变
　　［J］.经济研究(7):31-43.

唐晓华，李绍东，2010.中国装备制造业与经济增长实证研究［J］.中国工业经
　　济(12):27-36.

唐晓华，刘春芝，2005.装备制造产业 R&D 投入强度、创新动力及合作趋向研
　　究［J］.社会科学辑刊(3):94-98.

田丹，2008.装备制造业集成创新的外部技术获取研究［D］.大连理工大学博
　　士学位论文.

童昕，王缉慈，2003.全球商品链中的地方产业集群：以东莞的"商圈"现象为
　　例［J］.地域研究与开发(1):36-39,49.

王岚，2014.融入全球价值链对中国制造业国际分工地位的影响［J］.统计研究
　　(5):17-23.

王岚，李宏艳，2015.中国制造业融入全球价值链路径研究：嵌入位置和增值

能力的视角［J］.中国工业经济(2):76-88.

王缉慈,张晔,2008.沿海地区外向型产业集群的形成、困境摆脱与升级前景［J］.改革(5):53-59.

王群,2009.基于全球价值链视角的辽宁装备制造业集群发展模式研究［D］.辽宁大学博士学位论文.

王延中,2001.装备工业技术进步与产业结构升级［J］.改革(1):82-93.

王益民,宋琰纹,2007.全球生产网络效应、集群封闭性及其升级悖论［J］.中国工业经济(4):46-53.

王玉燕,林汉川,吕臣,2014.全球价值链嵌入的技术进步效应［J］.中国工业经济(9):65-77.

魏江,王铜安,2007.装备制造业与复杂产品系统(CoPS)的关系研究［J］.科学学研究(S2):299-304.

文嫣,2006.价值链空间形态演变下的治理模式研究［J］.中国工业经济(2):45-51.

巫强,刘志彪,2009.中国沿海地区出口奇迹的发生机制分析［J］.经济研究(6):83-93.

银温泉,才婉茹,2001.我国地方市场分割的成因和治理［J］.经济研究(6):3-12,95.

杨小凯,黄有光,1999.专业化与经济组织:一种新兴古典微观经济学框架［M］.北京:经济科学出版社.

杨永福,洪咸友,吴来 等,1999.机械制造业的产业技术结构研究［J］.管理世界(3):143-149.

于明超,刘志彪,江静,2006.外来资本主导代工生产模式下当地企业升级困境与突破［J］.中国工业经济(11):108-116.

张保胜,2009.基于技术链的装备制造业共同创造与创新能力提升［J］.技术经济与管理研究(5):31-33.

张米尔,江诗松,2004.创新互动与装备制造业结构升级［J］.科学学与科学技术管理(10):24-27.

张威,2002.中国装备制造业的产业集聚［J］.中国工业经济(3):55-63.

张晔,2006.论买方垄断势力下跨国公司对当地配套企业的纵向压榨［J］.中国工业经济(12):29-36.

赵丰义,2010.我国装备制造业技术创新路径优化研究［D］.辽宁大学博士学位论文.

赵奇伟，2009.东道国制度安排、市场分割与 FDI 溢出效应：来自中国的证据
　［J］.经济学(季刊)(3)：891-924.

郑江淮，高彦彦，胡小文，2008.企业"扎堆"、技术升级与经济绩效［J］.经
　济研究(5)：33-46.

卓越，2009.全球价值链治理、升级与本土企业的绩效［J］.财贸经济（8）：
　93-98.

后　记

　　本书是我主持的国家社会科学基金重大项目"中国产业创新发展战略研究"（项目编号：15ZDC013）和国家自然科学基金项目"二元分工网络约束下中国装备制造业自主创新的机制研究"（项目编号：71103152）的部分研究成果。装备制造业由于技术复杂和生产工序长，国际分工程度比较高，企业居于激烈的国际竞争中。2005 年以来，中国装备制造业的出口额就一直占中国货物贸易出口额的50％以上，是中国出口的主力军；近年来，中国企业在一些装备领域也取得了一些突破，但其进口额占中国货物贸易进口额的比重一直维持在 45％左右，其产业链供应链中的一些关键环节对外依赖度还很高。而装备制造业内不同细分行业的技术、分工和国际竞争等特性存在较大异质性，本书所研究的只涵盖部分装备制造业，该领域还有很大的研究空间亟需更多学者进入研究。

　　不知是因我本科专业是工科的缘故，还是因对该领域研究时间较长而产生的情愫，我对中国装备制造业的研究一直"情有独钟"。奈何受时间和精力所限，装备制造业中还有很多领域我还没展开实地调研和深入研究；虽然我前期研究了一些装备制造业，但近年来中国企业发展情况有所改变，国际市场竞争也有所不同，我希望自己能有更多时间带领团队投入中国装备制造业领域的研究中。

　　在本书撰写过程中，博士生崔启涵帮忙进行了数据更新和书稿校对；第二章中的大部分数据和一些资料由硕士生李舜整理；硕士生温世杰和沙子璇参与了第六章中一些资料的整理和修改。本研究成果得以顺利出书，要特别感谢厦门大学出版社编辑部江珏玙等老师的辛苦工作。当然，由于我的水平与精力有限，该书还有很多有待深入和进一步完善的地方，希望各位同仁批评指正。

陈爱贞

2023 年 6 月 8 日